自由、理性与权威

康德道德自律观念及其当代效应研究

FREEDOM, REASON AND AUTHORITY
Research on Kant's Idea of Moral Autonomy
and Its Contemporary Effects

黄 各 ◎ 著

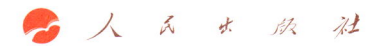

人民出版社

序
为自律而斗争

如果把黑格尔哲学的主旨看作是"为承认而斗争",那么我们也可以把康德思想的内核认作是"为自律而斗争"。这一对康德思想的认定随之而来的疑难是:自律是否仅仅意味着在个体道德层面有效,而缺乏相互承认的共同体向度?该疑难又衍生出三个需要追问的重要课题:自律的规范性来源问题,道德自律与公共自律的关系问题,以及自律的根本目的指向问题。黄各的论著在破解上述疑难课题上进行了大胆探索和细密论证,同时给出了诸多有启发性的辩护,在很大程度上推进了对康德自律观念所具有的革命性价值及其当代效应的把握。

在规范性来源问题上,该论著一方面通过比较研究,指出康德自律观念与之前比如自然法理论、道德感学说以及完善论思想传统的关联与差异,另一方面则分外强调自律所蕴含的道德人格理想、平等自由价值以及目的王国指向等"质料性"内涵,从而把康德的自律观念扩展到更为深远的人类价值视界。我觉得这是非常重要的前提性价值认定,以此可以有效回应对于康德定言命令和自由意志的形式性批评,进而强化康德的下述论断:人自身乃是客观目的并作为一切行动的至上限制条件。该论著第二章对于康德自律观念蕴含的积极自由向度的诠释以及第三章对自律所蕴含的交互性向度的揭示,都是非常出彩的地方,从中蕴含诸多发人深省的推论,对于深入理解普遍立法意志和目的王国理念提供了重要理据。正如作者所言，基于规范性视角，我们可以从彰显道德人格力量并通过确立道德法则捍卫根本自由价值的意旨上，从自我立法所具有的权威性地位上，进而从自律行动者所具有的共联性特质上，对康德的"交互性论题"以及为此辩护过程中产生的"隐蔽的循环""两个世界"和"归责问题"等疑难作出合理解决，也能够有效回应关于康德伦理学缺少"第二人称视角"和"对话性维度"等诘难。

在道德自律与公共自律的关系问题上，该论著给出了更鲜明的立场以及更有说服力的论证，亦即伦理义务和法权义务尽管在立法方式上存在差异，但是都基于道德自律观念。这是非常具有挑战性的论断，也是对前述道德自律观念所具有的交互性向度的延伸和拓展。具体来说，法权领域不仅同样需要立足于自律人格并基于纯然实践理性确立公共正义原则，而且更应该强化自律的交互性价值取向，亦即通过联合意志和相互担责意识确立公共法权，并通过确证公共法权状态保障每个人与其他所有人的平等自由价值。在此意义上，道德自律与政治/公共自律之间并非不可通约，实质上都主张基于纯粹实践理性或普遍立法意志而非任意或私利确立普遍原则。也因此，政治证成的基石实际上依旧无法脱离道德自律的人格力量，也无法越过道德自律的边界。正如该论著所表明的，上述具有启发性的论断实际上可以有效回应包括罗尔斯、拉莫尔等人在政治建构过程中对康德道德哲学的一系列批评。另外，康德式道德自律观念及其向公共法权的拓展，并不与当下"合理多元论事实"相冲突，相反却有助于形成引导良序社会建构的正义观念，因为道德自律观念实际上已先行确立了普遍认可的人格、推理和归责前提，进而有助于形成更为稳固的社会联合和团结的纽带，自律与客观性、合法性或权威性由此并行不悖、相得益彰。

在自律的根本目的指向上，承接上述论证，该论著把康德的自律观念与人类共同体建构进行了深度联结，特别是深入探询了自律观念与至善理想、目的王国理念和走向永久和平人类图景的内在关系。实际上，这一探询不仅指向当前康德研究中较少受到关注的信仰自律、目的论自律以及公共秩序自律等内容，而且也为展现康德自律观念的当代效应提供了思想线索。正如作者所言，基于自律观念考察共同体建构和至善理想，能够促使我们自觉意识到所担负的道德责任和历史使命，同时也能够让我们心怀憧憬并坚定信念。联结自律与共同体价值指向的另一个重要意义在于，让我们的康德哲学研究与人类根本价值关切和目的指向紧密契合。在康德那里，通过道德自律观念的确证，根本意图是捍卫并力图实现所有人所具有的平等自由价值，未来政治社会秩序的建构和共同体价值诉求，不能脱离这一自律观念及其价值诉求的引导，否则将陷入康德所担忧的强制和自由的悖反而非契合一致。换言之，基于合法则的自由观念建构的联合体是引导人类前行和文明进步的范导性理念。

　　以上是对该论著诸多启发性论断所做的大致梳理，也是我非常认同的重要思想主张和价值关切。不过学无止境，我知道作者正在推进有关康德共同体思想的研究。在此，我愿意借着作者的思路做几点发挥，作为未来继续探询的新起点。

　　康德式自律在理论形态上是人类理性的自律，在价值关切上是基于普遍法则的每个人自由平等这一人类根本目的。由此需要分外注意的关键环节是，康德的核心思想旨趣是确立理性的法庭，并于其中裁断个殊性的权利主张，但是无论是普通的人类知性、道德认识抑或世俗道德智慧，都容易陷入"先验幻象"或"自然辩证论"而无法为思想和行动提供指南，因此，康德不遗余力地进行纯粹理性批判和实践理性批判，认知自律（统觉的本源的综合统一性）、道德自律（纯然实践理性或普遍立法意志）以及公共自律（联合的意志与相互责任）才能够得以彰显，由此确立的知识原理、道德法则和政治秩序，才能真切捍卫人类根本价值。在此意义上，我们尤其需要关注康德自律观念所蕴含的批判和建构双重向度，因为普通的人类知性或"理性的事实"实际上并不自明和持存，会经常面对人性的越界甚至根本恶的抵抗。于是，通过道德形而上学奠基，确立可辩护的理由和义务规范进而指引行动，是自律的题中应有之义。

经由理性的法庭的辩护或自由批判确立理性的权威，最终目的在于自由平等的道德人的协调一致。在此意义上，自律所要表达的既是道德人格理念也是政治社会理想，同时包含经由充分的理性辩护确立的基本规则，这也是康德式共同体理念蕴含的三重向度。道德人格理念奠定了未来人类文明形态的基本价值前提，政治社会乃是不断趋向永久和平、实现自由秩序的现实路径，合理性的辩护和立法意志提供了公共理由空间。康德也在此意义上表明自身哲学研究的使命，亦即主张哲学不是学派概念而是世界概念，其关注的是一切知识与人类理性的根本目的之间的关系，在此意义上，哲学家不是理性的专门家，而是人类理性的立法者。

由此也引出另一个值得探寻的课题，那就是康德式自律不能仅仅基于规范性前提和先验观念论而得到辩护，由此彰显其中蕴含的绝对自发性特质和人格理想诉求，而且需要经由社会历史性的生成和发展，才能得到更为充分的阐明。在此意义上，康德的自律观念与理性的公开运用、德行的教化以及社会秩序的不断改良紧密相关，也与充满纷争甚至战乱频仍的人类历史互为表里。究其实质，人类理性的自律并非一劳永逸的观念玄思，而是需要不断为之努力奋斗的艰难旅程。

黄各是我指导的第一位博士研究生，该论著是其在博士学位论文基础上经过几年耐心打磨增订而成，其沉潜专注的学术态度和求索向上的精神品格在书中都有所体现。无论在其读书期间还是工作以后，我们关于此课题一直在进行详尽探讨，也一致认为在自律与共同体的关系问题上还有诸多可研讨的空间，在此我希望也相信他能够始终保持热爱、继往开来！

卞绍斌　谨序
2024 年 5 月 4 日于江宁长亭街寓所

目　录

导　论 1

第一章　康德与自律观念的再生：基于道德哲学史的考察 21
  第一节　古希腊罗马时期的理性主义 22
  第二节　道德情感主义中的自我约束 29
  第三节　完善论的影响 39
  第四节　启蒙运动的影响 46

第二章　作为自由的法则：康德对自律观念的演绎 55
  第一节　预见自律：出于义务而行动的价值 56
  第二节　演绎自律：普遍性命令的价值旨趣 67
  第三节　重审自律：自由与道德法则的互证 78

第三章　自我立法与康德式悖论：自律观念的权威性来源 92
  第一节　自我立法的康德式阐释 93
  第二节　自我立法的元伦理学解读方案 104
  第三节　康德式悖论与"自我立法"权威的确立 114

第四章　康德法权原则的正当性：自律与强制的理性互证 134
  第一节　道德自律与公共权威：康德政治证成的伦理向度 135

第二节　独立性论题与依赖性论题之争……………………149
　　第三节　康德的法权法则：悖论、调和与反驳……………165

第五章　从公共自律到伦理至善：康德式共同体的证成……181
　　第一节　层级性与优先性：当代自律观念的分野与交融…………183
　　第二节　走向公共自律……………………………………201
　　第三节　至善、目的王国与永久和平：康德的共同体理想………217

结语　共同体伦理规范性建构的可能性及其限度……………233

参考文献……………………………………………………237

附件　康德文本缩写索引…………………………………253

后　记………………………………………………………257

导 论

自律观念（Idea of Autonomy）自产生以来，就具有很强烈的康德式印记，它既是康德哲学的核心概念，又是其整个思想体系的创造性成果，更是他留给当代社会最为重要的一笔遗产。在《判断力批判》中，康德即用自律对他整个哲学思想的特质进行了阐述："就一般心灵能力而言，只要把它们当作高阶能力，亦即包含着一种自律的能力来看待，那么，对于**认识能力**（对自然的理论认识能力）来说，知性就是包含着**建构性**的先天原则的能力；对于愉快和不快的情感来说，这种能力就是判断力，它不依赖于能够与欲求能力的规定相关，并由此直接是实践的那些概念和感觉；对于**欲求能力**来说则是理性，它无须任何一种不论从哪里来的愉悦的中介而是实践的，并作为高阶的能力为欲求能力规定终极目的，这个终极目的同时带有对客体的纯粹的理智愉悦。"①（KU 5:196—197）

在康德的实践哲学中，他更是将此观念与人类理性的自我立法联系起来，形成了独特的"道德自律"观念。他在《道德形而上学奠基》中就强调了："作为道德最高原则的意志自律的原则是：不要以其他方式做选择，除非其选择的准则同时作为普遍的法则被一起包含在同一个意欲中。"②(GMS 4:440)《自律的发明》一书的作者 J.B. 施尼温德（J.B. Sch-

---

① Immanuel Kant, *Critique of the Power of Judgement*, Cambridge: Cambridge University Press, 2000, pp.81–82. 本书除了在正文括号中标明了德文版《康德全集》的页码外，还在注释中标明了英文版的页码。英文译本主要参照的是保罗·盖耶（Paul Guyer）和艾伦·伍德（Allen Wood）主编的剑桥版英文《康德全集》。

② Immanuel Kant, *Practical Philosophy,* Cambridge: Cambridge University Press, 1996, p.89.

neewind）就给予了康德这种道德自律极高的评价："与其他任何人相比，康德对此观念的解释都要更为充分、更为激进。只有他提出了要对道德观念进行真正革命性的重新思考。他认为，我们能够自治是因为我们能够自律；借此，他想表明的是我们自己为道德行为立法。只是由于我们自己意志的立法行为，我们才受道德法的约束；并且，这同样的行为也总能使我们每个人都遵守法则。在这种强的意义上，康德是第一位赞同自律的人。"①

那么，康德的道德自律观念具有哪些方面的特征才使得施尼温德对它如此"青睐有加"呢？在我们看来：首先，它是与道德法则有着极强的关联，能够使行动者遵从定言命令式的相关规定并积极履行道德义务。其次，它所表达的是一种积极的自由，其根本意旨在于确证对"任何一个人都具有平等价值的，并以一种人际间的一致性来选择自身目的的积极自由"②。它不仅与我们自身的"自由选择能力"相一致，而且也与每个人的自由选择能力相一致。再次，它还与自我立法（self-legislation）概念相关。按照康德的理解，自我立法代表一种实践的必然性，它可以通过理性将普遍立法者的意志与我们自身行动的意志相联系，并且通过"尊严"和"敬重"为自身立法，从而不依赖于任何外在的、经验性的法则。

上述三个特征也使得康德的道德自律在实践层面具有独立于感性偏好，保障人与人之间平等自由的积极价值取向。同时，它也要求我们人类，积极运用自身的意志能力，通过与纯然实践理性的结合，完成自我立法。正如康德自己所言："作为纯粹而且是实践理性的这种自我立法

---

① J.B. Schneewind, *The Invention of Autonomy: A History of Modern Moral Philosophy*, Cambridge: Cambridge University Press, 1998, p.6.

② Paul Guyer, *Virtues of Freedom: Selected Essays on Kant*, Oxford: Ox ford University Press, 2013, p.7.

是在积极层面上的自由。因此，道德法则所表达的就是纯粹实践理性的自律，而这种自律本是一切准则的形式条件，唯有在这条件下它们才能够与最高的实践法则相一致。"①（KpV 5:33）同时，康德还借此概念开辟出一条与众不同的道德规范性证成路径。这条路径也成为现当代学者探究道德—政治哲学问题不可绕过的一座"山峰"。因此，在当今价值多元主义盛行的年代，我们深入探讨这位18世纪德国哲学家的思想脉络，对他能带给我们的伦理观念和价值的影响进行思考，具有非常重要的时代意义。

一

不过，康德的道德自律观念在带来广泛影响的同时，也有很多学者对它持有批判的态度。与康德同属一个时代的黑格尔就首先发起了对它的挑战。在他看来，道德自律观念非常容易陷入到形式主义之中。在《法哲学原理》中，他就直言不讳地谈道："固执单纯的道德观点而不使之向伦理的概念过渡，就会把这种收获贬低为空虚的形式主义，把道德科学贬低为关于为义务而尽义务的修辞或演讲。"② 这即是说，我们虽然可以借助外在的材料达到特殊的义务，但从它无矛盾性的普遍形式要求，不可能过渡到特殊义务的具体规定。因此，黑格尔认为，如果只是单纯地为了义务而义务，而不是为了某种内容而尽义务，这就只能是一种形式上的和抽象的统一，从而排除了一切具体的质料和规定。

---

① Immanuel Kant, *Practical Philosophy*, Cambridge University Press, 1996, p.166.
② [德] 黑格尔：《法哲学原理》，范扬、张启泰译，商务印书馆1961年版，第137页。

叔本华（Author Schopenhauer）同样如此。在他看来："康德的整个体系，和他的先驱者的那些体系一样，缺乏一种坚实的基础。"[①] 他主要从如下三个方面否定了康德道德自律学说：（1）对定言命令式形式上的否定；（2）对康德道德学基础的否定；（3）对自律观念所推导出的利己原则的否定。在他看来，康德把纯粹先天的概念——纯粹实践理性作为整个道德体系的基础和核心，这是不大可能获得成功的。因为这种理性具有很强烈的纯粹先天性和形式性，从而缺乏一定的质料条件。没有任何实质性的事物作为根据，在很多情形下都是不能让人产生激情心理的。因为这样的基础缺乏实体，故而它仅仅建立在了空中楼阁之上，这注定是会失败的。叔本华因而也强调，理性最终只能是工具性的使用，它是斤斤计较的，遵循的是自私原则，理性的计算非常邪恶，而我们人类应该呼唤一种感性的同情。

西季威克（Henry Sidgwick）和威廉斯（Bernard Williams）则是从归责的角度对康德的道德自律提出质疑。在西季威克看来，康德其实给予了我们两个自由的概念：其一是理性的自由，该自由存在于意志对道德法则完全服从时；其二是任性（choice）的自由，这是在道德或者中立的意义上所使用的。但这两个概念却是完全不相融的。因为如果把自由理解为理性，那么我们在作出错误选择之时其实不一定是自由的，从而无法为自身行为负责；而如果将自由理解为任性，那么自由有时就是对错误可允许的。因而康德的自由理论其实面临着一个二难抉择。并且，由此问题所引发出的关于康德自律观念的"悖论"也成为了当代康德主义者争论的焦点。

威廉斯则认为，康德的自律概念所产生的道德责任其实只是一种理

[①] ［德］叔本华：《伦理学的两个基本问题》，石冲白译，商务印书馆1994年版，第138页。

论的幻相。因此，康德的伦理学是一种"奇特的道德体系"。与功利主义忽视人的特征，尤其是与每个人所独特的生活计划的特征相比，康德的道德自律无疑更具有危险性。因为康德是想从人格的同一性出发来对我们的行动进行抽象性的概括。这不仅忽视了人类的现实存在，而且也降低了人类本身所独具的价值。既然道德义务是不可避免的，那么就要让其成为唯一的和至善的准则。因此，康德的道德体系就显得无比高尚，我们在生活中所遇到的所有问题都要以它为中心，对我们的行为评价和品格要求都要按照它所规定的道德法则来执行。由此一来，我们同样无法对行动者的道德责任进行归责。因为按照康德式自律观念的阐释方式，行动者是具有理性行动能力的。这是其意愿所带来的后果，如果没有更大，更真切的合理性（清晰的意愿和更好的慎思）要求改变，那么这就是一个无责任的自然事件。对此，威廉斯认为："在多个方面，我参与行动及其后果的方式，超出了我作为行动前理性思考者与行动之间的关联。我们不能仅仅将我们的行动和结果视为纯粹理性的产物，我们的行动和结果还受到许多其他因素的影响，如情感、直觉、经验、环境等。因此，我们在行动和结果中的参与程度，远远超出了我们作为理性思考者的角色所能涵盖的范围。"[1]

达沃尔（Stephen Darwall）则是通过他的第二人称观点对康德的道德自律理论提出了质疑。在他看来，康德在《道德形而上学奠基》第三部分的任务旨在证明自由意志是慎思理性的假设，而我们道德法则的合法性来源，即在于这个假设之中。虽然达沃尔承认康德的意志自律是实践理性的一个深层次的特征，但是他却否认了意志自律必须建立在第一人称的慎思之中。他认为："即使在康德的术语中他的论证似乎是成功

---

[1] Bernard Williams, *Making Sense of Humanity and Other Philosophical Papers 1982–1993*, Cambridge: Cambridge University Press, 1995, p.245.

的，但是康德并没有完全捕捉到也没有充分证明道德义务与众不同的规范性。因为，道德义务所声称的规范性包含一种不可还原的第二人称要素。"① 对达沃尔而言，第二人称观点其实是行动者之间所彼此呈现出的道德规范的权威。在一个具有相同道德感知的共同体中，对于一项道德主张接受与否的态度其实形成了每个人所具有的"我—你"之间的关系，因而道德规范性更多依靠的是第二人称关系而非康德式的第一人称关系。

二

除了上述这些质疑，康德的道德自律观念还在当代的讨论中出现了诸多的误用和混用。我们时常可以发现，在日常生活中，人们对于自律观念的使用并非是康德式的，而仅仅只是把它作为一种严格把握自己时间和节奏的生活方式，从而获得身心的自由，以此实现人生价值。同样的境况在当代学界关于政治和道德哲学的讨论中也时有发生。作为自律观念的"发明者"，康德所倡导的道德自律虽然在形式上会被经常提及、被引用，但从根本上说，这些讨论是与康德的本意背道而驰的。更有甚者，特别是在一些激进的自由主义者眼中，自律更多表达的是一种对什么是值得过的生活理想的自我追求，只要在没有妨碍他人自由的情况下能够为我们带来幸福和愉悦，那么，这种自我选择的方式就不应该受到外在的干预和制约。他们更进一步地提出了个人自律（personal

---

① Stephen Darwall, *The Second-Person Standpoint: Morality, Respect, and Accountability*, Massachusetts: Harvard University Press, 2006, p.215.

autonomy）的相关概念，想要以此与康德式自律相对应，并试图摆脱后者的道德要求。

在这类观点的影响下，早年坚定的康德主义者罗尔斯（John Rawls），也不得不在《政治自由主义》中开始放弃他极具康德式道德意味的独特的人的概念，仅仅只是寻求现代民主社会公民对政治身份的反思和理解，并由此开启了著名的"政治转向"。在他看来，道德领域和政治领域中的自律观念是截然不同的，我们在政治领域中仅仅只需要采纳理性自律（rational autonomy）而非充分自律（full autonomy）。当然，罗尔斯的这一转向也在学界引发了很多争议，许多学者对他的转向持有严厉的批判态度。[1]

此外，道德自律有时还会在医学伦理学，道德发展心理理论以及女性主义理论中成为讨论的目标。在这些场合中，学者们常常将自律作更为详细且具体的阐释。他们更多地将它理解为一个正常成年人所具备的能力，一项人们愿意为之努力的目标，以及一种独立思考的心理学观念。比如，吉利根（Carol Gilligan）在对科尔伯格的道德心理学批判中，就对自律在道德和政治理论中的重要性提出了质疑。她对比了两种处理道德问题的方式，她的证据表明，自律视角只是在年轻男性中更为普遍，而关怀的视角则更多地出现在年轻女性中。[2] 这显然是与康德的本意不符的。康德的观点不是说我们必须以吉利根所说的自律的视角来

---

[1] 泰勒（Robert Taylor）认为，两种自律观念的分离导致了罗尔斯后期政治哲学面临重大困境并饱受责难，要想走出这一困境，必须要消解政治自由主义和康德式整全性自由主义的对立。参见 Robert Taylor, *Reconstructing Rawls: The Kantian Foundations of Justice as Fairness,* Pennsylvania State University Press, 2011。科恩和金里卡等人则从个体自律和公共自律的关联性上批评罗尔斯对康德式道德证明或者辩护方式的否弃，他们认为政治哲学的论证应该包括对平等自由等个体价值的认肯。因而，罗尔斯依旧需要回到康德式立场，实现公共政治证成与个体价值的契合一致。

[2] 参见 Carol Gilligan, *In a Different Voice: Psychological Theory and Women's Development,* Cambridge: Harvard University Press, 1982。

面对特定的道德抉择，而是说常识道德的权威性（即它因何具有约束力）最终预设了我们是一种理性主体（虽然并不完善），具有康德的道德自律作为意志的属性。

因而，托马斯·E. 希尔（Thomas E. Hill）认为，在当代自由主义的讨论中，自律观念只是在如下几个方面产生了影响："首先，自律是指个人在不受他人不当干涉的情况下，有权自主作出决定，特别是关于深刻影响自己生活的决策。这种权利是有条件的，因为每个人的决策都不可避免地会影响到他人。其次，它能够被看作一种具有反思和思维独立性的能力或者禀赋。这对于那些具有这种能力的人来说是具有价值的，是一种他们有理由去发展、去实践，并且其他人同样也有理由去尊重的一种能力。其三，它能够被视为对生活的一种掌控，涵盖了实质性的活动与他人的关系。作为自律的行动者，人们需要对重要的生活领域进行管理，这不仅要指导他们的内在思想，而且还要有效地指导自己人生过程中的选择。"①

我们可以承认，道德自律观念在当代得到了一些发展，它在解决很多实际问题时，能够带给人们很多有益的启发。不过，道德自律观念的当代阐释真的如自由主义者所认为的那样，可以脱离开康德吗？应对和解决当代实践的诸多问题就真的不用再回到康德了吗？康德式自律观念就真的不再重要了吗？对此，作为康德式道德自律观念坚决捍卫者的奥尼尔（Onora O'Neill）就不止一次地表示："在当代，没有任何一种自律的方式能够与康德式自律观念相等同。纯然的选择只是康德称为'理性无规则的使用'的事物。"② 在她眼中，与康德那些重要的观点相

---

① Thomas E. Hill, "Kantian Autonomy and Contemporary Ideas of Autonomy", in Oliver Sensen (ed.), *Kant on Moral Autonomy,* Cambridge: Cambridge University Press, 2013, pp.24-25.

② Onora O'Neill, *Constructing Authorities: Reason, Politics and Interpretation in Kant's Philosophy*, Cambridge: Cambridge University Press, 2015, p.126.

比，当代的很多用法无疑都是肤浅的，缺乏对自律和公共理性基本的理解。"公共理性的最新讨论——包括罗尔斯和哈贝马斯具有影响力的探讨——聚焦的也只是用他们具体的结论以及排他性的实质公众的话语和协议，而不是基于在听众中对讨论和交流可能性的必要条件。这些关于公共理性概念的讨论只是接近于对民主的讨论，尤其是参与或者协商民主，但却并不尝试任何更为广泛的理性的辩护。"①

奥尼尔承认，个人自律和理性自律在20世纪的道德哲学中扮演的角色十分重要，但康德式的自律是与这二者完全不同的。他的道德自律原则既与个人无关，也与选择过程无关，而是只与行动的原则相关。因而上述二者仅仅只能被归类为康德式的他律形式。他律的意愿所采纳的原则并没有充分的基础或者正当性的理由。即使具备形式上的法则，它的原则仍然是基于任意或者是无关的假设。同时，基于康德式自律以及他律原则的行动是被个人所选择的，而且后者也能够原则化。但是，他律的意愿却不符合道德的要求，因为它的规约性是有条件的，并且将会向那些并不接受假设条件的人显现出一定的专断性。因此，康德式自律意味着道德观念的一个关键部分，从中我们可以评估各种具体的道德原则，而不仅仅只是一种独立于其他人或事的生活理想。

因此，正如我们之前所强调的那样，康德的自律观念应当是所有道德义务的奠基性概念与先决性条件，其所具备的普遍性、法则性、规范性等特征应当被归属于每个道德行动者的意志当中。这种观念不应该仅仅被理解为一项权利或者消极自由的形式，它应该是一个被所有权利和德性的义务所预设的道德行动特征。

---

① Onora O'Neill, *Constructing Authorities: Reason, Politics and Interpretation in Kant's Philosophy*, Cambridge University Press, p.5.

三

即使在康德学界内部，也有很多关于道德自律观念的争议，尤其是涉及到康德到底在何种意义上使用自律，以及对它的推证和演绎等方面。自1980年罗尔斯发表《道德理论中的康德式建构主义》一文以来，将康德进行非实在论的"建构主义"解读已经成为学界的主流。[①] 不过，随着近年来相关研究的不断拓展与深化，将康德的自律观念与道德实在论关联起来的讨论也与日俱增。最初，一些学者是想借助道德实在论的某些合理内核来完善建构主义，使之能更好对自律观念进行阐释。而后，有的学者开始从康德的文本中挖掘相关资源，尝试论证自律基础上的道德法则的客观有效性并不依赖于行动者，因为不管是人性目的，还是理性的事实，其根源都在强调道德法则基于独立性的标准，依靠的是一种先验意义上的自由。当代学界，围绕这两种立场之间的交锋，以及这种交锋涉及到的对康德定言命令诸公式的讨论也非常激烈。

在罗尔斯看来，康德式自律观念表征更多的是一种人是自由、平等的理性存在物的理念。当行动原则作为其最准确的表现而被人们所采纳时，我们就是自律的行动者。这些原则之所以能够被采纳，并不是由人们的社会地位或者自然禀赋而确定的，这样的行动原则仅仅只是他律的。他在《正义论》中所设置的无知之幕的原初状态理念就为此提供了

[①] 当然，也有学者认为罗尔斯的建构主义其实是在元伦理学层面确立了一种迥异于实在论和非实在论的理论。因为实践理性所指的是人类通过实践慎思作出道德判断而决定自身行动，在此基础上还能为自身判断和行动提供理由和辩护的能力。参见孙小玲：《道德分歧与建构主义的实践理性观》，《学术月刊》2022年第11期。

一个自律行动的环境，从而使我们摒弃他律的原则。① 接下来，他更为明确地使用了"建构主义"这一术语。他之所以称这一方法为建构主义，是因为康德设定了一个独特的人的概念（conception of the person），以此作为建构程序的基本要义。在这个程序中，个人被刻画为理性建构的行动者。因而，康德《道德形而上学奠基》中定言命令的几个公式就可以构成道德主体理性行动的程序。"凡是从这个程序的正确运用中产生的各种判断本身就是正确的（在给定关于社会世界的必要的真信念的情况下），因为它们符合了实践理性的所有要求。"② 而在这一建构正义的程序之外，是不存在任何道德事实的。

罗尔斯的一些后学，也不断对此进路进行补充和完善，比如里斯（Andrews Reath）就提出一个"权威性论题"，旨在强调"康德式自律其实就是行动者运用立法程序的能力，即一种赋予实践原则以规范性定位的慎思程序"③。他同时认为普遍法则公式是意志自律的基本原则。这即是说：理性行动者通过自己的意志来服从自己给自己制定的法则。通过普遍法则公式来指导人们的意志，人们就能够意识到他们的权威状态，或者就如同我们通常所说的那样，能够实践我们的自律。普遍法则公式是我们立法能力的构建，这展现了为什么道德自律并不能够减少道德责任的客观和无条件性的特征。因此，在里斯看来，定言命令式之所以具有权威性是因为其不以任何行动者的欲望和倾向作为基础，而必须依靠行动者的自我立法。唯有按照此种观念来理解，定言命令式才是无条件的，因而也才能够满足程序化的特征。

---

① John Rawls, *A Theory of Justice*, (revised edition), Harvard University Press, 1999, p.222.
② John Rawls, *Collect Paper*, Samuel Freeman (ed.), Cambridge University Press, 1999, p.514.
③ Andrew Reath, *Agency and Autonomy in Kant's Moral Philosophy*, Oxford University Press, 2006, p.4.

不过，建构主义者时常面临的一个核心质疑是：通过理性程序直接订立法则以后，行动者是否还需要反思自己的行动能否符合道德法则的要求？如果答案是肯定的，那么反思过后的行动所依据的道德法则是客观的，独立于行动者自身；如果不用反思，那么这一法则就可能不再是自我立法的。针对此质疑，同为罗尔斯后学的科斯嘉（Christine Korsgaard）引入了一种程序性实在论的立场来进行调和。在她看来："好的准则其实就是内在规范性的实体，但它同时也是自己立法意志的产物。在这个意义上，是我们人类创造了价值。当然，是我们发现了准则适合于成为一条法则；不过，只有我们意愿它，它才能成为一条法则，我们才能说创造了结果的价值。"① 虽然科斯嘉的这种解读为自律理念的解读披上了一层"实在论"的外壳，但其本意后面仍然还是强调行动者在制定道德法则时的作用。为了更好地为此种解读辩护，科斯嘉还对康德的人性目的论公式进行了重构："人性的价值包含了人的每一次选择。如果要避免一种关于规范的彻底怀疑论（有一种事物可以作为行动的理由），那么任性可以作为所有理由和价值的源泉，因其自身的目的而被赋予价值。"②

但是，另外一些学者认为，既然科斯嘉等人都已经意识到了道德法

---

① Christine M. Korsgaard, *The Sources of Normativity,* Cambridge University Press, 1996, p.112.

② Christine M. Korsgaard, *The Sources of Normativity*, Cambridge University Press, 1996, p.112. 值得注意的是，这种折中性的阐释也引起了学界的广泛讨论。比如，菲兹帕特里克（William Fitzpatrick）就给予回应：对康德论证的这种理解既是由她对康德建构主义的解读形成的，也是由其如下观点所塑造，即康德正确地将规范性最终定位在对行动的必要解决方案中，在此观点的影响下，人性公式对所有行动者具有的规范力，不是作为某种真理从外部强加给意志，而是作为解决源于意志本身的实践问题的必要部分，是行动者必须去处理和应对的。参见 William Fitzpatrick,"The Practical Turn in Ethical Theory: Korsgaard's Constructivism, Realism, and the Name of Normativity", *Ethics*, 2005, Vol. 115.

则应该建立在人的理性本性之上，那么为什么不能直接承认康德的道德法则是独立于行动者而存在的呢？对此，以伍德（Allen Wood）为代表的学者开始着手对自律观念进行实在论的处理。在伍德看来，建构主义的阐释只是区分了准则和法则，它更多代表的是准则中意志的立法立场，通过与直觉相联系的定言命令程序来获取支持。如果"从一个更为合理的康德式观点出发，客观性并不能由任何主观意愿、立场和程序得出。任何从主观行动中所获得的有效性原则只是主观有效的，它仅仅是一个准则，而不是实践的法则……康德认为道德真理不能还原为任何检验程序的结果，他才是当代形而上学和元伦理学中最能被视为是道德实在论的人"[1]。

实在论的解读要求把道德法则建立在作为目的自身的客观人性之上，要使它对每一个存在者都有约束力，必须要从他们自身的普遍概念中进行推导。持有这一立场的学者主要是从《道德形而上学奠基》中的人性目的论公式中寻找到相关论证依据："如果应当有一种最高的实践原则，就人类意志而言应当有一种定言的命令式，那么，它就必然是这样一种原则，它用因为是目的自身而必然对于每一个人来说都是目的的东西的表象，构成意志的一种客观的原则，从而能够充当普遍的实践法则。这种原则的依据是：有理性的本性作为目的自身而实存。"[2]（GMS 4:428）在此基础上，盖耶（Paul Guyer）也肯定了定言命令中人性目的论公式的绝对价值。他认为，康德所要寻找的道德基本原则是与价值而不是与形式性的程序相关联的。而在人性目的论公式中，则体现出了这种价值原则。将每个人作为目的来对待，即是要求我们行动所依据的准则是被每个人自由意愿的，只有当以这样一系列准则为依据的行为成为

---

[1] Allen Wood, *Kant's Ethical Thought*, Cambridge University Press, 1999, p.157.
[2] Immanuel Kant, *Practical Philosophy*, Cambridge University Press, 1996, p.79.

所有要保存和促进的准则的时候，那才是以一种和每个人作为目的本身的价值相容的。

另有一些学者，比如凯恩（Patrick Kain），在人的理性本性基础上更进一步，认为康德关于理性行动者是道德法则客观目的的说法有助于阐明法则与理性行动者之间的联系。理性行动者的绝对价值或尊严，作为目的自身就为道德法则提供了依据。这才促使他放弃《道德形而上学奠基》中的论证，而是转向了《实践理性批判》的"理性的事实"学说。他坚信，康德对理性的事实以及实践理性公设的强调，意在说明道德法则可以"独立于行动者的立场、信仰、观念和行动而有效，并且在理性上还对自由、上帝和灵魂不朽的实在性作出承诺，这亦是独立于我们观念和信仰之外的现实"[①]。这些争论也使得康德学界内部对他的道德自律观念的推证与阐释具有了多重性。

四

除此以外，自律观念同样还关涉到德意志古典哲学中"自然与自由"的争论、主体间性的形成与发展，法哲学中关于强制与自由的关系，道德哲学中功利主义与义务论之间的对立，以及当代政治哲学中有关于公共证成等问题的分析。因而，深入理解并把握该观念的意涵，对于厘清当代学界围绕此观念产生的种种争端是十分必要的。本书的主旨与目的，就是想为解决这些争端提供一点思考。在**理论方面**，对此观念进行

[①] Patrick Kain, "Realism and Anti-Realism in Kant's Second Critique", *Philosophy Compass*, Vol. 1, 2006.

研究：

首先，能够让我们把握康德道德哲学的核心概念及其所展现出的价值旨趣。如前所述，自律观念是康德哲学思想的核心概念和创造性成果。它不仅能够以形式性的命令对我们进行道德上的要求与规范，还能够体现出具有丰富意向的"质料性"① 内容。这二者的结合能够让我们采取一种规范性的视角来对康德的整个实践哲学进行融贯性解读，并进而呈现出道德自律观念所特有的人格价值内涵。这一视角主要诉诸的是自由这一根本价值以及由此而生发出的"人是目的"的思想旨趣。并且，这种解读方式还能进一步让我们通过自律的德性力量来实践此价值理想。因此，这种自我立法（自律）的能力，可以通过道德人格的德性力量来确保自身以及其他每个人的平等自由价值。正是经由了自律的道德人格确证，我们才能真正实现每个人与所有人自由的发展。

其次，这项研究能够让我们更为清晰地理解康德道德哲学思想与其他学派思想之间的关联与差异。虽然施尼温德多次强调自律是康德的发明，但如果我们纵观整个道德哲学史，康德的自律观念其实吸收了不少前人的思想成果。可以说，所有道德哲学史的思想其实都促进了康德对道德自律问题的思考。因而，通过这一观念我们至少可以与以下三种道德哲学思想进行对比研究，以期发现它们之间的关联：（1）以格劳秀斯和普芬道夫的思想为核心的自然法学派，我们可以将"自律"与其所呈

---

① 赫尔曼、盖耶和科斯嘉均表达了"质料性"在康德自律观念中的重要性。赫尔曼认为，如果没有价值概念，道德理论是无法完成其意图的。人们对于康德伦理学的误解主要在于将其看成了"不具有一种价值概念作为其基本理论概念的道德理论"。仅仅将其放置在义务论的讨论之中，就显得狭隘了，并且还会有诸多不合理的道德预设（参见：芭芭拉·赫尔曼：《道德判断的实践》，陈虎平译，东方出版社 2006 年版，第 316 页）。盖耶认为，康德的伦理学其实也具有很强的目的论指向，单纯地遵守道德法则本身并没有太大价值，而只有通过道德法则背后的自由原则，才能使我们的行动获得内在价值。参见 Paul Guyer, *Kant on Freedom, Law, and Happiness*, Cambridge: Cambridge University Press, 2000。

现的"自由"观念进行深入探析；（2）以休谟和斯密为核心的道德情感主义学派，在很多人看来，康德的自律观念缺乏了情感的维度和特征，仅仅只是为了义务而尽义务，但通过这二者的比较我们可以寻觅到康德"敬重"的情感价值，甚至自律观念还是与斯密"不偏不倚的旁观者"有着异曲同工之妙；（3）以笛卡尔和莱布尼茨为核心的近代至善论，我们可以从其"反唯意志主义"的主张中发现诸多有益的思想资源，正是通过此理论，康德的自律观念方才能够"摆脱"自然神论的控制，达向自我立法。

第三，这项研究能够更加有效促成我们走向以康德为代表的德国古典哲学家对实践哲学思考的核心问题。在德国哲学的传统中，自由与共同体之间的关系一直都是思想家们关注的焦点。自由首先是作为理性的个体自律的概念，这有可能会导致某种形式的"个人主义"。但是，对于德国古典哲学传统来说，个体自由和人类共同价值观的统一奠基于一种关于心灵、理性以及自我本质中的先验命题。而康德正是这种思考模式的开创者，不管是他所提出的定言命令还是法权普遍原则，最基本的一项要求就是要使"每个人任性的自由，能够与任何人根据一个普遍法则的自由共存"。这其实从一个侧面也说明了，站在他人的角度思考问题的重要性。正因于此，康德所提出的兼具联合意志、相互责任和平等自由的公共自律观念成为当代政治哲学探讨不可绕过的思想主题。

此外，这项研究还能解决康德自身思想中的一些理论悖论和难题。比如，在《道德形而上学奠基》的第三部分，康德所提出的自由与道德法则之间的"隐蔽的循环"和"意志如何进行自我立法"的悖论性问题。这两个问题也是一直以来康德学界所争论的焦点。通过对自律观念进行"规范性"的理解和证成，我们可以在一定程度上化解与此两个难题相关的争论，从而确立自由、自律与自我立法三者之间的关系。

而在**现实意义**上，我们首先能够明晰自律在人类道德生活中所发挥的统领性作用。在日常生活中，我们时常会被自身的偏好和倾向所左右，而出于欲求来行动。在康德之前，所有的道德哲学理论都只是建立在经验性的假言命令的基础之上，它们或是出于技巧的原则，或是源自自身的利益，又或者是意欲幸福的意图等等。但这些所有的道德原则在康德看来都仅仅只是一些实际执行的准则，而不是具备规范性的道德基本法则。康德的自律观念无疑为我们建立道德基础性的原则提供了一种思想范式。正如科斯嘉所指出的那样："如果不能通过反思性审查的准则——不能被意愿为普遍的法则的准则——被拒斥的话，对于建立一个为着所有人而不考虑其特殊的社会身份或欲望的实质性义务理论而言，也就足以构成限制。这种类型的反思性提供了能够被证实的规范性的来源，不是因为某个欲望认可了另一个欲望，或者某个规范认可了某个行动，而是因为反思向我们揭示：某些准则能够成为所有人的原则，而另一些则不能。"①

其次，通过对这一观念的研究，我们更能够明确伦理与法权之间的关系。众所周知，道德与法律一直以来都是调节社会秩序、维护社会稳定的最为重要的两种手段。法律规范以其"强制性"和"威权性"保障社会的基本运行，并借助于国家机器来进行强制实施；而道德规范则更为侧重对个人品性、社会舆论以及传统习俗的倡导。但是，这二者的基础性来自于哪里，它们各自所作用的范围和程度如何，却一直没有得到最终的确证。在康德的实践哲学中，同样存在对此二者的详细探讨。学界还进一步将"法权"与"道德"之间的关系演变为"独立性论题"和"依赖性论题"之间的争论。我们可以通过对自律观念的深入研究，肯定道德奠基性原则的基础性作用，它可以确保每个人的自由与其他任何人的

---

① ［美］克里斯蒂娜·科斯嘉：《规范性的来源》，杨顺利译，上海译文出版社2010年版，第4页。

自由在普遍法则的限制下得以保存和提升,从而成为我们社会规范的构建之基。

最后,此项研究还能进一步让我们确证政治生活中正当与善何者优先的问题。在当代自由主义者看来,我们的日常政治生活应该是以自由为主导的,只要我们没有妨碍他人正常的生活和自由,那么自我选择的方式就不应该受到外在的干预和制约。对此,国家以及一些权威性的机构应该在个人选择问题上保持中立。不过,如此一来,我们的行动就只能体现出强烈的个人选择,却会丢失普遍法则的依据。这也是当今学界对于正当与善何者优先的问题讨论的焦点。通过对康德自律观念的研究,我们可以通过道德自律与个人自律之间的层级性结构来弥补此二者之间的极端对立。不仅如此,我们还能从康德对自律观念的论述中提取出一些关键要素,为调和国家间的纷争,走向永久和平的"人类命运共同体"提供一种思路。具体来看,本书的研究主要围绕如下五个方面展开:

第一章《康德与自律观念的再生:基于道德哲学史的考察》,着重梳理了康德之前的道德哲学家们所使用过的,与道德自律相类似的观念,厘清它的起源。我们着重梳理了:古希腊时期的意志自由理念、近代自然法理论、情感主义学派的自制、完善论中的义务概念以及启蒙运动时期卢梭的"公意"学说。通过对比,我们一方面指出这些理论为什么在康德看来都是他律的;另一方面阐明它们对康德自律观念产生的影响,以此呈现出与康德自律观念的相关性以及重要的思想史价值。

第二章《作为自由的法则:康德对自律观念的演绎》,基于康德《道德形而上学奠基》和《实践理性批判》的文本,具体分析和阐释了康德对自律观念的几个演绎步骤。从康德出于义务而行动的命题,到定言命令三个公式的推证,再到自由与道德法则的互证。本章力求于证明,自律观念不仅具有独立于感性偏好的消极意旨,而且更为强调确立普遍法则，保障每个人平等自由的积极意向。唯有在此基础上，康德所面临的"隐蔽的循环"与"交互性论题"的困境才有办法得以解决。这同时也是论证康德定言命令式何以可能的基本前提。

第三章《自我立法与康德式悖论：自律观念的权威性来源》，主要是对自我立法的权威性来源进行论证。康德对自我立法的表述可以说是独树一帜的。他认为，作为理性存在者的人类可以自己给自己出具有普遍权威性的道德法则。但是，一些有黑格尔背景的学者却对此表述提出质疑。在他们看来，人们既然可以通过自己的意志将一个行动置于道德法则之中，那么反过来，人们也能够违反法则或者制定出一个满足他们需要的法则。这种质疑也被学界称为"康德式悖论"。面对此悖论，建构主义和实在论可从各自的角度予以回应，但受限于各自的侧重点，这些回应并不彻底。在康德本人的表述中，自我立法始终是以共同体中各成员间的交互作用为基础的，不管是目的王国还是道德世界理念，其实质都在于强调这种他者与共同体的视角。

第四章《康德法权原则的正当性：自律与强制的理性互证》，主要分析了康德自律观念在法哲学领域的应用。虽同属社会契约论阵营，但康德与洛克、霍布斯等人最大的不同在于他所提出的一个先决条件，即每个公民需要进入具有公共责任维度的法权状态中。因而，虽然作为道德形而上学体系中的两个组成部分，法权与伦理截然有别，但其最高的原则却依然是自律原则。它能够确保每个人的自由与其他所有人的自由在普遍法则的作用下得以保存和提升。持有法权和伦理相互独立的学者认为，法权原则所具备的分析性、外在性和强制性无法与自律观念相融。但此立场不仅使法权原则失去了应有的价值根基，亦使康德具备责任维度的法权状态失去了约束性。

第五章《从公共自律到伦理至善：康德式共同体的证成》，从关注当代政治哲学中核心争论开始，认为当代自由主义者将康德式自律进行个体主义解读，因而无法相容于共同体中的至善理想。一些学者为了调和个人自律与道德自律的鸿沟，尝试在康德实践哲学中发现和寻觅个人自律的相关要素。但此举仍旧违反了康德的本意，要想明晰此二者之间的关联，需要理解和把握康德意志与任性两个概念，并对其进行层级性定位。在此基础上，联系康德对于至善、目的王国、公共理性等概念的表述，方能寻求到康德对于共同体设想的相关要素，也为走向具有"平等自由、道德责任和普遍立法意志"的理想共同体提供可能。

第一章 康德与自律观念的再生：基于道德哲学史的考察

在《道德形而上学奠基》第三部分开篇，康德把自律定义为"有生命的存在者就其有理性而言的一种因果性"①（GMS 4:446），进而把自律作为彰显人格尊严的无条件价值。诸多学者把这一阐释视作康德自律观念的核心思想遗产，并且也视为康德对启蒙运动的标志性贡献。我们大致也会同意，康德这一思想所具备的独创性价值。不过，我们对于这一观念的价值定位还需要更加细致。因为，在人类发展的历史长河中，没有人能够保证自己的思想是"独一无二"的。在康德的自律观念中，我们同样可以发现它所接续的古典哲学元素，比如：我们应该通过理性的法则规范我们自身；我们应该对自身的激情有所控制，以此来释放自己的自由等理念。凡此种种，其实都可以看作是康德自律观念的组成部分。因而，在本章中，我将重点探索康德自律观念的起源问题，总结和提炼出康德之前的哲学家思想中与道德自律观念相关联之处，并将它们进行比较。尤其是通过对比康德在《实践理性批判》中所提到的，根据"道德原则中实践的质料规定"的道德哲学流派（比如，公民宪法、道德情感、完善论等）②，来呈现出康德道德自律独特的思想内涵和价值旨趣。

---

① Immanuel Kant, *Practical Philosophy,* Cambridge University Press, 1996, p.96.
② 同时值得注意的是，康德在《伦理学讲义》（*Lectures on Ethics*）中也提到了几种有关于道德原则得以确立的基础的讨论：(1) 从外在经验基础而来的道德原则；(2) 幸福原则；(3) 道德感原则；(4) 理性的内在原则；(5) 理性的外在或者说是神学的原则。

第一节　古希腊罗马时期的理性主义

英国著名哲学家怀特海曾经说过，2500年的西方哲学不过是柏拉图哲学的一系列注脚而已。对此，康德的道德自律观念也概莫能外，我们能够使用自己的理性来控制自身的行动这一思想同样可以追溯到柏拉图。盖耶对此就曾专门强调："自律观念并不能完全被认为是康德的创新，也不能被视为是启蒙运动的全部，因为它能够回溯到柏拉图，因此它只能被视为哲学本身的一个定义，而不是现代性的定义。"① 柏拉图在他著名的"灵魂三重学说"中，就将理性视为是可以掌管精神和欲望的，"一个受过良好教育的人可以不依赖于外在的诱因，而被理性所掌控和约束"②。早期的斯多亚学派也同样重视这种理性的价值。他们将公正灵魂的观念转变为按照自然生活的理念，人们的目标就是要按照自然而生活。正如他们所说的那样："不要去做那些被共同的法则所禁止的事情，共同的法则即是正确的理性，根据它，我们能够洞悉所有的事物。"③

同样，在古罗马时期，一些斯多亚主义者也宣称，通过理性控制冲动来防止激情，这也是对幸福生活的向往。这种幸福生活的核心就在于免除自身恐惧的自由以及通过理性的使用来使自身的欲望得以实现。塞

---

① Paul Guyer, *Virtues of Freedom: Selected Essays on Kant*, Oxford University Press, 2016, p.5.

② ［古希腊］柏拉图：《理想国》，郭斌和、张竹明译，商务印书馆1986年版，第172页。

③ 参见 Diogenes Laertius, VII.87-88, quoted in Brad Inwood and Pierluigi Donini, "Stoic Ethics", in Keimpe Alegra, Jonathan Barnes, Jaap Mansfeld, and Malcolm Schofield, eds, *The Cambridge History of Hellenistic Philosophy*, Cambridge University Press, 1999, pp.675-738。

涅卡就据此认为:"幸福的生活就是拥有一颗自由、崇高、无所畏惧和坚定不移的心灵——一颗超越恐惧、超越了欲望的心灵……幸福的人是得益于理性的奖赏,使其从恐惧和欲望中得以释放。"① 这其实也可以与康德的自律观念形成对照。赖克(Klaus Reich)对此就指出,"康德放弃感性作为我们道德评价的来源的主要原因,是他阅读了柏拉图和斯多亚学派的著作,更有趣的是,这还更进一步促使其提出了成熟道德理论的基本概念,即意志自律概念。"② 故而,我们可以看出,古希腊罗马时期的哲人其实已经从某种程度上"预见"了康德自律观念的核心要义。

一、柏拉图的影响

康德接触到柏拉图的思想主要是在阅读了门德尔松所著的《裴多,或论灵魂的不朽》(*Phädon oder über die Unsterblichkeit der Seele*)之后,他对于道德来源的观点也在 1767—1770 年发生了一定的变化。在此阶段,康德提出了道德判断的基础是理性而不是情感的命题。这可以在他 1770 年所发表的《论可感世界和理知世界的形式及其原则》(*Inaugural Dissertation*)中得到体现。在那里,康德指出:"道德哲学,就它提供了判断的第一原则而言,只有通过纯粹的知性,亦即自身属于纯粹哲学的情况下才能被认识。将它的标准置于愉悦和痛苦的感官之上的伊壁鸠鲁就受到了广泛的指责,与他一道受到批判的还有那些在某种程度上追溯他的新人,比如沙夫茨伯里及其支持者……而完善的最大化者如今被称为理想,在柏拉图那里被称为是理念(正如他国家中的理念

---

① 参见 Seneca, De vita beata, III.3-4; from Seneca, *Moral Essays*, trans. John W. Basore, Cambridge, MA: Harvard University Press, 1938, p.107。

② Klaus Reich, "Kant and Greek Ethics", trans. W. H. Walsh, *Mind* 48, 1939, pp.338-354, 446-463.

的例子)。"① (MSI 2:396) 同一时期，在《致兰贝特的一封信》(*A Letter to Johann Heinrich Lambert, September 2*) 中，康德也同样强调："为了从整个夏天困扰我的长期不适中恢复过来，同时也在零碎时间里保持忙碌，我决定在这个冬天整理和完成我的纯粹道德哲学研究，这项研究中不涉及任何经验性的原则。"② 在上述引文中，我们可以发现，柏拉图的理念论对康德道德来源的观点产生了某种"消极性"的影响。它使康德确信，道德的原则不能在任何人类自然本性的特征中去发现：它既不在感受（伊壁鸠鲁或者道德感学派），也不在关于自我保存的本能和慎思理性之中。

而真正对康德自律观念产生重大影响的是柏拉图在《理想国》中关于"城邦—灵魂的类比"(the analogy of city and soul)，这一类比在《理想国》中的多处都得以展现。③ 柏拉图试图根据正义在个人灵魂与城邦中的相似性，来探寻个人以及整个国家的正义。它的大意是指，理想国中社会阶层应该分为三个不同的等级。位于首位的是哲学王和执政者；第二阶级的是武士和军人等辅助者；第三阶级的则是农民、商人和其他手工业者，他们为国家和人民提供物质所需。第二和第三阶级的人要服从第一阶级的人的命令。如果各个阶级各执其事，各安其分，这样的国家才能够称得上是正义的。同样，人的灵魂也由三个部分组成，并与城邦中的三阶级相对应：理性位于头部，精神位于胸部，而欲望则位于腹部。理性用精神来控制欲望，犹如哲学家用武士和辅助者来统治平民一般，灵魂的三个部分同样各安其分，人就也成为了正义的人。

---

① Immanuel Kant, *Theoretical Philosophy 1755-1770*, trans. David Walford, Cambridge University Press, 1992, p.388.

② Immanuel Kant, *Correspondence*, Trans and edited by Arnulf Zweig, Cambridge University Press, 1999, p.108.

③ 参见 [古希腊] 柏拉图：《理想国》，郭斌和、张竹明译，商务印书馆 1986 年版，第 57 页、第 159—160 页、第 316 页。

因此，在柏拉图那里，理性具有不可比拟的重要地位，它对我们身体的所有部分都起到了调节的作用，并且还关涉到了整个正义概念的核心。正如他在《理想国》第 4 卷中所指出的那样："正义的人不许可自己灵魂里的各个部分相互干涉，起别的部分的作用。他应当安排好真正自己的事情，首先达到自己主宰自己，自身内秩序井然，对自己友善。当他将自己心灵的这三个部分结合在一起加以协调，仿佛将高音、中音以及其间的各音阶合在一起加以协调的那样，使所有这些部分由各自分立而变成一个有节制的且和谐的整体时，于是，如果有必要做什么事的话——无论是在挣钱、照料身体方面，还是在某种政治事务或私人事务方面——他就会做起来；并且在做所有这些事情的过程中，他都相信并称呼凡符合或者保持这种和谐状态的行为是正义的好的行为，指导这种和谐状态的知识是智慧，而把只起破坏这种状态作用的行为称作不正义的行为。"[①]

而这种理性是可以应用到人类具有慎思性的道德行为之中的。经由我们慎思的行动是基于某种欲望，我们受到欲望的诱惑来使自己具有某种目的来践行某个行动。但是，因为我们是有理性的存在者，所以我们并不会直接基于欲望而行动。在这时，理性就充当了评判者的角色，来实际决定我们是否有理由来执行它。由此，这种慎思行动的过程其实也体现了"城邦—灵魂的类比"的三个部分：即欲望提出一个要求，理性来进行评判，看其是否值得我们行动，而精神则最终来执行理性的这一审议。

这一理念同时也对当代康德学派所提出的理性自律行动者的慎思行为产生了影响。在导论中，我们曾经指出，建构主义者认为，康德自律的道德行动可以被视为是一种程序性的建构，最后看能否通过定言命令

[①] ［古希腊］柏拉图：《理想国》，郭斌和、张竹明译，商务印书馆 1986 年版，第 172 页。

式的检验，以此来评判它的自我立法的特征。这其实就与柏拉图的理性观念能够寻找到一定的相关性。科斯嘉在她的一篇论文《柏拉图和康德伦理学中的自我结构》中就将康德与柏拉图相互关联了起来："康德首先将行动视为自律的行动，并声称行动的本质应该是自律的。他接下来将自律的行动视为是被定言命令式所控制的行动，或者说是具备普遍性的行动。同样的，柏拉图首先将行动认为是出现在建构程序中的行动，接下来他认为具备这一程序的行动是正义的。换句话来说，每一个论证首先要确证一个行动的本质上的形而上学性质——在康德的论证中，其次是自律；在柏拉图的论证中是建构性——接下来调换顺序，把形而上学的性质与规范的性质相等同——这在康德的论证中是普遍性而在柏拉图那里则是正义。这即是规范性论证的要求。"[1]

除此以外，柏拉图的理念论还从如下两个方面引导了康德：第一，我们应该在道德行动中摒弃自身中关于激情方面的部分，因为这是一种不合理的、非自然的灵魂运动。康德也在他的著作中同样多次阐释了我们需要对自身的偏好和欲望予以摒除。第二，保持身体各部分的和谐一致，需要运用到我们的自由意志——即自律。在康德看来，只要我们是一个理性存在者，那么我们就必须在自由观念下进行行动。这种自由意志不以任何外在的原因为规定根据。由此，这个意志必须是自律的。也就是说，它需要根据它给自己所确立的法则来行动。

二、斯多亚学派的影响

同柏拉图类似，康德在他的著作中同样提到了斯多亚学派。他对该

---

[1] Christine M. Korsgaard, "Self-Constitution in the Ethics of Plato and Kant", *The Journal of Ethics*, Vol.3, 1999.

学派评论的观点是在《实践理性批判》的"作为纯粹实践理性之公设的上帝存在"这一小节中。在他看来,古希腊的各个学派之所以没有解决至善的实践可能性问题,是因为它们总是使人的意志应用自己的自由的规则,成为这种可能性的唯一的和充足的根据,由此它们并不需要上帝的存在。他指出:"仅仅从理性和意志的关系出发来确立道德法则,从而使之成为至善的至上实践条件,但它却并不因此就是至善的可能性的全部条件。"①(KpV 5:126)

在分析了伊壁鸠鲁学派的幸福原则之后,康德进一步强调:"相反,斯多亚学派正确地选择了他们最高的实践原则——即德性作为最高善的条件;但是由于他们把德性所需要的纯粹法则的程度视为可以在这一生命中完全得到的,因而他们不仅把人的道德能力以圣人的名义扩张到远远超出人类本性限制的程度,以及还假定一些与人类的认知相反的事物,同时还不让最高善的第二个组成部分,即幸福被当作人类欲求能力的特殊对象,而使圣人像一个在其人格卓越性意识中的神性一样完全不依赖于自然(有关于他的满足),虽然使其生活遭受了不幸,但却并没有让他服从(同时让其从邪恶中解脱);因此这就实际上消除了最高善第二个组成部分,即某人自身的幸福。"②(KpV 5:126—127)

在这些段落中,康德看似直接拒斥了斯多亚主义的核心观点,即至善和幸福。不过,在一些学者看来,在康德的某些文本中,其实与斯多亚学派的观点有着很大的关联。比如,赖克就指出,康德在道德哲学著作中呈现的诸多观点,就能够在西塞罗的《论义务》中找到根据。他在《道德形而上学奠基》的第一部分关于"善良意志"的论述中曾提到过,"情绪和激情方面的节制、自制和冷静的思虑,不仅在许多方面是善的,

---

① Immanuel Kant, *Practical Philosophy,* Cambridge University Press, 1996, p.241.
② Immanuel Kant, *Practical Philosophy,* Cambridge University Press, 1996, p.242.

而且看起来甚至构成了人格内在价值的一个部分"①（GMS 4:394）。在这里，康德之所以会作出这种比较，其实是受到了西塞罗的影响。此外，定言命令式的公式中的普遍法则公式也可以在《论义务》中找到原型。

而且，斯多亚学派也很重视"自由"的价值。他们认为，人类的自由价值在于他们可以无拘无束地运用心灵，用思想、判断、欲求来对世界发表意见。在此基础上，斯多亚学派更为侧重追求知识的理性自由。在他们眼中，理性的灵魂是人类的精神主导，这一点与柏拉图类似，人们必须根据理性的抉择而进行行动。由此，自由的理念在他们那里并非是任性的选择，而是要在认识自然、习得知识的前提下去遵循宇宙的诫命和规律，它是以责任作为前提的。在爱比克泰德看来，人需要在一定的控制之下才能够得到自由。他进一步强调了自由意志的作用，并将其理解为运用外部表象世界的一种能力。这需要如下三个方面的步骤才能得以完成："第一，判断与赞同的能力；第二，欲求与避免的能力；第三，选择与拒绝的能力。人通过这三个领域的训练，就能够将自身的欲求和避免限制在自由意志的领域，最后通达一种自由的境界，获得精神和心灵的自由。"②

因而，斯多亚派的这种自由其实就是一种有限的自律，它是神为我们人类所量身定制的礼物，幸福即是实现自律的一种结果。③ 康德亦是受到此种思想特质的启发，将这种普遍性的个体自由推展到了新的阶段并赋予了它绝对的权威性。而且，斯多亚学派所提倡的"与自然一致的生活"或者"生活的美好流淌"是与理性的完善相统一的。这构成了一

---

① Immanuel Kant, *Practical Philosophy,* Cambridge University Press, 1996, p.50.
② 吴欲波：《自由的守望——爱比克泰德自由观的一个理论解析》，浙江大学 2005 年博士学位论文，第 1 页。
③ [美] 安东尼·朗：《斯多亚学派的幸福论》，刘玮译，《清华西方哲学研究》，第 4 卷第 2 期（2018 年冬季卷），第 162 页。

种伦理上的德性，因为理性会告诉我，我应该这么做，这样做的本身就是将理性要求的知识应用于实践。这其实也与康德的定言命令式的某些特征具有一定的相似性。在安东尼·朗（Anthony Lang）看来："斯多亚学派其实预见了康德，因为他们区分了习俗中的好（比如健康）与道德上的善（也就是德性），认为这两类善对人来讲都是自然的，但是只认为后者才是真正的善，并且与人的理性自然相一致。"① 他因此推论说，斯多亚学派就是康德的雏形，康德所谓的幸福，在两个理论里面都位于理性的范围之外；而斯多亚派所说的幸福，实际上类似于康德所说的更高自然的生活。

由此可见，斯多亚学派对于康德的影响无疑是非常深远的。康德本人也在《逻辑学讲义》的导言中表达了对斯多亚学派的评价以及赞赏之意："继柏拉图和亚里士多德之后的是伊壁鸠鲁派和斯多亚派，这两派最为互相敌对。前者将至善置于他们称之为快乐的愉快心情中；后者可以放弃生活的一切安适，仅在心灵的高尚和坚强中去寻求最高的善。斯多亚主义者在思辨哲学中是辩证的，在道德哲学中是独断的。在其实践原理——通过这些原理，他们为各种最崇高的意念播下了种子，他们表现出颇多的尊严。"②

第二节 道德情感主义中的自我约束

情感主义和理性主义可以说是道德哲学史上两大截然对立的流派，

---

① ［美］安东尼·朗：《斯多亚学派的幸福论》，刘玮译，《清华西方哲学研究》，第 4 卷第 2 期（2018 年冬季卷），第 165 页。

② ［德］康德：《逻辑学讲义》，许景行译，商务印书馆 1991 年版，第 20 页。

他们在思维方式、认知途径以及实践方略上都有较大的差异。比如，理性主义是从规范性理论开始，基于理性来探索道德普遍性的原则。在此基础上，他们才会转向日常生活，寻求一定经验性的依据。情感主义则与此完全相反。他们认为，道德判断一定是来源于人类日常生活中的经验性依据。他们研究的是什么让人类这种生物值得去追求，道德判断的基本标准是我们内心苦乐的情感。因此，有的学者用"规范性"和"描述性"来表述二者之间的区别。弗雷泽（Michael L. Frazer）即是其中之一。他认为："理性主义和情感主义对心灵体制的理解包含两种不同的元素。借用休谟的著名区分，它们都提供了一个关于实然和应然的理论——一个描述性的道德心理学用来解释我们的道德和政治反思；一个规范性的理论用来解释经过这样反思的准则的权威性从何而来。"①

一直以来，康德都被视为是理性主义道德理论的杰出代表，他的理论与休谟、斯密等情感主义者是截然不同的。但是，休谟与斯密的理论却给予了人们更加丰富的寻求反思性的方式，也能从另一个侧面对自律的道德学说予以补充。在本节中，我们将就此展开，来探索一下情感主义伦理学中的自立与自制可以从哪些方面对康德的道德自律有所启发。

一、情感主义中的自立

情感主义最具代表性的人物是休谟，他在《人性论》中的那句名言——理性是感情的奴仆，就是对理性主义最为有力的驳斥。因此，很多人将休谟的道德理论理解为以道德情感为规范正当性的理论。不过，这种看法似乎并不完全准确。首先，休谟情感主义的本质只是想论证情

---

① ［美］迈克尔·L. 弗雷泽：《同情的启蒙：18 世纪与当代的正义和道德情感》，胡婧译，译林出版社 2016 年版，第 6 页。

感是我们道德观念的重要来源，相较于理性，它发挥了更为重要的作用；其次，道德情感并不是孤立的，它与我们的身体、精神以及心灵都有极强的关系，理性与情感并不是完全对立的，只有我们把握住两者的平衡点，方才有可能寻找出规范性的真正来源。

因而，休谟的情感主义伦理学体系，其实也包含着理性的要素，他旨在将理性和感情纳入到一个和谐的反思性平衡之中。他的独创性在于为规范性理论构建反思性的权威体系。这种反思性是通过同情和共感来获得的，他人的情感会传染给我们，来使我们作出反思，以此来更好规范自身的行为。他自己也强调："这种仿佛在反思中打量我们自己的恒常习惯，使我们所有关于正当和不正当的情感永葆活力，使本性高贵的人对他们自己和他人产生一定的敬畏，这种敬畏是一切德性最可靠的卫士。"[1] 这种以同情（sympathy）为核心的观点，同获取我们的理论知识一样，可以通过印象（impression）而被感情的理念所接受。比如说，只要我们对一些场景中人们的感情有所了解，那么凭借这些相关的场景，就能够让人产生同情。因而，在休谟看来，人的感情在一定程度上具有一致性，基于我们对于他人感情的感受，这种理念就会通过同情让我们推己及人。

在此基础上，休谟通过积极的赞同（approbation）和消极的不赞同（disapprobation）这两种情感态度将道德评价与我们的审美品位联系在一起。当我们身陷审美或者道德矛盾情感之中时，我们就会求助于"更高级的、改良过的品位。这些品位使我们更好地判断人的品格，评判作曲家的天赋，或者是评价艺术作品的创造性"[2]。而在这一过程中，理性的地位是同样重要的。在我们对于出色的艺术作品的赏析中，要想感受

---

[1] [英] 休谟：《道德原则研究》，曾晓平译，商务印书馆 2001 年版，第 276 页。
[2] [美] 迈克尔·L. 弗雷泽：《同情的启蒙：18 世纪与当代的正义和道德情感》，胡婧译，译林出版社 2016 年版，第 54 页。

到得体与恰当的情感，必须具备一定的理性。与此类似，同情作用的发挥也需要理性的帮助，"它需要健全理性的陪伴才不会误导；非理性的同情会将道德情感引入歧途。批判性的思考让同情免于被误导，从而改进我们的道德确信。就好像我们对艺术的审美一样，我们可以说道德的美，需要智力的支持，只有这样，道德的美对心灵才能产生恰当的影响"①。

由此，休谟对于理性的重视和强调也导致了他在道德领域中拥有了一种普遍性的视角。引入这一普遍性视角的目的在于纠正随同情心而来的偏见。因为同情心对主体相似的人更强，而我们的道德评价不应该因此而发生变化。休谟同时认为："随着距离变远，物体看起来就好像变小了：虽然我们判断物体的最初标准是我们感知的它们的表象，我们却不会说随着距离增加物体确实变小了；而是通过反思来修正表象，来达到对此物体更恒常和准确的判断。相似的，虽然对他人的同情弱于对自己的关心，对远方的人的同情弱于对邻人的同情；我们在冷静地判断人的品质的时候仍然会忽略这样的不同。"②

因此，在休谟那里，成熟的道德情感必须考虑到所有人的感受。从普遍视角来看，如果一个人有可能被任何道德品格所影响，那么他就必然处于我们道德考虑的范围之内。就像休谟所主张的那样，任何人都可以成为我们同情的对象，都需要被用普遍视角来对待。故此，他所谓的情感主义其实具备了可普遍化的视角，我们亦可将其称为"自立式"的。由此一来，休谟的理论可以说并没有完全与康德的理性主义处于极端的对立状态。考虑到所有人，就要求每个人在顾及自己的情感的时候，也需要有一定的普遍性因素。因此，休谟式自立的道德理论可以从一定程

---

① ［美］迈克尔·L.弗雷泽：《同情的启蒙：18世纪与当代的正义和道德情感》，胡婧译，译林出版社2016年版，第55页。

② David Hume, *A Treatise of Human Nature*. New York: Oxford University Press, 1978, p.602.

度上对道德自律学说有所影响和启发。

二、情感主义中的自制

作为情感主义的另一名代表，斯密的核心思想是："道德或者道德判断的基础不是建立在孤立的个体或者是一些先验的概念上，而是建立在与他人相联系的'人'这一概念之上的。"[1] 因而，这样一种道德评价机制就需要我们具备这样一种能力：即将我们从自己的激情以及周围其他人的影响中分离出来。故而，斯密与休谟一样，也想通过同情理念来构建道德的基础。在他看来，由于人类行动的自私性，使得我们每一个人行动的出发点首先都是为己的，并且我们还有着不同的"七情六欲"，因而要使我们的行动在没有规约的前提下合宜，这几乎是不可能的。故而，同情的作用首先就表现在让我们的行为具有合宜性。斯密在《道德情操论》中就表达了这样的观念："当事人所产生的同情和共情感如果与旁观者的情感倾向一致的时候，这种情感的表达就是正确的，并且与客观的对象相符合；如果旁观者设身处地地通过想象认为当事人的情感并不符合自身的实际感受时，那么这种情感就不是正确和合宜的。"[2]

若要想让同情的作用真正得以发挥，斯密认为一种客观而且中立的机制就显得必不可少。否则，仅凭我们的主观判断必定会对合宜性的评判产生误差。因而，斯密引入了一个公正旁观者（impartial spectator）的概念。他需要通过尽可能多地参与到当事人的处境之中，并体察到很多细微之处的情感，以此来通过想象进行公正的评判。通过这一机制的运用，社会可以在某种程度上保持一定的和谐与完善。

---

[1] James Otteson, "Adam Smith's Libertarian Paternalism", *The Oxford Handbook of Freedom*, eds. David Schimidtz and Carmen Pavel, New York: Oxford University Press, 2016.

[2] Adam Smith, *The Theory of Moral Sentiments*, Indianapolis: Liberty Fund, 1984, p.9.

因此，人们需要努力像他们推测其他任何公正而无偏见的旁观者可能做的那样来考察自己的行为。"当我尽力审视自己的行为时，当我尽力对其作出评判，决定应该赞赏它还是指责它时，显然，在所有这些情况下，我可以说将自己分为了两个：一个是检查者和评判者；另一个是行为被检查者和评判者。"① 故而，在布朗（Vivienne Brown）看来，公正旁观者有如下三种模式："第一，行动者这一概念从某种程度上是依赖于别人是如何看待他们的，这包含了一个人类作为自我意识者的反思概念；第二个模式包含了一种交互主体性（inter-subjective）的概念，我们能够与他人形成一种共感或者共情；第三个模式则是赋予了我们一种关于想象（imagination）的重要角色。"②

而这一角色的作用主要有如下两点：第一，如果我们所做出的行动没有经过公正旁观者的审判，或者良心的评价，就算行动能使我们获益，我们同样会感觉羞愧和惶恐；第二，我们可以通过公正旁观者来使自己获得情感上可认可的同情，以此来达到愉悦的目的。由是，当我们的行动符合良心的判决时，人们的内心就会有一种完全的确定感和合宜感。斯密的良心概念，其实就是其所设想的公正旁观者的概念。不过斯密同时也认为，我们要做到完全的合宜，并坚守自身的内心是非常有难度的。他似乎只能按照一种神的指令行事，唯有神圣的诫命以及宇宙的主宰方可进行最为公正的评判。③

---

① Adam Smith, *The Theory of Moral Sentiments*, Indianapolis: Liberty Fund, 1984, p.113.

② Vivienne Brown, "The Impartial Spectator and Moral Judgment", *Econ Journal Watch*, 13(2), 2016, p.234.

③ 对此，罗卫东教授认为，斯密在这里其实是在谈论一种信念，一种绝对的善恶观念。在这里，斯密实际上将道德评判的最终标准交给了一种信念，这一点是完全接近康德的。他的整段话实际上都是在谈这个定言命令。不过，斯密谈论这个信念时没有使用康德那样的范畴系统。参见罗卫东：《情感·秩序·美德——亚当·斯密的伦理学世界》，中国人民大学出版社 2006 年版，第 148 页。

而这种评价机制，最后落实到行动之中，就需要我们根据公正旁观者的要求来自制（self-command）。在斯密看来，"自制，不仅自身是一种崇高的美德，而且，似乎所有其他美德都因其之故而灼灼生辉"[①]。自制能够教会我们冷静下来，并通过相互同情所带给我们的愉悦感，来为我们设置一个行为目的。因而，"我们应该对他人情感尊重，以及对具体条件下，对他人遇到了哪些具体事件尊重。并且要对那些叛逆性和狂暴的激情进行克制，使其变成得到公正旁观者的体认、同情的唯一原理"[②]。故而，"自制是'一个人首要关注'的德性，并且是其努力抑制自己自然情感的结果……自制还是我们通过观看其他人如何感知我们，从而感知我们自己的关键"[③]。

因而，按照斯密的整个设想，我们可以发现"自制"在其道德评价体系里具有十分重要的作用。其首先通过公正旁观者所提供给我们的共感，让我们知道克制自身的行动，也让我们的行为更加合宜和适当。其次它还为我们提供了一种道德评判的标准。奥特森（James Otteson）对此即指出："自制包含了一个自由的人类选择，因为在他看来，自制是一种规训我们自身按照符合公正旁观者评判来行动的一种能力。"[④] 由此，我们可以看出，斯密所认为的合理的道德行动是通过公正旁观者的评判，而后通过自制行动而达成的。

[①] Adam Smith, *The Theory of Moral Sentiments*, Indianapolis: Liberty Fund, 1984, p.241.

[②] Adam Smith, *The Theory of Moral Sentiments*, Indianapolis: Liberty Fund, 1984, p.264.

[③] D. D. Raphael, *The Impartial Spectator: Adam Smith's Moral Philosophy*, Oxford: Oxford University Press, 2007, p.34.

[④] James Otteson, *Adam Smith's Market of Life*, Cambridge University Press, 2002, p.143.

三、道德情感主义对康德的启发

如上所述，以休谟和斯密为代表的道德情感学派，虽然想把道德判断的基础建立在同情这一概念之上，并且该视角也具有一定的普遍性。不过，在康德看来，这种普遍性的根基却是不牢固的，因为它仅仅只是建立在了偏好的基础上。在他眼中，意志（will）应该对偏好和倾向（inclination）保持绝对优先地位。康德对情感主义学说最为重要的批评是在《道德形而上学奠基》中，在他看来，"一个人能成为仁慈的人是一个义务，此外还有许多灵魂也受到了同情的调和，以至于即使没有虚荣或者自利的动机，他们也能够在向周围传播快乐的过程中找到内心的平和愉悦。然而，我认为在这样的事例中，不管这种行动如何符合义务以及如何亲切友好，它都没有真正的道德价值，只是与偏好属于同一种类。"①（GMS 4:398）因而，情感在有关于义务的决定基础方面不占有任何地位，由感情和偏好所主导的行动不具备任何的道德价值。康德的这一论断主要是从如下两个方面来进行的：首先，但凡是道德上正确的行动，同情就不是必须的，如果我们将同情作为道德的动机，那么这样的基础是不牢固的。而来自于义务的动机的基础则要稳定可靠许多。其次，对同情的要求进行服从和遵守是缺乏道德实际内容的，这也是同情无法为道德义务提供标准的原因。因此，对于这种以同情为主要内容的倾向，康德主要持有的是拒斥态度。

他后来在《实践理性批判》中也强调："自由，作为用不屈不挠的倾向来服从道德法则能力的自由意识，是不依赖于任何偏好的，至少是作为决定我们自身欲望的动机。而且，我对这一自由的意识是跟随于我道德的准则的，这是不依赖于任何特殊情感的，不可改变的满足的唯一

---

① Immanuel Kant, *Practical Philosophy,* Cambridge University Press,1996, p.53.

来源，而这就被称为智性的满足。基于对偏好的满足的感性的（非本真地如此称谓）满意，无论它是如何巧妙地挖空心思想出的，都永远不能适合人们对此所设想的东西。因为偏好是永远变化的，随着人们让它们受到的优待而增长，并且总是留下一个比人们想到去填满的还要更大的壑洞。因此，它们对于一个有理性的存在者来说，在任何时候都是累赘，而且即使他不能甩掉它们，它们也迫使他期望摆脱它们。"①（KpV 5:117—118）

因而在一定的程度上，康德认识到，对道德基础的错误认识会让我们在道德实践中走上歧路，并且不能使我们的人格获得任何道德价值。在他眼中，情感仅仅只是一种让人心灵萎缩的僭妄，它只是人们温暖、心肠柔软或者野性勃勃的情绪性表达，与我们的义务感相比是不值一提的。情感本身并不能发挥出任何作用，因为"所有的情感，尤其是那些会产生异常感觉的情感，必须要在它们处于高潮的时刻以及在它们冷静下来之前完成它们的作用；否则它们就不能完成任何事，因为心灵自然会返回到它本真的、合宜的运动之中，由此坠入到之前的状态中，因为有些事物是被应用到了刺激它的东西之中而不是使其为之振奋的东西"②（KpV 5:157）。所以，道德的基本原理还是要建立在符合理性的概念之上，在其他基础上都只能是凭空想象，它们不能让人获得由道德义务而来的人格崇高感，也不能让自己获取有关于自身的信息。如若没有这种信息，我们人格中的至善就无法表达。

不过，虽然康德极力反对了道德情感学说的核心观点，但这一理论仍然对他的自律观念产生了影响。因为除了我们之前所强调的，道德情感本身存在着一定的理性因素外，康德也逐渐认识到，完美的理性存

---

① Immanuel Kant, *Practical Philosophy,* Cambridge University Press, 1996, p.234.
② Immanuel Kant, *Practical Philosophy,* Cambridge University Press, 1996, p.265.

者是不存在的,他在《道德形而上学奠基》的第三部分也由此作出了理智世界和感性世界的区分。我们人类作为有限的理性存在者,能够成为我们意志的规定,除了理性之外,也应该包含情感等要素。虽然,在对道德基础的奠基方面,情感的作用需要最小化,甚至需要我们对其摒弃,但这并不是说情感对于道德法则而言就是一无是处的。在我们的道德行动中,称之为最终动因的是道德法则,我们需要以此为标准来履行自身的义务。然而,感性的倾向或者偏好会让道德法则自身不能直接促发行动,而是要用感性的动机作为辅助。① 并且,康德认为,对道德法则的敬重感的来源同样也是情感性的。在他看来,敬重其实从情感的本质方面来考虑也是感性的,智性的情感其实是一种自相矛盾的产物。

  同时,我们还可通过情感主义学派的理论从一定程度上调和康德的自律观念。比如,斯密所认同的"公正旁观者"理论,就可以从某些方面来对康德以意志立法为基础的道德原则予以补充。因为引入旁观者这一概念,并不是说要用他律来制定假言命令,并以此作为情感性道德法则的基本条件。公正旁观者的核心其实是在于用自身符合理性的想象来共情,这种机制看似起源于情感,实则具备了一定的理性要素。在康德看来,"我之所以应当做某事,乃是因为我想要某种别的东西。"②(GMS4:441)这是导致他律的假言命令式的前提条件,并以此来对我们造成情感上的强迫。但公正旁观者理论并不是以此为标准的,它需要我们运用自身的理性来以第三者的视角进行评判,这其实对于我们内在的评价机制亦是有一定的促进作用的。这种"同情"可以从"两个自我"的角度解释道德主体所作出决定时的感受。

---

  ① 值得注意的是,在康德那里,动机(Triebfeder)与动因(Bewegungsgrund)是存在差别的。在他看来,欲望的主观根据是动机,意愿的客观根据是动因。因此,就有建基于动机的主观目的和取决于对每一个理性存在者都有效的动因的客观目的的区别。

  ② Immanuel Kant, *Practical Philosophy,* Cambridge University Press, 1996, p.88.

正如康德在《道德形而上学》中所指出的那样："在双重的人格性中，在良知中被控诉和审判的人不得不想到：这个双重的自我，一方面不得不站在一个毕竟是被交托给他自己的法庭的门槛前颤抖，但另一方面自己手中掌握着出自生而具有的权威的审判者职务，这种双重的人格性需要一种解释，以便理性不与自身陷入矛盾之中——自我，既是原告也是被告，是同一个人，但是作为道德的、从自由概念出发的立法的主体，其中仍服从于一种他自己为自己立的法则，他应当被视为一个不同于赋有理性的感性人的他者。"①（MS6:439）由此，我们可以看出情感主义对于康德的道德理论并非完全是负作用的。

第三节　完善论的影响

康德自律思想的源起和发展与近代启蒙思想关联紧密，其中沃尔夫和克鲁修斯的理论对他的理念影响深远。就像莱布尼茨一样，沃尔夫是从完善和不完善出发看待世界以及万物的。沃尔夫对事物完善性的定义就是"多方面的和谐"。在沃尔夫看来，这个世界是所有可能的世界中最完善的世界，因为它的所有部分都尽可能充分而又简单地相互合作，以体现上帝的荣耀，也就是说，它的无限完善。可以说，完善是沃尔夫伦理思想的核心，他进一步用此理念来界定行动的价值。他甚至指出，理性规定着我们有所为和有所不为，一个理性的人不需要别的法，凭借理性，他就是他自己的法。史怀格（Clemens Schwaiger）对此即认为："沃尔夫以更系统成熟的理论形态，有力论证了作为理性主体——人，

---

① Immanuel Kant, *Practical Philosophy,* Cambridge University Press, 1996, p.561.

如何能够独立于上帝神圣意志的干预，仅凭自己的理性来诠释道德的基础和可能性。这对于深入推进近代启蒙道德哲学自律的历史进程无疑是非常重要的。"① 那么，完善论到底是一种什么理论，它是从何而来，又为何对道德自律产生了积极影响，就成为我们这一节所想要探索的内容。

一、沃尔夫的完善论伦理学

沃尔夫是对康德的道德思想影响很大的一名学者。他是从完善和不完善的角度出发来看待世界及其万物的。沃尔夫对事物完善性的定义就是"多方面的和谐"。在他看来，这个世界是所有可能世界中最完善的世界，因为它的所有部分都尽可能充分而又简单地相互合作，以体现上帝的荣耀。沃尔夫哲学视野的关键要素是理性能够洞悉上帝创造的自然秩序，亦即我们的道德义务是运用我们的理性和对自然秩序的洞察来保存和促进这种秩序的。

在其伦理学中，他将实践理性的概念放在了重要的位置：理性在实践中最为基础的运用是获取我们行动结果中善和恶的洞见，然后依据它来弘扬善和惩治恶，以此来完善我们的行动。因而，在他眼中，事物之间的理性关联构成了完善性的来源。理性的作用就是要提供事物完善性的洞见以及按照这种完善性来对我们的行动进行指导。这里的关键就在于理性提供了对事物之间联系的洞察力；事物之间的联系构成了它们的完善。因此，理性的作用是提供对事物完善的洞察力，并指导我们按照这种完善行动。

由此，在沃尔夫看来，我们如果要改善自己，唯一的方法是增加我们对明晰观念的储备。追求更大程度的清晰和完善是我们本质的组成部

---

① Clemens Schwaiger, "Ethik", in *Hannolbuch Christian Wolff*, Robert Theis and Alexander Aichele (ed.), New York: Springer ebook, 2018, S. 254.

分。因而，始终并且仅仅追求实际上自我完善的事情，在道德上就具有必然性，即使我们自己并不总是清楚地意识到这一点。对此，他也这样强调："促使我们自身和我们的条件更为完善的事物是善，这项发明的艺术使得我们的知性更为完善，并且因此是善的。健康使我们的身体更为完善，这也是某种形式的善。金钱使我们的外在条件更加完善，这也是某种程度上的善。"①

故此，在一个最为抽象的层面上，沃尔夫与康德的道德哲学有着极大的相似性。像康德一样，沃尔夫坚信，道德的基本法则来源于不依赖任何神圣诫命的纯粹理性，并且一个理性的人类行动者并不需要神圣诫命的奖励以及其惩罚的威胁。这一点，我们可以在康德的《道德形而上学》中发现类似的论述。但在抽象层面之下，由沃尔夫完善论所导致的后果主义伦理学正是康德所坚决反对的。在沃尔夫看来，人类做正确的事情所需要的只是对他们行动自然后果的充分了解，错误行动的唯一就是无知。而对于康德而言，特别是纯粹理性的解释告诉我们，无论行动的实际后果如何，都要按照符合某种形式约束的法则行动。正如盖耶所言："对于康德来说，人类行动的彻底自由不可避免地带来了彻底邪恶的可能性，即：即使在充分认识到道德要求的情况下，也选择无视这些要求。因此，康德既是一个比沃尔夫更彻底的伦理理性主义者，因为他相信我们可以仅凭纯粹的理性确定对错，而无需对自然有详细的了解，同时又是一个比沃尔夫更少理性主义者，因为他并不相信纯粹理性提供的道德法则能永远保证我们总是做正确的事。"②

---

① Christian Wolff, "The *Deutsche Metaphysik* of Christian Wolff: Text and Transitions", in *History of Philosophy in the Making*, Linus J. Thro (ed.), Washington DC: University Press of America, 1982, p.42.

② Paul Guyer, *Virtues of Freedom: Selected Essays on Kant*, Oxford University Press, 2016, p.76.

沃尔夫和康德伦理学之间还有一个表面相似但又差异很大的地方，是他们对至善的理解。有些人认为，这一概念对康德的伦理学没有规范性的贡献，但是它其实已经根植在了康德的某种沃尔夫倾向之中。毕竟沃尔夫认为，没有任何人类能够达到绝对的至善，因为只有上帝才能拥有并确实拥有完全的完善，但人类的至善在于向更高一层次的完善进步。在沃尔夫看来，寻求更高完美的法则是完全自然的，因此人类向人类至善的进步是自然法则本身的结果。这一观点在康德的哲学中则有所不同。康德对至善的理解并非仅仅是自然的产物，而是与人的自由意志和道德责任紧密相连。他强调，尽管我们不能像上帝那样拥有完全的完美，但我们作为理性存在，有责任去追寻和逐步实现自身的完善。这种完善并非自然而然的过程，而是需要我们积极发挥自由意志，克服自身的局限，去选择和实现那些符合道德法则的行为。

因此，康德与沃尔夫之间最深刻的差异可能在于，康德认为人类自主性与自然法则的兼容性不能被视为理所当然的，人类自主性与自然之间的桥梁只能在康德实践信仰和反思判断的概念所设定的界限内构建。在康德看来，人的道德行为并不简单地是自然进程的一部分，而是需要人类通过自由意志和理性判断去积极实现的。这种实现并非自然而然，而是需要人类不断地克服自身的局限，以符合道德法则的方式去行动。虽然沃尔夫和康德都探讨了道德和自然法则的问题，但他们的理解和处理方式存在根本性的不同。沃尔夫更侧重于自然法则的普遍性和必然性，而康德则强调人的自由意志和道德责任在道德行为中的核心地位。

二、康德对完善论的延续

值得注意的是，沃尔夫在有生之年有一位极其重要的对手就是克鲁修斯（Christian August Crusius）。他的主要观点是一种神学层面上的唯意志主义。克鲁修斯所认为的上帝并不受到任何道德方面的要求和约束，上帝本身就是全部道德法则的来源。而且，克鲁修斯还认为，道德最重要的一个要求，就是要求人们出于对上帝的依赖而去遵守他制定的法则。在他看来，意志自由极端重要，能够思维的存在者必然拥有意志。否则的话，它们对世界的表象就毫无意义。如他所言："所有心灵都必须拥有意志。如果没有意志，它们就不可能根据其表象[Vorstellungen]采取行动,这些表象就不会对它们或其他心灵有用，而是会完全无用。但是，创造某种无用且无益的东西与上帝的完善性是完全对立的。"①

在克鲁修斯看来，欲望是意志能动性最为基本的表现形式，有三种类型的基本欲望是根植在人类的意志结构之中的："第一种是增加我们自己个人完善的欲望。这种欲望虽然不是所有欲求的根源，但却是追求真理、清晰性、推证、身体上的改善、自由、友谊和荣誉的欲望的根源。第二种是完全无私的欲望，即与我们认为是完善的不论什么东西相联合的欲望。第三种是认识神的道德法的自然冲动。这种冲动在我们积极的责任心中表现得非常明显。"② 在此基础上，克鲁修斯将人的意志对象区分为两个不同的维度：一是由前两种欲望构成的意志对象，指的是对自我和他人完善性的追求；二是第三种欲望构成的意志对象，是"根据良知冲动无条件地履行上帝的神圣诫命。根据人的意志对象的双重性，每个人实际上肩负着两种义务，即审慎性的义务与合法则性的义务。前者指向幸福，后者指向上帝创世的神圣目的——道德"③。

那么，克鲁修斯又对康德有什么样的影响呢？首先，是对康德道德

---

① 转引自 J.B. Schneewind, *The Invention of Autonomy: A History of Modern Moral Philosophy*, p.446。

② 转引自 J.B. Schneewind, *The Invention of Autonomy: A History of Modern Moral Philosophy*, p.447。

③ 朱毅：《道德义务与完善性：沃尔夫与克鲁修斯对康德早期伦理学的影响》，《哲学评论》2023 年第 1 期。

义务规范性的启迪。一方面，康德接受了沃尔夫的完善性法则，将它视为道德义务的初始根据的最高形式原理，确保了道德义务普遍必然的约束性。另一方面，他也受到克鲁修斯的启发，敏锐地洞察到了行动必然性的问题。其次，沃尔夫和克鲁修斯关于道德心理学的不同看法，同样促使康德重新思考了理性、意志与完善性之间的关联。

而且，在康德的早期思想中，他还一度秉持克鲁修斯所持有的神正论的理念。在他看来，神正论起源于对自然的尝试，上帝也是凭借自然的力量而宣告其意志的。不过，逐渐地，康德意识到神正论亦不能脱离理性而存在，人作为理性存在者是有权审查各种观点和学说的。在1755 年所发表的《一般自然史与天体理论》中，他即认为："实际上，当人们对自己的心灵思考一番的话，对于璀璨星空的观点就会带给自己一种在高贵灵魂感官上的愉悦。当大自然走向沉寂之时，不朽精神的隐藏认知官能就会说出一种不可名状的语言并提供一种并未发展的概念，这些概念只能够被感受而不能对其进行描述。"[①]（NTH 1:367）

这无疑让康德对神正论产生了一定的怀疑，因为神正论传统所要求的是使善人得幸福、恶人遭惩罚的秩序。在 1755 年，康德还是按照沃尔夫式的基本思路在进行思考，而在《形而上学认识各首要原则的新说明》中，康德开始逐渐反对沃尔夫式的自由观，即自由很可能只是对人面对诸多选项时的无所谓态度，因为那只能导致人举止散漫，并且也无法对责任作出解释。从这里开始，他开始将意志自由与自愿相联系。在他看来："因为自发性是一个源于内在原则的行动。当这种自发性被决定于与最佳的表象相一致的时候，它就被称为自由。某人越是能够被认为是服从于法则，那么此人就越能够被所有出于意愿的动机所决定，因

---

① Immanuel Kant, *Natural Science*, ed. by Eric Watkins, Cambridge: Cambridge University Press, 2012, p.307.

而他就越能够获得自由。"①（PND 1:402）这种观点的出现使得神正论的阐释逐渐失去了效力。

因此，在此基础上，康德开始逐渐意识到道德世界的理念主要在于人类自律的完全实现，在这样一个世界中，人们的意志对其自身是一个法则。在不止一个地方，康德将这种理念呈现为我们意志独自的完善，以此与沃尔夫式的精神上、身体上以及外在条件上的至善形成对比。我们在其著作中也可以发现他对于道德理论的四重区分。对于康德而言，道德理论有着经验的和智性的原则的区分，而在这些原则的来源上又有着外在和内在的区别。② 在这些区分中，沃尔夫的完善论是一种内在的和智性的道德原则。在康德看来："右边的原则建立在理性之上（因为作为事物的性状的完善和在实体中表现出来的最高的至善，亦即上帝，二者都唯有通过理性概念才可以设想）。不过，完善的概念，要么可以在理论意义上来采用，要么它意味着一个事物仅仅作为一般事物的完备性，对此不能论及。但是，实践意义上的完善概念是一个事物对各种各样的目的的适用性和充足性。这种完善作为人的性状，因而作为内部的完善，无非就是天赋，而加强或者补充天赋的东西是技巧。"③（KpV 5:41）故此，盖耶认为："沃尔夫的道德哲学是基于人类理性、人类行动、自然以及上帝的无缝连接的假设：人类使用其理性是为了完善他的自然能力和条件，从而为完美的上帝所意愿的整个自然的完善作出自己

---

① Immanuel Kant, *Theoretical Philosophy, 1755-1770*, Cambridge University Press, 1992, p.26.

② 参见《实践理性批判》中"道德原则中实践的质料规定根据"。在那里，康德将道德原则分为主观和客观两个大的部分。(1) 主观外部的道德法则是蒙台涅的教育与曼德维尔的公民宪法；(2) 主观内部的是伊壁鸠鲁的自然情感和哈奇森的道德情感；(3) 客观内部的是沃尔夫和斯多亚学派的完善论；(4) 客观外部的是克鲁修斯和其他神学道德主义者的上帝意志。

③ Immanuel Kant, *Practical Philosophy,* Cambridge University Press, 1996, p.173.

的贡献。相反，康德道德观念的基本价值以及基本原则引入了一种关于人类道德和自然的争端：道德的目标是我们自身选择能力的完善，而不是我们自然能力以及我们自然欲望满足的完善。"①

总的来说，沃尔夫完善论的思想对康德产生了影响，但康德始终是站在理性主义阵营的一边，拒斥对道德的神学意志论阐释。在某种意义上，康德比沃尔夫更为彻底地贯彻了理性主义立场。鉴于"完善性"理论，与人的理性能力的本质关联，沃尔夫同样也认为，作为一个理性的行动者，每个人都能通过自己的理性自律承担相应的道德责任，无须依靠外在的上帝。这种坚定的对"道德自治"的理性主义立场也深刻影响了康德。在康德那里，道德法则永远与理性脱离不了关系，在纯粹实践理性的帮助下，道德是自我立法的。

第四节　启蒙运动的影响

16—17世纪，欧洲爆发了一场启蒙运动。由它所带来的近代社会契约理论与自然法的革命，对其后各个时代的政治、经济、法律和伦理产生了重大影响。这一运动，首先是将人类从宗教的束缚中解脱出来，开始重视人类的天赋权利，使人们审视自己和所在群体的生活；其次，它可以让人们不断地调整自身参与实践的方式，以期取得更为合宜的生活方式和态度；第三，这一运动将国家视为一种消极的恶，使个人权利与国家权力时刻处于一种张力之中。这场运动以洛克、霍布斯、卢梭等人

---

① Paul Guyer, *Virtues of Freedom: Selected Essays on Kant*, Oxford University Press, 2016, p.83.

为代表。他们三者的理论亦对康德产生了重要的影响,甚至卢梭的公意理论还从一定程度上直接启发了康德的自律观念。

一、洛克的自然法

洛克的学说是自然法理论的代表。在关于自然法的来源问题上,洛克反对了"天赋观念论"。自然法的知识只能是从经验中得来,需要我们在感觉经验的基础上,有一个自身的理性推导过程。洛克特别强调:"理性并不是知识的基础或来源,它自身不能产生知识,它只是作用于构成知识的基本素材,从中提炼和扩大知识;而自然法的知识就是通过自然之光而为我们所知晓。理性和感觉经验的结合,两者缺一不可。"① 在《政府论》(下篇)中,洛克阐明了他的社会契约理论的基本前提:"(1)任何人不得侵害他人的生命、健康、自由或财产;(2)当他保存自身不成问题时,他就应该尽其所能保存其余的人类,除非为了惩罚一个罪犯,否则不应该夺去或损害另一个人的生命以及一切有助于保存另一个人的生命、自由、财产的东西。"② 其实,在这里,洛克更加强调了一种自然义务的原则,而不是强调基本的自然权利。

自此以后,自然法思想的核心内涵不再是自然展示的规律,从而被内在的自然权利所取代。近代自然法思想的这一变革,为当时的启蒙运动做好了铺垫,同时,也对近现代的道德政治生活产生了不可磨灭的影响。不过,这种转变在后来引起了唯理论和经验论的争论。③ 在这一争

---

① 陈肖生:《洛克政治哲学中的自然法与政治义务的根基》,《学术月刊》2015年第2期。
② [英]约翰·洛克:《政府论》(下篇),翟菊农、叶启芳译,商务印书馆1996年版,第90页。
③ 由于这一问题过于繁杂,所引起的争议和讨论贯穿了整个西方哲学史,而且其又与我们的主题关系不大,所以在这里不准备对此问题展开论述。

端中，特别是关于人类理性这一问题，并没有得到非常具体的阐明。而康德则从理性着手，通过其理论理性和实践理性两个层面的自律与自主对此概念进行了推进，他最终将这种深入主体的理性概念同人的概念等同起来，从而完成了其对自然法理论的说明与改造。

具体来看，自然法思想不仅体现在康德《纯粹理性批判》中对理论理性的考察中，也存在于其在实践哲学的著作中对实践理性的考察中。自然法思想就康德认识论层面而言，首先是通过理性逻辑的考察，在主体中发现和确立客观的认识形式。人可以依靠自己的认知能力对所有现象界的事物构建客观性。主体的这种认知能力确保了自然科学的客观性，他们所遵守的规律是内在于人而非外在于人的，这即是康德所强调的"人为自然立法"。因而，在康德那里，认识论层面上的自然法应该是主体的先验认识原则。不过，又由于主体自身无法摆脱内在的束缚，自我的认识会有一种局限和单一凝固的模式，如果要想彻底地进行理性的自我立法，需要突破自我因果律的束缚。这即又要求我们进行一次实践意义上的革命。而康德自然法思想的中心，即在于个体从实践理性层面取得行动的自律与道德的自律。

那么，在实践领域，康德对于自然法的具体阐述又是什么呢？在《道德形而上学》的"德性论"部分，康德指出："在古代，伦理学指代的是道德的学说（philosophia moralis），一般而言它也被称为义务的学说。后来，它似乎更倾向于将伦理指代为道德哲学的一个部分，亦即不服从于外在法则的那些义务的学说（用德语来表述的话，它更接近于德性学说）。因此，整个义务学说的体系通常来讲会被分为法权学说的体系，其应对的是能够被外在法则所给定的那些义务；以及德性学说的体系，其所应对的义务不能被给定。"[①]（MS 6:379）而且，康德的法权义务体系与其道

[①] Immanuel Kant, *Practical Philosophy,* Cambridge University Press, 1996, p.512.

德学说有着密不可分的关联。其在《道德形而上学奠基》中所确定的几大定言命令式的公式，则为其法权学说提供了规范性的证明。

因此，康德在《道德形而上学》中所提出的法权的普遍原则也需要由其所提出的自由原则来进行推证。进而，在对法权的进一步阐释中，康德首先确定的还是一种生而具有的法权，即平等的自由权利。根据这种权利，我们就可以在不损害他人同等权利的情况下做自己意愿的事情，而无须受到他人的强迫和支配。于是，在情形均有差异的个体之间维护自由就成为了康德法权原则的首要来源。因而，对于康德而言，世界上只存在一种自然权利，即是人类道德的自由。它可以在没有现实的、实证的法则的情况下被我们先天的能力所认知，而实证性的法则（positive laws）则不具备这样的功能。

由此一来，康德的自然法理论就与之前的理论截然不同。在他看来，古典自然法理论贬低或者忽视了人类的自律能力。我们人类是可以不受自然因果法则的支配和影响的，我们可以根据自己的道德法则进行行动。因而，"正是在康德这里，近代自然法思想获得彻底推进，并完成了这一阶段的总结。近代自然法思想的几个关键要素，个体理性、权利、义务和国家以及它们之间错综复杂的关系，因为康德对理性的批判而得到了纯粹理性层面的说明。完善的知性能力使个体自身成为自然规律的筹划者。纯粹实践理性能力则使个体并不尽善也不尽美的在世生存能够希冀一份尽善尽美的理想，从而通过自律获得了自由"①。

二、卢梭的公意

而真正对康德道德自律观念产生最大影响的当数法国哲学家卢梭，

---

① 张卫：《康德哲学中的自然法思想探析》，《科学·经济·社会》2013 年第 4 期。

他对康德的影响是非常广泛和深刻的。康德在不同的场合都多次提到过卢梭，并且肯定了其思想的独特性价值。在坊间，有一则传闻时常被人们谈起：因为康德每天的生活和作息非常规律，邻居们都会根据他散步的时间来对表。但有一天，康德在阅读到卢梭的《爱弥儿》时，由于激动得爱不释手，以至于忘记了散步的时间。他也在《关于审美与崇高感考察的评注》中强调："我自以为爱好探求真理，我感到一种对知识的贪婪渴求，一种对推动知识进展的不倦热情，以及对每个进步的心满意足。我一度认为，这一切足以给人类带来荣光，由此我鄙夷那班一无所知的芸芸众生。是卢梭纠正了我。盲目的偏见消失了，我学会了尊重人性，而且假如我不是相信这种见解能够有助于所有其他人去确立人权的话，我便应把自己看得比普通劳工还不如。"①（BBGSE 20:44）

不仅如此，康德还将卢梭和牛顿放在了一起，认为他在道德世界中发现的真理与牛顿所发现的自然界存在的神圣秩序的隐秘法则同等重要。在他看来："在前人会面对无序和杂乱无章的多样性的地方，牛顿却最先发现了与伟大的简单性相统一的秩序性和规律性；从那时起，彗星就是按照几何学的轨迹在运行的。卢梭最先发现，在人类以为是多样性的形式背后，其实深藏着这些形式的本性和隐秘的法则；按照他的观察，上帝的保佑也将由此得到证实。以前，阿尔芬斯和玛涅斯的责难是有道理的。而在牛顿和卢梭之后，上帝得到了辩护，蒲柏的定理如今也变成了真理。"②(BBGSE 20:58) 那么，这一道德世界的公理是什么，卢梭又是在何种程度上启发了康德的自律观念呢？

---

① Immanuel Kant, *Observations on the Feeling of the Beautiful and Sublime and Other Writings*, Cambridge: Cambridge University Press, 2011, p.96.

② Immanuel Kant, *Observations on the Feeling of the Beautiful and Sublime and Other Writings*, 2011, p.104.

自律在其最初的起源上具备一定政治学意义。① 它具体指代的是一个政治团体或者国家为自己制定法律并以此按照法律行动的权利。这一概念涉及的范围甚广，它一方面需要结合自由与服从这两个表面上相互矛盾的要求，另一方面又开启了意志与行动法则之间关系的讨论。卢梭在《社会契约论》中就曾认为："一个共和国的法律建立在社会契约上，这即是说，我们每个人都以其自身及其全部力量共同置于'公意（general will）'的最高指导之下，并且我们在共同体中接纳每一成员作为全体之不可分割的一部分。"②

卢梭的自然法和社会契约理论承续于霍布斯、洛克等人，但实质上又与之有所不同。我们知道，霍布斯自然状态理论的主要困难在其没有提出一个道德人格性的理论或者一种作为政治合法性基础的道德因果性种类的意志理论。简单来说，他没有将道德理论与我们的意志和心灵结合在一起。而在卢梭那里，意志的观念具有很重要的价值，它被其视为政治合法性以及道德义务的真正来源。他认为，在自然状态下，人类的生活面临着很大的阻碍，为了克服这种危机，人们需要相互融合、互相协作，并以此进入到一个共同体中。这一共同体是依靠其中的每个人让渡出自身的权利而构建的，其具有每一个成员所共有的生命和意志，并以此形成公共性的人格。

而这一共同体所执行的意志，就是卢梭最著名的公意理念。在他看

---

① 参见 Pohlmann, R, "Autonomie", In Ritter, J. (Hg): *Historisches Wörterbuch der Philosophie*, Schwade Verlag, Basel, Bd. 1, 1971, S. 702-719. 其中认为：这一术语最初是在希腊思想中代表一种政治概念，在宗教改革运动期间，它被用于宗教的论战；不过在近代早期，它主要还是被用于政治讨论。康德在其理论以及实践哲学中使用它的时候，第一个赋予了该术语更为广泛的意义。需要注意的是，康德在后来明确拒斥了这种"只受自己给予自己的法则约束"的立法形式的道德自由。他认为，这一概念只能解释为什么使用强制的国家权力是具有合法性的，并没有包含平等的自由价值诉求，这与他"内在的自我立法"有很大的区别，因而只能算作是他律（heteronomy）的规范形式。

② ［法］卢梭：《社会契约论》，何兆武译，商务印书馆 2012 年版，第 20 页。

来，公意是与我们每个人的个体意志，甚至是由个体意志组成的众意（the will of all）截然不同的。因为每个人的个体利益是可以完全违背公共利益的，他们可以把自己对公共事务所负有的义务看成是无偿的奉献，不履行此种公共的义务而对别人造成的伤害是远远小于履行它所给自己带来的负担的。于是，很多人就仅仅主张要行使自己的权利，而忘却了他们应当履行的义务。为了使共同体能够良好地运行下去，公意因此具备了规范性的内涵。"唯有这一规定才能使得其他规定具有力量——即任何人拒不服从普遍意志的，全体就要迫使他服从。这即是说，人们要迫使他自由；因为这就是让每一个公民都有祖国，从而保证他免于一切人身依附的条件，这就是造成政治机器灵活运转的条件，并且唯有它才能使社会规约合法。"① 而众意只是个别意志所产生的总和，其强调的还是私人的利益。因此，在产生派别的情况下，我们应当舍弃个别的利益，而去服从由普遍意志所带来的共同体利益。通过公意概念，卢梭首先在意志与法则之间的关系问题上取得了重大的突破。康德也是由于发现了这二者之间的关联，才将卢梭称为道德领域内的牛顿。具体来讲，公意概念对于康德自律观念的影响主要在于如下两个方面。

首先，公意理念背后所反映的价值其实就是共同体理论的核心。在卢梭看来，共同体模式的核心不仅要确立公意，而且还要让所有人服从的是其本人，并且和以往一样都能够得到自由。"这种人所共有的自由，乃是人性的产物。人性的首要法则，是要维护自身的生存，成为自己的主人。"② 因而，卢梭的公意所彰显的价值理念其实是自由。在他看来，自然状态中的人类是天真与无知的，唯有在普遍意志的作用下，才能在一种可能的社会状态中体现出自由的形式。人们需要靠自己的良知与德

---

① [法] 卢梭：《社会契约论》，何兆武译，商务印书馆 2012 年版，第 24—25 页。
② [法] 卢梭：《社会契约论》，何兆武译，商务印书馆 2012 年版，第 5 页。

性来建立具有一致性的社会共识。因而德性与自由互为因果，也互为前提。一个社会如若没有自由，我们的心灵会受到外在的奴役和威胁，个人和个体的意志也就无从谈起。唯有我们进入到共同体中，并按照普遍意志的要求来行动，我们才可能获得更为自由的发展。因为按照公意行动，其实就是听从我们自己的意志。走进共同体这一过程，实质上是社会公共人格建立的一种过程，我们需要了解到每一个人的诉求，在感知自身自由的同时，也对自身的偏好和倾向进行管制和约束，以期达到一种具有普遍性的公共意愿，并让每一个人都能够在理性的应用中自觉服从。

  由此一来，公意理念就与我们每个人的法则意识产生了关联。在自然社会中，人与人之间的交往是不存在法则的，我们只是孤立地生活在一起。只有进入到共同体中，具有一定的社会契约，人们才真正具有了法则的意识。正如卢梭所言，"根据这一观念，我们可以看出，我们无须再问应该由谁来制定法则，因为法则就是普遍意志的行为。"[①] 故而，公意中的公（general）与意（will）其实代表了法则和自由的两个面向：如若没有意，我们就会失去自由，这是启蒙时代的思想家所共享的一个基础前提；但是，如果没有普遍性的话，意志将得不到规范，自由就容易流于形式，而使自我为中心。所以，意志是需要普遍性的法则来进行规范的。

  其次，公意背后所呈现的自由理念表达了康德的积极自由。在卢梭那里，他把公意理解为构成社会契约的前提条件。在卢梭看来："根据这一观念，我们无须再问应该由谁来制定法律，因为法律乃是公意的行为；我们既无须问君主是否超乎法律之上，因为君主也是国家的成员；也无须问法律是否会不公正，因为没有人会对自己本人不公正；更无须

---

① ［法］卢梭：《社会契约论》，何兆武译，商务印书馆2012年版，第47页。

问何以人们既是自由的而又要服从法律，因为法律只不过是我们自己意志的记录。"① 在此，我们可以看到，法则与意志形成了一种有效的联结，法则不再来自于其他的地方，而是来源于人自身的意志本身；是我们自身意志给我们制定和颁布的法则。而康德的积极自由也即体现出同样的特点——即意志在一切行为中都对自己是一个法则。

正因为如此，康德才在公意的基础上完成了在道德领域中的进一步突破。这种突破主要体现在如下三个方面：其一，自由意志是一切道德法则的最终来源和依据；其二，自由意志可以自我立法；其三，"自由意志之为自由意志不仅在于它的绝对自动性（die absolute Spontanität），而且在于它的不自相矛盾性"②。正是在此基础上，我们才可以说，康德"发明"了自律观念。

---

① ［法］卢梭：《社会契约论》，何兆武译，商务印书馆2012年版，第47页。
② 黄裕生：《论意志与法则——卢梭在康德与道德领域的突破》，《哲学研究》2018年第8期。

第二章　作为自由的法则：康德对自律观念的演绎

在上一章中，我们主要探讨了在康德之前，其他哲学流派思想中所可能涉及到的自律的部分。在本章中，我们将重点关注康德本人对这一观念的探索和推导，特别是他在《道德形而上学奠基》中对自律观念的演绎。在康德看来，自律观念首先与道德法则相关，因为"意志自律乃是道德的最高原则"[①]（GMS 4:440）。而道德法则又需要经由定言命令式进行表达，因此他在《道德形而上学奠基》中对定言命令式作出了多元化的呈现，并想要以此来完成自由概念与道德法则的互证。不过，在阐释和证明的过程中，由于康德本人思想的复杂以及表达的晦涩与含混，学界对与此相关的两个问题产生了诸多争论：其一是康德定言命令式中各公式之间的关系，以及自律公式更依赖于哪个公式进行推导的问题；其二则是定言命令式何以可能的证明问题。在充分考察了学界现有研究成果的基础上，本章的基本任务就是想通过一种融贯式的理念对这两个问题进行解答。在此基础上，再进一步通过对自由以及"人是目的"的说明，来对自律公式的推导和证成以及"定言命令式"的可能性条件予以解答。这样的一种论证方式不仅能够让我们理解定言命令式中各公式所蕴含的不同价值与核心观念，也能够让我们在康德不同时期的文本中找到沟通和包容的方式。

---

① Immanuel Kant, *Practical Philosophy,* Cambridge University Press, 1996, p.89.

第一节　预见自律：出于义务而行动的价值

早在1772年，康德已经意识到道德义务问题需要在一个概念框架中得到解决，而这个框架是围绕定言命令式展开的。在《未来形而上学导论》的一个解释性说明中，康德强调："道德学家们一直以来都认为，幸福原则不能提供一个关于道德的纯粹科学，而仅仅只能提供一种慎思的学说……而且道德命令必须是无条件的……而现在的问题是，定言命令式是如何可能的。谁能真正解决这一问题，谁就找到了道德原则的真谛……我将很快展现这一解决方法。"①（NF 27:1324）那么，康德是如何展现出他对定言命令式的证成的呢？

一、善良意志、义务与定言命令

康德是在《道德形而上学奠基》中，用自律观念回答了无条件的道德义务何以可能的问题。不过，他一开始并没有直接提出自律观念的核心要义，而是以无条件的善良意志（good will）作为首要的分析对象。在他看来："在世界上，除了善良意志以外，不可能设想任何一个事物是能够被无条件地视为善的，即使在事实上超越了它。"②（GMS4:393）这种意志不是因为造成或者达成的东西而成为善的，它自身而言就是善的。因此，我们自身的理性要求我们不能只是在意生活中幸福的安逸和享受，它的真正使命"必须是产生一个善的意志，而且是自身就是善的

---

① Immanuel Kant, *Lectures and Drafts on Political Philosophy,* Cambridge: Cambridge University Press, 2016, p.86.

② Immanuel Kant, *Practical Philosophy,* Cambridge University Press, 1996, p.49.

意志，而不是作为一种手段来达成其他的目的"①（GMS4:396）。虽然这个意志并非完美，但却是我们生活中的最高善。

接下来，康德用一个义务的概念来进一步阐明了善良意志。他认为："义务的概念，包含了善良意志的概念，虽然它具有一定的主观限制和障碍，然而，这些限制却不会掩盖住它，使之变得不可被认知。相反，这些限制反而让它更为突出，也让它更加光彩夺目。"②（GMS4:397）在他看来，要使一个行动具备道德价值，必须是出于义务（act from duty）而不是遵守或者服从义务（in conformity with duty）的。这里的价值不仅指代的是道德可能附加到行动上的任何一种价值，而且还是那种能够最为明显地引起人们对共同理性认识的敬重价值。因而，如果一个行动缺乏了"道德价值"，那么它从道德的观点来看就是无意义的。故此，康德通过他在《道德形而上学奠基》中所指代的"第二个命题"指出，"出于义务的行动不是在实现目的的时候具有道德价值，而是要按照遵守准则的决定性行动时才具有。因此，它不依赖于行动对象的客观性，而仅仅依靠的是遵循这样一种意愿的原则：即不考虑任何具有欲求官能的对象的行动"③（GMS4:399—400）。

由此，我们可以看出，康德所认为的，出于义务而行动的道德价值必须是要受到法则或者原则规定和约束的。在他眼中，人类是不具有善良意志的不完全理性存在者，我们的行动会受到很大程度上的主观偏好和偶然意志（contingent will）的影响。若要使我们排除掉偶然意志的影响，那么必须要按照道德法则来行动，并且在行动过程中受到一定的约束。康德本人也表明了这种行为的产生过程："如果意志并没有用其本身完全的符合理性（正如实际上在人类身上的事例那样），那么被认

---

① Immanuel Kant, *Practical Philosophy*, Cambridge University Press, 1996, p.52.
② Immanuel Kant, *Practical Philosophy*, Cambridge University Press, 1996, p.52.
③ Immanuel Kant, *Practical Philosophy*, Cambridge University Press, 1996, p.55.

为是客观必要的行动就是主观偶然的,并且符合客观法则的意志的规定就是必要的。"①(GMS4: 413)故而,义务表达了意志通过纯粹理性所要彰显的必要性。也正是通过此,方才需要道德法则对我们进行约束,我们需要尊重道德法则。在此基础上,道德法则需要参照命令式来进行表达。正如康德所强调的,"一个客观原则的表象,就其对于一个意志的必要性而言,就被称为是一个(理性的)命令,并且这一命令的公式就是命令式。"②(GMS 4:413)

不过,康德认为命令式有两种不同的类型:假言(hypothetical)的和定言(categorical)的。前者建立在偶然目的的基础上,理性的存在者可能具有也可能不具有,它更进一步地将可能的实践必然性表达为人们意欲某种事物的手段。它主要包括"技巧的命令"和"实践的命令"。在康德看来,道德的行动并不能建立在这种仅仅具有慎思理性的命令之上。出于义务而行动,就是要基于追寻某人善的目的而行动,而大多数的假言命令仅仅只是手段上的善。这其实无法说明,作为理性人的我们应该如何用自己无法否认的唯一目的(即幸福)这一假言命令式来制定道德义务。与之相反,道德义务是一种具备普遍理性的规约性,它并不依赖于我们偶然性的目的,因而道德法则就不能包含只具有假言强制性的理性命令。

故此,道德法则只能通过定言命令式来进行表述。在康德看来:"如果行动被表现为自身是善的,因此是作为在符合理性的意志自身中的必要性,作为它本身的原则,那么它就是定言的。"③(GMS4:414)并且,定言命令式无须使某行为成为任何别的意图的基础,也正因为如此,对于人这样一种同时兼具感性与理性的不完美存在者而言,道德法

---

① Immanuel Kant, *Practical Philosophy,* Cambridge University Press, 1996, p.66.
② Immanuel Kant, *Practical Philosophy,* Cambridge University Press, 1996, p.66.
③ Immanuel Kant, *Practical Philosophy,* Cambridge University Press, 1996, p.67.

则需要用定言命令式的形式进行表述。因此，这一抽象的定言命令式也具有了符合人性的特质（既具有感性偏好也具有理智的能力），康德用此出于义务的道德行动，强烈地表达了我们的主观和偶然的意志与客观的法则相契合的决心。也正是基于此对义务的阐释，康德展现出了我们人类在面临道德法则时的双重境界，即既有面对它的勇气但又有不想遵守的困境。正如他所强调的："现在，一个出于义务的行动是完全摒除了偏好的影响，并且连同它一起也摒弃了意志的对象；因此，对于意志而言仅仅剩下的是能够规定它的客观上的法则，以及主观上对实践法则的纯粹敬重。故此，我们在行动中需要遵从这样一个法则的准则，即使它违背和损害了我的所有偏好。"①（GMS4:400—401）

二、康德自由观念的发展与演变

那么，我们在行动过程中遵从法则这一行为的驱动力是什么呢？换句话说，在这一行动背后，我们所具备的是何种价值取向？康德认为，人类对于自由的追寻方才是这一行动的根本意旨和价值旨趣。这一思路也一直贯穿于康德整个哲学体系之中，自由概念乃是其建构整个理性大厦的拱顶石。正如他在《实践理性批判》中所认为的那样，"如果没有这种唯一先验实践的、超越的自由，那么任何道德法则，以及任何遵从道德法则的归责都是不能存在的。"②（KpV5:97）因而在康德那里，自由具有极高的存在价值和意义，"它是生命的最高级呈现，也是整个世界的内在价值"③（C27:344）。不过，康德的自由概念却具有多重表现形态，也是历经多次发展才具有了积极的价值取向，从而才与自律观念产

---

① Immanuel Kant, *Practical Philosophy,* Cambridge University Press, 1996, p.56.
② Immanuel Kant, *Practical Philosophy,* Cambridge University Press, 1996, p.217.
③ Immanuel Kant, *Lectures on Ethics,* Cambridge University Press, 1997, p.215.

生了关联。

我们通过查阅康德各个时期的相关文本可知，他在《关于审美与崇高感的考察》（1764）的评注中，就开始探索了斯多亚学派和卢梭的自由概念，这一概念来源于一个人对于自身欲望的控制，但在这一阶段，康德还并没有将它与人是目的等相关理念联系在一起。在他看来："发现自己处于自己所意欲的情形中，人类将依赖于许多外在的事物。他总是出于自己的需要而依赖于某些事物，因为他的才智而依赖于其他事物，并且因为他是自然界的管理者而不是自然界的主人，所以他也要经常适应自然界的强迫，因为他发现自然界永远不会适应自己，并且按照其意愿来行事。不过，比这一必要性的束缚更难更非自然的是让一个人屈从于另一个人的意志。对于一个已经习惯了自由，并且享受这种自由所带来的好处的人来说，没有什么比他被交付到一个强迫他所做任何事的一个生物手中更为可怕和不幸的了。"[1]（BBGSE 20：92—93）

接下来，康德提出了一个更为深远的观点，即理性的道德功能能够使我们避免被他人所控制。他认为，"来自于人类普遍意志观点的一个行动，如果与自身相矛盾，那么这一行动在道德上就是不可能的。正如我看见不会有人在他所获得的东西被抢夺的情况下获得任何东西。从私人的角度出发，我想要那些属于别人的东西，但从公共的角度我必须予以拒绝"[2]（BBGSE 20:162）。从私人的角度可以被得到，而从公共的角度来看却不能被得到，这似乎在逻辑上不太可能。但这似乎引导向了一个可普遍化的标准的观点，因为其似乎是通过普遍化的非矛盾性测试来帮助我们避免人与人之间的统治和强迫。

因而，从这里我们可以引入一种自由的消极概念，即理性可以让

---

[1] Immanuel Kant, *Notes and Fragments*, Cambridge University Press, 2005, p.11.

[2] Immanuel Kant, *Notes and Fragments*, Cambridge University Press, 2005, p.21.

我们摆脱他人的控制。接下来，康德继续强调："因为最伟大的完善以及由包括我们所有对于自由选择的能力和接受性所构成的完善性而言，对选择自由能力的感受才因此与那些可以产生良好后果的事物完全不同……现在，这种选择能力既包含个人的意志以及普遍的意志，同时它还考虑到了人们对于普遍意志的认同。"①（BBGSE 20:146）

从这些论述中我们可以发现，康德认为人们在对自由的追寻过程中，存在一种不依靠自身欲求所得来的满足。盖耶就曾指出，我们作出自身选择时所拥有的满足"不同于任何一种实现我们所欲求的事物所带来的满足，因此，那种在我们践行自由时所获得的满足是与来源于将我们限制在一系列易于满足的欲望中的幸福是完全不同的。因而，在这里就存在着一种自由积极的而非消极的价值，这是一种实现的自由，而不是来源于避免不可满足的欲望以及将自身限制在能够得到满足的事物中的那种安宁"②。这即是说，我们或许能够观察到这种自由的普遍价值，也能够认识到这种自由的价值不仅仅是我们自身的事例，还是每个人的事例。故而，在康德那里，他所谓的自由表达的是：我们将永远想要用这样一种方式行动，即它不仅要与我们自身的"自由选择能力"相一致，而且也要与每个人的选择自由的能力相一致。

接下来，在关于道德哲学的笔记（约 1773—1775 年写作）中，康德强调："如若缺乏根本的法则，自由将会是一个危险的怪兽；也就是说，必须不能如此运用自由而反对（1）自身的人性，（2）他人的自由。因而存在着人性的权利和人的权利：基于自身人格的人性的权利以及关乎他人的同样重要的权利。"③（MI 19:163）这既从某种程度上说明了普遍性的观念以及人性目的的重要性，也进而指明了我们不能够用偏好的

---

① Immanuel Kant, *Notes and Fragments*, Cambridge University Press, 2005, p.16-17.
② Paul Guyer, *Virtues of Freedom: Selected Essays on Kant*, Oxford University Press, p.9.
③ Immanuel Kant, *Notes and Fragments*, Cambridge University Press, 2005, p.435.

满足作为动机来驱使我们行动。

在《道德形而上学奠基》写作之前的 1784 年，康德在《自然权利讲座》（*Naturrecht Feyerabend*）的导论中引入了目的自身的理念。他指出："一些事物必须作为目的自身存在，这样的一个体系是非常必要的，并不是所有的事物都仅仅只能是一种手段，有时它也必须存在一种本质的原因……如果仅仅理性存在者能够作为目的自身，他们并不能如此，因为他们具有理性，并且拥有自由。理性仅仅只是一种手段……自由，唯有自由自身，才能够成为目的自身。在这里，我们拥有按照我们自身意志行动的能力。"①（NF 27:1321）正是通过对康德自由概念发展脉络的探索，我们可以发现，康德所提出的自由不是一种通过逃避欲望而获得安宁的手段，而是自身就具有内在价值的事物。对自由的限制和约束不能依靠具有偏好性的经验性法则来完成，这种限制是不具有内在要求的道德价值的，其终将导致自由的缺失。那么，他是如何通过这一概念与其自律观念产生关联的呢？

三、自律与积极自由

在《道德形而上学奠基》第三部分的开端，康德开始用自由来说明和解读他的意志自律观念。同时，他还借助了积极自由与消极自由的区分。如前所述，消极自由是"这样一种因果性，即它能够不依赖于规定它的外在的原因而能达到效果的属性"②（GMS 4:446）。根据此定义，自由是不依赖于欲望所决定的意志。不过，意志并不能因此而笼统地一概而论，故而康德用一个积极的概念，即自律观念来完善了自由的积极

---

① Immanuel Kant, *Lectures and Drafts on Political Philosophy,* Cambridge University Press, 2016, p.83.

② Immanuel Kant, *Practical Philosophy,* Cambridge University Press, 1996, p.94.

定义。在他看来，自由虽然不是意志按照自然法则的属性，但却不是无法则的，而是要按照一种更具规范性的法则——即因果性法则。这种因果性法则的来源不是外在的，而是要依靠我们自身的理性。

奥尼尔对此有深刻的理解，在她看来："对于所有的理性主体而言，无论他特有的偶然性和可变性的特征如何，自律行动的准则都必须同样成立，且具备普遍性。因而他们的权威，并不是真正来源于人类在生活过程中的偶然性，而是出于对自身理性的需求。"① 因而，这种代表自律观念的积极自由其实来源于我们自身理性的法则。如康德自己所说："意志在一切行动中都对自己是一个法则这一命题，仅仅表示如下的原则：除了能够也把自己视为一个普遍法则的准则之外，不要按照别的准则去行动。"②（GMS 4:446—447）因而，康德用此消极自由和积极自由的区分明确了自律观念的所指。

值得注意的是，康德虽然是在《道德形而上学奠基》的第三部分指出了自律与自由的关系，不过他对于自律观念的推导和论证却是在第二部分，并具体通过引入定言命令式的三大公式来予以证明。③ 其中，按照可普遍化的要求来进行行动的是第一个公式——**普遍法则公式**（Formula of Universal Law）。康德将这一公式与目的自身的概念或者必要目的的概念联系在了一起。他认为，偏好在道德行动上是没有价值的，因为人们作为理性存在者都必须是为自身的目的而存在，他们不能作为意志而使用的手段存在，而是需要被视为自身的目的。因而，这一普遍性

---

① Onora O'Neill, *Constructions of Reason: Explorations of Kant's Practical Philosophy*, Cambridge University Press, 2015, p.54.

② Immanuel Kant, *Practical Philosophy,* Cambridge University Press, 1996, p.94.

③ 关于定言命令式的种类与数量，不同的学者有着不同的划分方式。我在这里使用的是詹姆斯·帕通（H. J. Paton）所采用的分类方法，即上述三个主要公式和两个变式：自然法则公式和目的王国公式。参见 H. J. Paton, *The Categorical Imperative: A Study in Kant's Moral Philosophy,* London: Hutchinson, 1947, Book III, pp.129-198。

的要求需要的是理性存在者的普遍愿望。

故而，该目的的可接受性和实践性就给予了一个积极的理由。这也是康德自由概念从消极向积极转变发生的关键之处。在这里，康德用定言命令式的第二个公式，即**人性目的论公式** (Formula of Humanity as End in Itself)[①] 对积极自由进行了更具体的表述。在他看来，要使一个理性的意志遵从诫命或法则，我们需要寻找到让它遵从的根本理由，而这一理由不能仅仅根据经验性的欲求（desire）获得，而是要依靠实质性的动机（incentive）。这一动机的决定性基础永远需要一个目的（Zweck），我们也需要将这个目的视为是具有无条件价值的。故此，康德认为，如果说有一个最高的实践原则的话，对人类意志来说需要有一个定言的命令式，那么它需要符合这样的原则，即它用自身的目的来构成一种意志的客观原则，这种目的对于每一个理性存在者而言都是目的事物的表象，从而能够作为我们行动的普遍法则。因而，这种原则的依据是："理性的本质是作为目的本身存在的。人类也就以这样的一种方式必要地呈现出他自身的经验；因此它是人类行动的一个主观的原则。但是，其他每个理性存在者也以此方式表征出他的存在，用同样对我有效的一种理性基础作为根据。因此，它也同时是一个据此导出的客观原则，作为一种最高的实践基础，它也必须让推导出所有意志的法则成为可能。"[②]（GMS 4:428—429）

在此基础上，康德继续提出了定言命令式的第三个公式，即我们通常所说的**自律公式** (Formula of Autonomy)：每一个理性存在者的意志都是一个普遍立法的意志的理念。这一公式，让我们明确了在命令式本身之中，通过这种规定，暗示了出自义务的意欲对一切兴趣的排

[①] 你要如此行动，即无论是你人格中的人性，还是其他任何一个人的人格中的人性，你在任何时候都同时当作目的，绝不仅仅当作手段来使用。

[②] Immanuel Kant, *Practical Philosophy,* Cambridge University Press, 1996, p.80.

除，这也是定言命令式有别于假言命令式的特殊标记。康德通过此公式提出了一个自律的原则，在他看来，其他所有道德原则失败的主要原因是，人们只是单纯地服从一个法则，由此这个法则就必然带着某种兴趣，以此作为强制或者诱惑，因而这个意志依照法则被某种别的东西所强制，而以某种方式行动。自律则是通过一个自己的准则普遍立法，"它不以任何兴趣为依据，并因此在一切可能的命令式中，唯有它能够是无条件的……它只能要求从自己的意志的准则出发去做一切事情，这样一个意志同时能够把自己视为普遍立法的"①（GMS 4:432）。因而，这一原则是意志自律的原则，与任何别的他律的原则相对立。

同时，康德还将此原则与目的王国的概念相结合。在道德法则作用下的目的王国理念与自然王国不同，后者仅仅考虑的是一种自然目的论。而前者则是一种道德的王国，这一理念决定了什么应该存在，并由此形成一个具有体系性的整体。这一理念明确表达了道德法则在新的意义上是普遍适用的，而不是仅仅在一种绝对必要性的概念中，它更多地强调一种将理性本性作为目的来尊重的法则。对此，康德表示："如果抽掉理性存在者的个人差异，此外抽掉他们的私人目的的一切内容，那么，就能够设想一切目的系统地联结成一个整体（不仅包括作为目的自身的理性存在者，而且还包括每一个理性存在者可能为自己设定的个人目的），亦即一个目的王国。"②（GMS 4:433）因此，道德性存在于一切行为与立法的关系之中，唯有通过这种关系，一个目的王国才是可能的。

故而，当我们将康德的自由概念通过这三个公式阐释为自由的积极

---

① Immanuel Kant, *Practical Philosophy,* Cambridge University Press, 1996, p.82.
② Immanuel Kant, *Practical Philosophy,* Cambridge University Press, 1996, p.83.

定义时，我们才真正得出了康德式自律观念。对此，卞绍斌教授就认为："每个人应该基于普遍法则尽其所能为所有人的自由价值的保障和实现作出贡献，在此基础上共同寻求根本善以及其他目的。消极层面的自律是康德与之前比如斯多亚学派等共享的思想路径，积极层面的自律乃是康德作出的重大理论创造，其中蕴含着基于平等自由价值寻求相互持存的目的性取向。"①

总的来说，我们可以认为，经由自由所达成的自律观念应该具备如下要素：其一，自律不仅体现出自由意志的自我决断能力，更是每个人按照普遍法则行动的自主能力。它拒斥了所有基于感官偏好的行动。这不仅需要行动者摒除外部的感官、偏好和刺激，而且还表现为意志为自己制定一项可普遍化的准则，从而自主地为自己的行动寻找理由和依据。其二，按照可普遍化准则所必须具备的肯定形式与动机的规定，自律观念要能够被应用于特殊的自在目的。这种目的能够要求人们客观地描述一种人际间偏好满足的序列，使每一个人致力于满足自身以及他人的偏好，从而遵从人际间能够达成一致的公正原则。最后，自律观念还能够通过纯然实践理性的决定，彰显出自由的内在价值，最终以定言命令式的形式呈现和表达出其与道德法则的契合一致，最终完成自我立法。因此，"自律如同自由一样也是意志的性状。更准确地说，意志的自由只能作为自律，即意志作为对自身来说的一个法则来被理解为积极的。这即意味着，意志自由只有在意志自愿地接受道德法则节制时，才是可能的且能够成为现实的"②。

---

① 卞绍斌：《法则与自由：康德定言命令公式的规范性阐释》，《学术月刊》2018年第3期。

② 傅永军：《康德道德归责论探赜》，《道德与文明》2018年第5期。

第二节　演绎自律：普遍性命令的价值旨趣 ①

如上所述，自律观念反映了自由的积极价值，不过要将它真正落实到行动领域，还需要借助于定言命令式的帮助，在它的作用之下，我们才能将较为抽象的普遍内在立法用于指导我们具体的现实行动。故而，康德采用了我们如上所述的三大公式来全方位呈现自律观念在行动中的价值。对于康德本人而言，虽然这三个公式各自所表达的内容有所不同，但是它们"在根本上只不过是同一个法则的三个公式……都同时具有一种形式、一种质料，以及对一切准则的完备性的规定"②（GMS4:436）。而作为最终推导结果的自律公式则表明了所有的准则都需要从自身的立法出发与一个目的王国相协调。同时，自律公式的本质也彰显了定言命令式诸公式背后的基本价值，这也促使了我们来研究什么样的原则可能基于哪种基本价值。

不过，学界对于这种价值的基本取向问题却产生了分歧，从而导致了对自律公式的演绎方式出现了两种不同的观点：观点（一）认为康德的演绎采用了形而上学的**形式论证方法**，其依靠更多的是普遍法则公式所提供的"形式"论证；观点（二）则认为基于自由理念和价值理想，我们可以依据"质料"的**规范性视角**来予以论证。接下来，我们就将分别从这两种观点出发，来具体探讨自律公式的演绎过程。

---

①　本节大部分内容已发表。参见黄各：《作为自由的法则：康德与"自律"观念的演绎》，《道德与文明》2020 年第 2 期。

②　Immanuel Kant, *Practical Philosophy,* Cambridge University Press, 1996, p.86.

一、形式演绎及其缺陷

对自律公式采用形式演绎方法的学者认为,在依据形式原则进行演绎时,定言命令式的核心是普遍法则公式。这一方法的代表是里斯和蒂默曼(Jens Timmermann)。他们都认为,定言命令式的本质是无限的适用性、无条件的权威性和普遍的有效性,而这些特征正好与普遍法则公式的特征相吻合,因而普遍法则公式在所有公式中处于核心地位。

在里斯看来,普遍法则公式首先与政治宪法存在着一定的相似之处。他认为:"普遍法则提出了一种立法程序,它类似于宪法规定一个立法机构作为赋予权力的规则程序,由此一来这就可以使理性行动者通过他们的意愿创造法则。"① 因此,"检验普遍法则公式作为一种赋予权力的规则定义了一种立法过程,这可以阐释自律公式是如何与普遍法则公式相一致的。如果说自律公式通过意志赋予宪法的权力,那么普遍法则公式则是这项活动的构成原则,人们由此可以通过普遍法则公式(即通过从不可普遍化的准则来采取行动)指导自己的意志来行使这一权力"②。因而,在里斯看来,要想更好地理解和解读自律,就需要我们对作为形式原则的定言命令式有一个全方位的阐释。他进一步将普遍法则公式与宪法确立过程类比,以此强调这一公式的统领作用。"我们需要认识到,普遍法则公式并不是自律的一个限制,正相反,赋予其权力的原则正是自律。"③

接下来,里斯强调了康德对于自律学说的解读是一种权威性论题

---

① Andrew Reath, *Agency & Autonomy in Kant's Moral Philosophy*, Oxford University Press, 2006, p.4.

② Andrew Reath, *Agency & Autonomy in Kant's Moral Philosophy*, Oxford University Press, 2006, p.4.

③ Andrew Reath, *Agency & Autonomy in Kant's Moral Philosophy*, Oxford University Press, 2006, p.4.

(Sovereignty Thesis)："一个服从于无条件有效性原则（比如实践法则）的行动者必须（被视为）接受其自身权威的立法者。"① 在他看来，自律应该被阐释为一种权威的种类。一个自律行动者的模型应该是具有政治权威的，而不服从于任何外在的权威，他们自身即具有力量来执行法则。康德即是通过普遍法则的类比认为自律的道德要求在某种程度上就是自我立法的。因此，自律公式并不依靠于任何的利益和兴趣，它是无条件的，并适用于定言命令式。又因为普遍法则公式跟随于并且表达了定言命令式的概念，故而可以认为，自律公式是可以与普遍法则公式相等同的。

在里斯那里，自律公式具有如下两个方面的特点：第一，自律公式要求意志能够通过自己而普遍立法。在他看来，"潜在性的观念是理性行动者作为权威的立法者来行动，其通过被普遍法则公式所指导的意志来创造法则。"② 并且，如果存在一个定言命令式，那就要遵循按照准则行动的要求，通过这种准则，人们可以将自己视为普遍法则的立法者（从而可以将自己视为权威的立法者）。因而，这种自我立法其实彰显了自律意志能够对道德法则的权威性进行正当性的证明。第二，自律公式强调了服从道德法则的行动者同时要以作为法则的立法者的方式来服从。这即是说，那些必须被视为制定优先于任何其他原则和理由的行动者，并且这些原则被应用于他们的行为，他们仅仅受到自身立法的约束。

那么，根据里斯的理论，自律公式是如何通过形式的根据所演绎出来的呢？我们知道，道德的约束和规范能够表达为定言命令式，而依据

---

① Andrew Reath, *Agency & Autonomy in Kant's Moral Philosophy*, Oxford University Press, 2006, p.122.

② Andrew Reath, *Agency & Autonomy in Kant's Moral Philosophy*, Oxford University Press, 2006, p.135.

之前的表述，我们可知，定言命令式是符合权威性论题的，它的决定原则要遵从是否能够被意愿成为一个普遍法则的理性演绎过程，并且其还必须不能自相矛盾。通过这种理性的演绎而将此原则颁布为法则的过程就是立法的程序。

　　里斯用普通的公民法来类比了这一立法的程序。在他看来，公民遵守法则存在着如下三种情况：（1）通过对惩罚的恐惧来遵守，在这一情形中法则并没有拥有权威性；（2）公民将法则的存在作为遵守法则的充分理由，而不是去考虑为什么在某些机构中个人具有立法的权威，不过这种遵守并不是基于对法则的敬重；（3）公民可能会因为导致立法者认为值得实施的理由而被要求遵守法则。情形（3）中的公民就与前两种不同，他被引导通过立法者所采用的慎思过程来赋予法则的权利，并在遵守法则方面具有与立法者在制定法则时所使用的相同的理性能力。"在这一层面上，公民与立法者享有共同的动机状态。这种与法则之间的关系之所以可能，是因为它需要在拥有相同理性能力的，且作为立法者的公民之间得以实施，并且公民们还要能够理解制定法则的理由并将其视为服从的理由。"① 这即是理性存在者意志的自我立法。由此一来，服从法则者需要以立法者的角度来思考这一法则的意义，并以立法者的方式来具有敬重性地服从法则。

　　故而，在里斯看来，"根据对自律公式的阐释，康德对他道德理论的研究经历了一次根本的转向。他阐释了一个修正后的道德行动者的自我概念——道德行动者不仅仅要服从道德法则的要求，他从某种意义上来说更是道德法则的确立者。"② 从这些表述中可以看出，定言命令式的

---

　　① Andrew Reath, *Agency & Autonomy in Kant's Moral Philosophy*, Oxford University Press, 2006, p.138.

　　② Andrew Reath, *Agency & Autonomy in Kant's Moral Philosophy*, Oxford University Press, 2006, p.122.

权威来自于决定我们行动的原则是否能够被意愿为每个人都能遵从的普遍法则。因此，自律公式不仅包含了法则普遍性以及客观性的要求，而且还要从我们"既是道德法则的制定者也是执行者"的角度，说明意志普遍性和权威性的可能条件。唯有如此，我们的意志方能通过自己立法而接受道德法则的强制命令。由此，这也就说明了普遍法则公式的无条件性原则对于自律公式演绎的决定性作用。正是按照这样的思路，里斯完成了他对自律公式的演绎过程。

与里斯类似，蒂默曼也认为自律公式的演绎是一种形式上的讨论，不过他是从另外一种角度完成了他的论证。蒂默曼将定言命令式视为一个总的公式（自然法则公式）和三个变式（variant）[①]的结构。在他看来，真正的定言命令式就是普遍法则公式所要求的命令，我们的义务直接就产生于此。其他的三个变式都是通过类比的方式来对这一总的公式进行说明。自律公式同样如此，它通过与目的王国公式的结合表达了"它的实践原则（即自律）并不是直接从一个意志的定义中推导而来，而是结合了已经呈现出来的定言命令总公式的陈述特征"[②]。

因此，在他看来，意志的行动涉及到形式的和质料的要素。前者表明的是客观控制行动的法则，而后者则是行动者（主体）自由采纳的目的。在实践的，或者说是道德的立法中，准则能够被作为一个普遍法则而被意愿，这是被普遍法则公式所揭示的。而我们可以从第二个变式，即人性目的论公式中认识到存在者作为包含其他目的主体的目的自身，并且每一个理性存在者即是目的。因此，"把之前公式的主观和客观方

[①] 与通常的划分方式不同，蒂默曼认为普遍法则公式是基本公式，目的王国公式和自律的原则没有什么不同，是同一个公式，因而需要区别表达的公式只有四种，其中普遍法则公式是基本的表达式，其他三个公式是自然法则公式、人性目的论公式和目的王国中的自律公式。

[②] Jens Timmermann, *Kant's Groundwork of the Metaphysics of Morals: A Commentary*, Cambridge University Press, 2007, p.102.

面结合起来，康德因此到达至了这样一个理念——即不允许在经验中的一个充分对象的理性概念——这需要每一个理性存在者都要参与到普遍的法则之中"①。

故而，自律公式其实也是一种形式上的讨论，它的主要作用还是显现普遍法则公式所规定的反对道德上不能被许可的准则。自律公式和普遍法则公式类似，甚至它就是直接来源于普遍法则公式的，对这一立法主体的明确认知可以阐释康德式自律：凭借制定普遍法则，每一个理性行动者使其自身服从于它。并且，自律公式也和普遍法则公式一样，"当被应用于一个给定的情形时，这些公式都是直接或者间接地来源于人类的意志"②。因此，蒂默曼尽管认为在道德判断上，要综合考虑几个公式的具体应用，但其判断的最终依据仍然是与普遍法则公式为标准的。

然而，在我们看来，此种推证方式却有如下几个值得商榷的地方

首先，里斯的形式演绎过程虽然能够从一定的角度说明定言命令式的权威来源，但却无法说明实质上促成行动者按照定言命令式行动的动机。我们虽然可以自我立法，然后以此来为定言命令式提供正当性证明，但这样的一种服从就成为自身动机来说却显得比较牵强。因而，形式上证明所需要的权威来源并不就是我们服从道德法则的理由所在，理性推证过程本身是无法推出行动者无条件行动的。从而，这种过程其实缺少了质料与价值的动机。

其次，里斯在演绎过程中将自律公式的推证与公民的立法程序作出的类比并不是十分恰当。因为，就我们日常经验来看，无论公民采

---

① Jens Timmermann, *Kant's Groundwork of the Metaphysics of Morals: A Commentary*, ambridge University Press, 2007, p.103.

② Jens Timmermann, *Kant's Groundwork of the Metaphysics of Morals: A Commentary*, ambridge University Press, 2007, p.110.

用何种类型的立法形式，具体的立法过程其实不仅仅依靠程序性原则和形式上的规定，每一个所立的法则都需要有价值观念的引导。因此，这种立法程序容易让公民们过分强调法则的正当性，但却忽视了其内涵方面的价值。这正如普遍法则公式所彰显的内容无法满足价值和质料上的要求一样。故而，将自律比作公民立法的程序显然是不能成立的。

最后，蒂默曼将自律公式视为普遍法则公式的一种类比，将它理解为具有普遍性的这一做法也是有一定缺陷的。因为，在我们看来，自律公式的关键是说明法则的执行者（理性存在者）是如何以立法者的身份来制定法则，并规定其来源的具体根据，但蒂默曼却将道德法则的普遍性视为了立法的依据或者说是意志立法所遵循的规则。因此，道德所立之法的权威根据其实也是立法过程中所蕴含的程序原则，而并非以法则的制定者和执行者的方式来颁布法则。这是与目的王国中的自律公式的意蕴相违背的。因此，自律公式的推导本质上要从理性意志自身的立法活动本身说明道德法则的绝对权威。显然，蒂默曼的方案只能保证普遍性，而不能说明权威性。并且，如同蒂默曼所言，自律公式实际上是实践立法的主客观方面的结合，它的演绎需要结合前面两个公式。这不仅要通过普遍法则所提供的权威性，而且还需要人性目的论公式所表达的具体和主观的目的。正如康德自己所说："因为在其中，人性并不是作为人类（主观方面）的目的而被表现的，这即是说，它不是作为我们自身实际上所作为目的的对象，而是作为一种客观的目的，不管我们所具备的是什么样的目的，它都应该作为法则来构建所有主观目的的最高限制性条件，以至于让原则必须是源于纯粹理性的"（GMS 4:431）[1]。

---

[1] Immanuel Kant, *Practical Philosophy,* Cambridge University Press, 1996, p.81.

二、具有价值特征的规范性演绎

如上,我们可以发现,单凭形式推证的方式还不足以推导出自律公式的全部内涵,因为它缺少了行动者的动机和目的的维度,而这二者都需要通过人性目的论公式所提供的质料来获得。故而,有的学者开始基于彰显规范性价值旨趣的人性目的论公式进行演绎。这种演绎方式的代表主要是伍德和盖耶。

伍德首先反对将康德的道德哲学做形式主义方面的理解,并强调定言命令式三个公式的整体性和体系性。在他看来:"如果我们关注前两个公式背后的基本思想,然后尝试通过将它们结合起来并进行扩展,我们会做得更好。"① 普遍法则公式是基于一个定言命令式的纯然概念,并且引导我们去寻求可以建立道德原则的权威。人性目的论公式将理性本性视为在所有道德原则之后的基本价值,它促使我们研究什么样的原则可能建立在这一基本价值之上。由此两个公式结合,我们才能够得出第三个公式,即理性意志的价值可以充当定言性的客观普遍法则的权威。这同时也将人性概念、设定具有客观价值的目的能力扩展为人格性和决定所有客观价值的制定法则的能力。

伍德的演绎方式虽然比较强调人性目的论公式和普遍法则公式的结合,但如果我们再深入探究的话,就可以发现,他想从对理性意志的目的设定中推导出道德法则普遍性的根据。他指出:"组成一个法则的唯一方式是假设它的基础是服从这一法则的理性意志本身的最高价值。这种价值在他人和自身之中都同时存在,这即要求我们在尊重自己时也要尊重他人。"② 这更进一步地强调了,我们能够通过由把自己和他人当作

---

① Allen Wood, *Kant's Ethical Thought*, Cambridge University Press, 1999, p.158.

② Allen Wood, *Kant's Ethical Thought*, Cambridge University Press, 1999, p.158.

目的而得来的敬重感而给予自身意志，以此来使我们遵守法则。因而，自律公式的推导更多蕴含的是人性目的论公式的价值。

同时，对于伍德而言，这三个公式还具有层层递进的关系，因而自律公式是三个公式的核心。在他看来，定言命令式的演绎需要更多地强调价值根据，而自律公式则最为全面和完整地表达了这种根据的本质，因而也是道德原则的最高根据。在这三个公式之中，普遍法则公式规定的是定言命令式的普遍性，其无条件的权威意味着它对所有理性存在者都具有必然性，因而拥有普遍的效力；人性目的论公式则为我们提供质料方面的价值，它让敬重别人和自己的目的来规定意志，使其按照自身的方式行动。

与伍德类似，盖耶同样认为我们不能仅仅对自律公式作形式上的理解。他推证方式的主要特点在于强调定言命令式价值根据的重要意义，从而相应突出人性目的论公式的核心地位。盖耶指出，康德的观点长期以来都受到一种形式主义的误读，这种理解将康德的道德原则归类为某种形式的原则，"康德以从最为抽象和素朴的前提中推出一个明显的形式化的基础性道德法则而闻名"[1]。在他看来，"自律公式是从普遍法则公式和人性目的论公式共同推导而来的，因为将每个人作为目的本身来对待就要求我们的行为所依据的所有准则能够被所有人自由地意愿，只有当以这样一系列准则为依据的行为成为所有要保存和促进的准则的时候，那是以一种和每个人作为目的自身的价值相容的"[2]。

具体来看，盖耶的推证分为如下几个方面：第一，由于自律公式是由普遍法则公式和人性目的论公式共同推导的，而普遍法则公式又是来

---

[1] Paul Guyer, *Kant*, Routledge, 2014, p.177.

[2] Paul Guyer, *Kant*, Routledge, 2014, p.158.

自于人性目的论公式，所以自律公式最终是由人性目的论公式推导而来。"就像我们早先所观察到的那样，普遍法则公式本身是来自于人性目的论公式的。将人性，无论是你自己还是别的什么人，当作目的对待的要求已经决定了我们每一个人只按照每个人自由接受的准则来行动；所以我们认为自律公式只能从人性目的论公式导出。"①

第二，自律公式的变式——目的王国公式也是由人性目的论公式推导而来的。盖耶指出："从我们对康德将人类视为自身目的意义的最初分析中，我们能够清楚地得出目的王国公式由普遍法则公式和人性目的论公式推导的理念：这仅仅是因为将任何人视为自身的目的既是为了维护人们的生存能力，又能自由地设定目的，并且还能够间接地和直接地实现这些目的，将所有人视为目的自身既是为了在系统的联系中维护所有这些整体的存在和自由，又是在系统的联结中，促使他们自由选择的目的作为整体的实现——因此，基于与目的王国相一致的准则行动，实际上就是致力于这一王国的实现。当然，再一次的，因为人性目的论公式已经暗含了自然法则公式，目的王国公式同样可以被视为是由人性目的论公式单独推导而来的。"②

第三，人作为目的本身的理念其实很好地表达了康德道德理论中价值的最终根据。在盖耶看来："人性目的论公式以最基本的方式告诉了我们要成为道德的人，我们应该如何对待其他人；普遍法则公式和自律公式则彰显了人性目的论公式的普遍意味，普遍法则公式首先告诉我们，我们必须将我们的每一个准则当作是普遍可接受的，而自律公式告诉了我们必须将所有的目的体系就其本身来对待；目的王国公式则表明了人性目的论公式的含义。"③ 因此，这就提供了康德道德行为目标最为

---

① Paul Guyer, *Kant*, Routledge, 2014, p.204.
② Paul Guyer, *Kant*, Routledge, 2014, p.205.
③ Paul Guyer, *Kant*, Routledge, 2014, p.205.

具体和充分地解释。

总的来说，规范性的演绎方式告诉我们：(1) 普遍法则公式虽能为我们行动提供普遍化的检验标准，但却无法充分说明行动的手段。作为一个理性存在者，人们必须欲求一种合适的手段来达到行动目的，但是把这一意欲的准则普遍化以后，人们所意欲实现目的的充分手段就不会获得，因为那是不符合理性的——作为实践理性的最高形式，道德既包括可普遍化的原则，同时还应包括工具理性。(2) 人性必须总是被作为目的本身来对待可以提供一种绝对的价值，使目的自身成为法则的根据，康德自己也承认："人类以及一般意义上的每一个理性存在者，都是作为目的自身的，不仅仅是作为被用作这个或者那个自行决定意志的手段；相反，他必须在其所有的行动中，不管是指向他自身还是其他理性的存在者，它都应该同时被视为是一个目的。"① (GMS4:428) (3) 人性目的论公式需要我们每个人总是尊重他人的自由选择和行为，按照那些能被其他每个人所接受的，保存他们自由选择能力的准则行动。这样一来，将我们都看作是自由地接受任何人都自由行为的准则，意味着我们因此都必须放弃某些准则，而去遵守与之相反的准则。因此，"如果存在一种有关于人类意志的最高实践原则，即一个定言命令式，那么它必须是这样一种原则，即从表现每个人必然目的的角度出发，作为其自身的目的而存在"② (GMS4:428—429)。故而，自律公式的演绎需要进一步将两个公式结合。"第一个公式说明了每个人都要在其所有采纳的准则中，寻求普遍性，因此每个人的每条准则都将成为一种单一的、普遍一致的一系列准则的一部分；而第二个公式描述了接受定言命令的第一个公式的结果将会是什么：即将每个人视为其自身的目的将会引起一

---

① Immanuel Kant, *Practical Philosophy,* Cambridge University Press, 1996, p.79.

② Immanuel Kant, *Practical Philosophy,* Cambridge University Press, 1996, p.80.

个自然序列,在这一序列中,每个人都将自身视为目的。"①

当然,规范性的演绎方式也并非完美,比如它将人性的价值仅仅归结为设定和追求目的的能力是否恰当这一问题就值得我们进一步商榷。不过,在我们看来,此种方式能够有助于沟通和包容康德不同时期文本所采用的推证方式的基础性观念,从而合理地应对学界对于康德道德哲学过于"形式化"的指责。故而,此种方式肯定了每个人作为目的自身的价值,将我们每个人作为目的就必须要求我们行动的准则被所有人自由地选择,"只有当以这样一系列准则为依据的行动成为需要保存和促进的准则的时候,这才会与我们每个人作为目的自身的价值相容"②。并且,此论证方式还使三个公式更为紧密地联系在了一起。人性目的论公式不仅彰显了自由的价值,还对普遍法则公式所缺乏的工具理性维度进行了有效的补充。故而,自律观念其实是康德人性目的论观念的拓展和补充,因为我们把每个理性存在者作为目的本身来对待的话,其实就是要对自由的基本价值予以尊重。定言命令式的功用其实就是让每个理性存在者都能够共享自由的无条件价值。因而,经由自律所确证的普遍性道德法则体现出每一个人的自主尊严,让我们都能够尊重作为立法者主体的基本价值。

第三节　重审自律:自由与道德法则的互证

康德的自律观念在通过人性目的论公式被规范性地阐释为自由的积

---

① 参见 Paul Guyer: 'The Form and Matter of the Categorical Imperative', in *Kant's System of Nature and Freedom*, Oxford: Clarendon Press, 2005, pp.146-168。

② Paul Guyer, *Kant*, Routledge, 2014, p.117.

极定义时，其实就在实践上自由地设定了我们自身的目的，并发现我们目的的价值是通过我们自由选择它们的事实而得到确证的。因此，康德通过这种自律观念完成了自己在《道德形而上学奠基》开篇中所提出的主要任务，即寻找并制定出人类共同生活中的最高道德原则。那么，这一最高道德原则最终是如何具体得以证明的呢？在《道德形而上学奠基》的第三部分，即"由道德形而上学到纯粹实践理性批判的过渡"中，康德的主要任务就是为前两部分所阐明的"道德最高原则"建立根据或者为其客观有效性作出辩护。不过，康德的证明方式同样在学界引起了不小的争议。这一节我将通过这些争议来具体分析康德在《道德形而上学奠基》第三部分的论证思路，并尝试以一种规范性的视角来完成这一论证。

一、"交互性论题"及循环的产生

在《道德形而上学奠基》第三部分的开篇，康德想用自由概念来说明道德法则。他首先指出，自由并不是没有法则的，它必须受到不变的因果性法则所指导。如果不受此约束的话，自由意志的学说就是不能成立的。但是，康德在论述意志自由和普遍道德法则关系的时候却陷入了两难境地之中。在他看来，要想解决这一难题，必须将自由和道德法则相互蕴含："这一命题，即意志在所有的行动中都是对自身的法则，仅仅指代的是这样一个原则：必须要按照这样的准则行动，它必须把自己视为客体的普遍的法则。这也正是定言命令式和道德的原则。因此，一个自由意志和在道德法则规定下的意志指代的是同一个事物。"① （GMS 4:446—447）这种道德法则和自由相互蕴含的理念也被阿利森（Henry

---

① Immanuel Kant, *Practical Philosophy,* Cambridge University Press, 1996, p.94.

Alison）称为"交互性论题（Reciprocity Thesis）"。

同样，这一论题还在《实践理性批判》中也有所呈现。在那里，康德认为："一个自由意志必须在法则中找到一个规定性基础，而不依赖于法则的质料。然而，除了法则的质料，其中所包含的仅仅只有立法的形式。立法的形式，只要包含了准则，那么它就因此只是构成了意志的规定根据。因此，自由和无条件的实践法则相互蕴含着彼此。"①（KpV5:29）接下来，康德还在"纯粹实践理性的分析论"的结尾部分继续强调了这一观点。在他看来，"如果人们观察到了一个充分原因的自由的可能性，那么人们就同时也会不仅注意到其可能性，还会看出作为理性存在者的最高实践法则的道德法则的必要性，人们赋予了他们意志的因果性的自由。因为，这两个概念是完全整体相关联的，人们甚至可以通过不依赖于单独从道德法则中得来的意志来定义实践自由。"②（KpV 5:93—94）

因此，我们可以看出，在康德很多的著作中，虽然对于"交互性论题"有着不同的表述，但其大致都反映的是一个基本的论证方式。这一论证方式被阿里森总结为如下四种模式："（1）作为'某种因果性'，意志必定在某种意义上是受规律支配的，或者用《实践理性批判》中的话来讲，按照某个规律是'可规定的'；（2）意志作为自由的意志，它不能受到各种自然规律的控制；（3）它必须要接受不同种类的规律（法则）的支配，即受自我订立的规律（法则）的支配；（4）道德法则就是所要求的这种自我订立的规律和法则。"③

在提出了这一论证以后，康德为了更清楚地阐释这一命题，他提供

---

① Immanuel Kant, *Practical Philosophy*, Cambridge University Press, 1996, p.162.
② Immanuel Kant, *Practical Philosophy*, Cambridge University Press, 1996, p.215.
③ ［美］亨利·阿利森：《康德的自由理论》，陈虎平译，辽宁教育出版社2001年版，第305页。

了一个连接意志自由和道德法则的"第三者"。在他看来，道德基本原则是一个综合命题，不能仅仅通过分析意志自由的概念就得出结论。因此，"如此这般的综合命题只有按照如下方式才能得以可能：两种认知需要通过一个第三者将其进行连接，在其中它们都能够同时被发现"①（GMS4:447）。而自由积极的概念则提供了这个第三者的认知视角。

由此，自由对于康德的重要性是不言而喻的。鉴于交互性论题，康德下一步的工作必然是演绎自由的实在性，并从中推论出道德法则的可能性和有效性。他的论证步骤分为如下两个方面。步骤一是通过把自由的理念赋予每一个具有理性意志的存在者，然后让其按照此理念行动。在这样一个存在者中，会存在着一种实践的理性，他对其自身而言具有因果性。步骤二则是说明了这个理性存在者的意志必须要受到自由理念的规约，"唯有在自由理念的作用下，它才能够在实践方面被归为一切理性的存在者"②（GMS4:448）。

因而，康德通过这两个步骤向我们表明了，如何从一个纯粹实践理性的能力的概念转向在这一能力行动之下的自由的理念，并从中达向自律。这一论证的主要结论是所有理性存在者在自由理念的作用下行动。不过，正当我们以为康德会继续推进论证的时候，康德却进入了下一个主题——"论与道德诸概念相联系的兴趣"之中。而在此主题中，他又否定了前面的论证方式。至此，我们仍然不能很明晰地看出康德对于道德法则可能性的论证。而且，康德还在其论证的过程中陷入了一个隐蔽的循环之中。在他看来，我们首先假定了自己在作用因③的秩序中是自

---

① Immanuel Kant, *Practical Philosophy,* Cambridge University Press, 1996, p.95.
② Immanuel Kant, *Practical Philosophy,* Cambridge University Press, 1996, p.96.
③ 康德认为，自然事物通过因果关系有两种联结方式，一种是作用因，另一种是目的因。对于以作用因结合起来的事物而言，作为结果的事物以另一些作为原因的事物为前提，但是作为结果的事物不能反过来同时是那些作为原因的事物的原因。

由的，然后假想自己在这种目的因的秩序中服从道德法则；接下来，我们又假想自己是服从这些道德法则的，因为我们是自由的，把自由的原因又归结到了自己身上。导致这种状况的原因在于："自由和意志自身的立法都是自律，也因此是回溯性的概念，并且因为每一个人不能被用于阐释另一个的理性或者去建立基础，而是能够最多被仅仅用于推导同一个对象的不同现象的逻辑目的。"①（GMS 4:450）康德接下来演绎的重心就在于如何破解这一隐蔽的循环。但是，他在破解的过程中，又出现了一定的分歧，因为其在《道德形而上学奠基》第三部分中尝试采用"感性世界"和"知性世界"的划分来破解这一循环。但在《实践理性批判》中，似乎又否定了这一思路，转而采用了一种"理性事实"的主张。接下来，我们就先来具体分析一下这两个证明思路的具体内涵。

二、"两个世界"与"理性的事实"

我们首先来探索一下康德所提出的"感性世界"和"知性世界"的划分。康德认为，在感性世界中，人们只能依据自己的内部感受来获取知识，他不能认识自身，不能先天地，而只能通过经验的感知来获得关于他的概念。这种知识具有纯然的知觉和感官方面的感受性特征。而我们人类是具有理性能力的理性存在者，我们可以通过理性的能力将两个世界区分开来，并存在于知性世界之中。在康德看来："现在人在自己身上确实发现一种能力，他凭借这种能力而把自己与其他一切事物区别开来，甚至就他被对象所刺激而言与他自己区别开来，而这就是理性……理性在理念的名义下表现出一种如此纯粹的自发性，以至于它由此远远地超越了感性能够提供给它的一切，并在下面这一点上证明了自

---

① Immanuel Kant, *Practical Philosophy*, Cambridge University Press, 1996, p.97.

己最重要的工作,即把感官世界与知性世界彼此区别开来,并由此为知性本身划定对它的限制"①(GMS4:452)。

因此,我们可以把自己视为知性世界的一部分,因为我们具有从原则中行动的能力,这些原则能够用纯粹理性作为行动的来源。但是,我们人类又不仅仅是单纯的理性存在者,所以我们又有可能从两个不同的角度来考虑我们的行动。而通过这两个不同的角度,我们可以从一定程度上破解隐蔽的循环。因为这样一来,自律的概念可以和自由理念不可分割地结合在一起;道德原则又可以与自律的概念结合在一起。因此,从这一角度出发,我们即可以说明如果我们能够首先将自己置于知性的世界当中,并且意识到意志的自律及其可能导致的后果,我们道德性的来源亦在于此。但是,"如果我们首先将自己假想为负有义务的话,那么我们就把自己放置在了感性世界之中,但同时因为自由的存在,我们又是位于知性世界中的"②(GMS4:453)。

那么,这两种世界何者具有优先性,我们又应该遵从哪个世界的主张呢?接下来,康德所秉持的观点就十分明确,在他看来,"知性世界"是必须要优先于"感性世界"的,只有基于这一假设,我们才能够允许一种既出于我们的偏好,又让我们能够服从和遵守的理性规则。然而,康德在此之后的表述却具有了一定的模糊性,他并没有给予我们一个对于优先性比较完善的论证。但他同样继续以"知性世界优先性"的论证完成了对于定言命令式可能性的证明。在他看来,知性世界同样可以含有感官世界的规定和根据。因此,知性世界能够作为感官世界的合理依据。我们在知性世界中的意志可以直接立法,从而也就要处于这样的一种知性世界之中。用其自己的话来表述:"我将把自身视为是理智

---

① Immanuel Kant, *Practical Philosophy,* Cambridge University Press, 1996, p.99.
② Immanuel Kant, *Practical Philosophy,* Cambridge University Press, 1996, p.99.

的，虽然在另一个方面是作为属于感官世界的存在者，不过我仍然要服从知性世界的法则，亦即理性，它在自由的理念中包含了知性世界的法则，因此我将认识到我自己是服从意志自律的；相应地，这个知性世界的法则必须对我而言是命令式，符合此命令式的行动就是义务。"① （GMS4:453）这一主张其实阐明的是知性世界与感官世界之间的基础联系。

由此一来，定言命令式才能得以可能，这是因为首先我们对自由的感知使我们成为知性世界的一个成员，在这里，我所有的行为都需要按照意志自律的要求来进行。然而，在现实情况下，我处于的是感官世界，那么"这个定言的应当表现出一个先天综合命题……并且因此使对自然的一切知识所依据的先天综合命题成为可能。"② （GMS4:454）

因而这种证明主要是通过阐明"知性世界"和"感性世界"的基础性的联系来完成的。按照博扬诺夫斯基（Jochen Bojanowski）的说法，"只要我们将自己视为绝对（不仅仅是相对的）自由的行动者，我们就能认识到自己的自律。因为，我们能够实现的是：我们的一个普遍法则的纯粹形式概念是对于我们行动的一个决定性理由。换句话说，我们可以采用这样的准则，在其中我们欲望的实现是依赖于他们实践的普遍性。在这一意义上，知性世界对于我们的欲望是规范性的。因此，只要我们是知性世界的成员，我们就有权利将先天综合实践判断的主词和谓词联系起来。只要我们是知性世界的成员，我们就有权利将我们不完善的意志通过'应该'的方式与完美的理性意志理念联系起来"③。

---

① Immanuel Kant, *Practical Philosophy,* Cambridge University Press, 1996, p.100.
② Immanuel Kant, *Practical Philosophy,* Cambridge University Press, 1996, p.100.
③ Jochen Bojanowski, "Kant on the Justification of Moral Principles", *Kant-Studien*, Vol. 1, 2017.

与此相反，在《实践理性批判》中，康德却引入了一个"理性事实"的概念，并通过此方式进行了与《道德形而上学奠基》第三部分完全不同的论证。在他看来，这一概念能够让我们将道德法则设置为不言自明的一种事实，从而完成这一论证。那么，什么是理性的事实？康德在《实践理性批判》中曾多次表述了这一概念："对基本法则的意识可能会被称为理性的事实，因为人们不能从理性的先天资料中来获得理性，例如，从自由的意识（因为这不是先天给予我们的），相反它是作为先天综合命题强加给我们的，其不基于任何的直观，不管是纯粹的还是经验的，虽然它将会是分析的，如果意志自由被预设了的话。但是，对于此，作为积极的概念，一个智性的直观将被需要，它也不能在这里被假定。然而，为了避免对作为给定的法则的一种误读，它必须很仔细地被注意到：它不是一个经验的事实而是纯粹理性的唯一事实，通过它，理性可以宣布自身原始的立法。"①（KpV5:31）

通过理性事实这一理念，康德认为其可以成为关于道德法则可能性自由论证的主要依据。在他看来，道德法则具备一种纯粹性，其是理性具体应用的生成物，因此可以通过纯粹的理性来完成自我立法。同时，它还能够赋予人类一种普遍性的道德法则。而后，我们又通过理性事实来验证这一事实。我们可以这样认为：道德法则之所以可能，是因为纯粹实践理性活动的关系，而后者的可能性则来源于理性的事实。因而，如果我们能够说明理性事实为真，那么纯粹实践理性就存在可能，由此一来道德法则也就随之确立。故而，通过此方式我们能够完成理性事实—纯粹实践理性—道德法则的推理链。

总的来说，实际上，康德为我们提供了两种不同的关于定言命令式的可能性的论证方式。在学界现有的讨论中，根据以亨利希为代表

---

① Immanuel Kant, *Practical Philosophy,* Cambridge University Press, 1996, p.164.

的"标准的阐释（standard story）"①的说法，康德在《道德形而上学奠基》中所诉诸的"两个世界"的证明是失败的："其一，康德在对理性自发性理论的应用中不合理地推出了实践自由，并且从中又推出了道德法则；其二，他错误将理性世界优先于感性世界的主张视为了先验观念论中的一个内容。"②后来，康德在《道德形而上学奠基》的论述中似乎也表明他意识到了这一错误。因此，他有意识地在《实践理性批判》中通过"理性的事实"重新论证该命题。在那里，他认为道德法则的可能性其实不需要一个推演过程，因为它自身即是一个"纯粹理性的事实"。道德法则就不再是其论证的结论。相反，成为了我们具有自由这一论证的前提。那么，康德对于定言命令式可能性的演绎到底该如何进行，我们又应该如何基于意志自由来完成对定言命令式客观实在性的证明呢？

三、自律人格理想与定言命令式的最终证成

在关于定言命令式的证明方式上，我们从一定的意义上赞同以阿利森为代表的"不相融主义"的解读方式，因为康德在《道德形而上学奠基》中所采用的形而上学证明方式并不能很完整地说明道德法则是如何推证

---

① 关于《道德形而上学奠基》和《实践理性批判》中对于定言命令式可能性的不同演绎，学界有着两种不同的看法。其中的一个阵营认为，这两种演绎方式是相融的。由于没有一个更好的术语，我们常常将此称为"相融主义"。在相融主义者看来，在《道德形而上学奠基》和《实践理性批判》中，康德仅仅只是拒斥了一种"强演绎（strong deduction）"的推演，即所有的论证基础在于一个对人类的自由理论的认知上。而较弱的一种演绎，即康德在《道德形而上学奠基》中所持有的立场，是其一直没有放弃的，因而这两种论述方式是能够被视为互补，而不是相互排斥的。而大多数的学者站在了阿利森这边，他们是"不相融主义"的持有者，也就是我们常说的标准的阐释，即这两种论证方式是截然不同的。

② Jochen Bojanowski, "Kant on the Justification of Moral Principle", *Kant-Studien*, Vol. 1, 2017.

的。其主要面临着如下两种理论困境："第一，在从现实的存在者所具备的理论理知能力中推导出本体的理知能力方面，存在着一定的疑问，即休谟问题的再现：'是'没有办法直接推导出'应当'。"① 第二，正如西季威克所认为的，自由意志对于自律不仅是必要而且是充分的这一论点将破坏我们普遍的信念，即无法将非道德行为归责。

不过在我们看来，要想真正解决这一证成性的问题，我们首先也同样需要呈现出《道德形而上学奠基》中康德所运用的"规范性"证成方式，这一方式是被不相融主义者所忽视的。在此基础上，我们可以通过此方式与《实践理性批判》中"理性的事实"论证相融合，从一种"弱相融主义"的立场，对定言命令式予以最终的证成。我们的思路如下：

第一，在认知能力上，我们应该明确实践理性与理论理性的不同之处。前者可以通过一个"行动"的理念直接推证出先天综合判断的客观实在性，并且其对道德法则的实践认知来源于纯粹实践理性的自我意识。正是纯粹实践理性不把偏好的满足与自身幸福作为自己的目的，我们才能够基于形式来确证更高的价值旨趣。因此，当康德认为实践理性是与我们的意愿能力相关之时，这一认知就能够直接导致行动。"意志的规定性根据是完全不同于按照因果性法则的自然中的事件的规定性根据的，因为在它们的事例中，规定性的基础必须是就其本身的显象。"②（KpV 5:28—29）这种认知模式，是与理论理性完全不同的，它更进一步地要求了立法的原则同时亦是实施的原则。并且，理论理性的基本原则还要求我们必须对其进行一个演绎的证明：理论理性的先天原则是经验可能性的条件。因此，理论认知是一种派生的直观（intuitusderivatitivus），而实践理性则更接近于一种源始的直观（intutiusorigininarius）。再

---

① 卞绍斌：《法则与自由：康德定言命令公式的规范性阐释》，《学术月刊》2018年第3期。

② Immanuel Kant, *Practical Philosophy,* Cambridge University Press, 1996, p.162.

由于实践理性是我们意欲对象的起源，理性即可以"通过一个行为以及所有反对它的可能性都是徒劳的论证"①（KpV 5:3），来证明定言命令式的可能性。所以，我们在实践认知上，应该摒弃康德在《纯粹理性批判》中对先天综合命题的定义，即"关于这样一个命题，即便不附上一个证明，至少也必须不可欠缺地附上它的主张的合法性的演绎"②（KrV A234/B286）。这只是属于理论理性的范畴，因而在实践理性中是不适用的。

第二，在这种实践自由的认知视角下，我们从一定程度上可以承认，康德在《道德形而上学奠基》第三部分证明思路所具备的合理性。在《道德形而上学奠基》的讨论中，其实存在着一种对于自由的现实性的论证，这一论证与自律观念有一定的契合性，通过它我们可以说明自由的价值，也进一步推证了道德法则何以可能这一问题。对此，朱会晖教授亦有清晰的说明和表述，在他看来，"在实践视角下的自由是理性存在者根据自由理念及与之一致的道德法则理念而行动的能力；它是联结抽象理念与具体行动的先验能力，它既不等于本体层面的自由（独立于一切经验性因素而决定意志的能力），也不等同于单纯主观视角下被设想的属性。同样，也只是在实践的视角下，人有在理知世界中的成员身份和纯粹意志"③。因而，我们可以看出，康德在《道德形而上学奠基》第三部分的推证中，首先肯定了人自身所独具的不依赖于经验和感官而独立形成观念并形成判断的理智能力，因而人自身是具有独特的自发性和自主性的。这种思考方式能够作用于我们的实践，因为它是基于人的纯粹的、先验的理性。因而我们在行动中可以设想自身的自由性，反过

---

① Immanuel Kant, *Practical Philosophy,* Cambridge University Press, 1996, p.139.
② Immanuel Kant, *Critique of Pure Reason,* Cambridge University Press, 1996, p.332.
③ 朱会晖：《道德法则究竟如何可能？——围绕〈道德形而上学奠基〉的文本解读》，《山东科技大学学报》2012 年第 5 期。

来这种自由的观念也会对我们的行为方式产生影响。并且，这种对自由理念的理解能够使我们在实践中认识到，人就是应当出于道德法则而行动的，同时还能够让我们意识到作为人的价值和尊严。这两种意识能够使我们对道德法则产生敬重，并使我们克服感官上的偏好，让我们不依赖于此进行行动，然后获得出于义务行动的价值。

第三，康德通过《道德形而上学奠基》第二部分中强调的"自律的绝对价值"以及由此而表征的"人是目的"的思想旨趣，确立了定言命令式客观实在的规范性前提。因为对自身感官偏好的克服以至于超越自身来实现自由的价值，这被证明为定言命令式的一种基本表达。在康德看来，人作为理知世界的成员，他能够意识到理性存在者的权威性和崇高性，自律的能力作为人们人格性中最具有尊严性的价值目的，"体现出了实践自由的能力，进而促使理性存在者独立地按照理性的法则去行动"①，并遵照定言命令式执行。这即表明："尽管从我们的理论理性能力（'是'）无法推导出我们具有本体性的理知能力（'应该'），但是基于规范性的自由理念，我们可以而且能够具有超越性的成员身份，'应该'意味着'能够'。"② 于是，人尽管在感性世界中无足轻重，会受到偏好的控制以及感官的刺激，然而他却能够凭借纯粹的意志以及理知能力，超越经验世界及其所必然导致的因果规律，从而体现出自由存在者的崇高与尊严。因而，我们通过自律观念，不仅能够意识到自己超越了经验世界的法则，而且还能够成为自己法则的制定者，并将它凸显为自身的目的。所以，当我们能够按照道德法则行动，但不是必须服从它时，我们也应当按照道德法则行动。

---

① 朱会晖、刘梦遥：《康德哲学中先验自由与实践自由之关系新释》，《四川师范大学学报》（社会科学版）2019年第3期。

② 卞绍斌：《法则与自由：康德定言命令公式的规范性阐释》，《学术月刊》2018年第3期。

第四，我们可以通过道德意向所呈现出来的"理性的事实"来感知和明晰作为自律的积极自由。正如我们之前所述，有关于"理性的事实"推证与《道德形而上学奠基》中"两个世界"的推证的争议一直存在，极端的不相融主义者直接否认了二者之间的关联，并强调只有"理性的事实"方能构成积极自由证成的主要根据。而我们认为，这二者是可以通过一种"弱相融主义"从中调和的。"应该"之所以意味着"能够"，是因为康德将道德法则意识以及对自由的意识都视为理性的事实的组成部分。他指出："即使是最坏的恶棍，内心也不会泯灭这一道德意向，亦即通过自由的理念确立理性法则超越感性偏好的束缚。"①（KpV 5:79—80）因而，理性的事实表达的其实是每个人对于基本法则的责任意识，在此基础上进一步表达出先天综合命题并非"是建立在感性直观或者纯粹直观"之上的。并且，理性的事实还能够通过道德情感以及对于法则的敬重意识来得以体现。诚如康德所言，"纯粹实践理性的真实道德动机是这样被构成的：它就是纯粹道德法则自身，只要它让我们发现了我们自身超感官存在的崇高性并且在主观上影响了人类对他们崇高职责感的尊重，这些人类同时还是能够意识到他们感官存在和依赖性的个体，而且还会受到病理学方面的刺激。"②（KpV 5:88）这就使我们摆脱于自身偏好和感官的诉求，使对于自己更高使命的"敬重"油然而生。

第五，康德通过自律的道德人格力量，来完成善与恶之间的抉择，从而实现真正的自由。康德在《纯然理性限度内的宗教》（以下简称《宗教》）中强调，我们具有人格性的禀赋，这是"一种易于接受对道德法则的敬重、把道德法则当作任性的自身充分动机的素质"③（Rel 6:27）。

---

① Immanuel Kant, *Practical Philosophy*, Cambridge University Press, 1996, p.204.
② Immanuel Kant, *Practical Philosophy*, Cambridge University Press, 1996, p.211.
③ Immanuel Kant, *Religion and Rational Theology*, Cambridge University Press, 1996, p.75.

通过它，我们方才能够完成从恶向善的转变："毋宁说，道德法则是借助于人的道德禀赋，不可抗拒地强加给人的。而且，如果没有别的相反的动机起作用，人就也会把它当作任性的充分规定根据，纳入自己的最高准则，也就是说，人会在道德上是善的。"①（Rel 6:36）因此，要真正克服我们按照偏好和感官选择的那种恶，就不仅要通过我们内心中不可磨灭的道德意向，还应诉诸于我们自律的人格力量来实现。"我们自身中一种对善追求的原初意愿，并不是让我们丧失了向善的动机；这是内生于对道德法则敬重的动机，我们永远也不会丢失。"②（Rel 6:46）正因为如此，我们才应该通过使自爱的不可消除的偏好服从于道德的倾向来克服"自爱"的恶，从而实现真正的自律，这亦是康德关于自由和道德法则的最终立场。

因而，在我们看来，将康德的立场仅仅解读为单一的形式主义是存在重大缺陷的，唯有通过人性目的论公式以及其所表征的自由目的才能指向我们行动的实践性理念。并且，这种对于自律观念的规范性解读方式还能够让定言命令式的不同表现形式逐渐融合一致，更让人们能够从中发现和找到破除意志自由和道德法则之间"隐蔽的循环"的方式。康德通过自律人格禀赋所确立的普遍性法则体现了每个人的积极自由，并确保了每个人必须和所有人一道共享这一无条件的自由价值，也正因如此，他的定言命令式方才具备了得以实现和可能的基础。

---

① Immanuel Kant, *Religion and Rational Theology*, Cambridge University Press, 1996, p.82-83.

② Immanuel Kant, *Religion and Rational Theology*, Cambridge University Press, 1996, pp.90-91.

第三章　自我立法与康德式悖论：
自律观念的权威性来源

在上一章，我们主要对康德的自律观念进行了规范性证成。这种证成方式促使自律观念在行动中与道德法则相互契合一致，并通过它对于自由绝对价值和道德人格力量的彰显，使"定言命令式如何可能"的论证具备了有效性。按照此方式，康德式的行动者可制定出规范自身行动的道德法则。因此，康德的道德法则与自律观念之间的联系是非常紧密的。不过，值得注意的是，自律观念还有一层自我立法（self-legislation）的含义。在康德看来："意志不是仅仅服从法则，而是这样来服从法则，即它也必须被视为**自己立法的**，并且正是因此缘故才服从法则（它可以把自己看作其创作者）。"①（GMS 4：431）

这二者之间的关联告诉我们，康德式道德法则的权威有效性不是通过某种外在的客体或价值实体，比如上帝、自然物以及传统和习俗强加给我们，而是需要人们运用自身的意志来构建。然而，这种观点却引发了很多人对康德的误解，也导致了学界围绕此问题产生诸多争端。在很多学者看来，当我们论及与道德法则相关的"自我立法"或者"自律"的时候，意志因此就可能引起这样一种理念：即人们既然可以通过自身的意志将一个行动置于道德法则之中，那么反过来，人们也能够违反法则或者制定出一个他们所需要的法则。

那么，如何理解康德道德法则的规范性和自我所立之法的权威性和

---

① Immanuel Kant, *Practical Philosophy,* Cambridge University Press, 1996, p.81.

第三章　自我立法与康德式悖论：自律观念的权威性来源

有效性之间的关系就成为了这一章所要关注的重点。首先，我们将以康德式的"他律（heteronomy）"观念为切入点来详细分析康德式自律观念的具体所指，并通过相互对照来探析"自我立法"的真正内涵；其次，我们将通过学界对康德道德的基础是建构主义还是实在论的争论来进一步探析康德式自我立法的元伦理要素，并呈现出由此二者所引出的一个标准性阐释；最后，我们将指出康德自我立法和道德法则之间所存在的一个悖论，并结合之前的讨论，来探讨这一悖论是否能够予以消解，并最终呈现出其自我立法所蕴含的普遍规范性和权威性，以及由此规范性权威彰显每个人不可消解的平等自由价值诉求。

第一节　自我立法的康德式阐释

如上所述，有关于康德道德法则如何具备权威性和有效性的争论都围绕着"自我立法"这一概念。于他而言，我们人类，作为具有纯粹实践理性能力的理性存在者，是能够凭借自身的意志而产生具有命令式的道德法则的。正如我们之前所指出的，在《道德形而上学奠基》中，他非常明确地说明了意志与道德法则之间的相关性。那么，康德本人对于自我立法是如何理解的，在他的文本中对此概念有何具体的规定，就成为我们这一节所要探讨的具体任务。

一、作为理解自我立法线索的康德式"他律"

在我们看来，之所以有很多学者对康德的自我立法产生疑问，是因为康德对自我立法的表述存在着一些不清晰和矛盾之处。比如维拉切克

（Marcus Willaschek）就认为："康德从来没有明确且清晰地认为，道德法则是自我制定的（甚至没有在一个纯然的比喻意义上），他也并没有通过整全意义上的道德概念来为这一主张进行辩护。尤其是康德并不认为道德法则的约束性力量是能够自我设定的。"① 那么，对于康德自我立法理念应该如何理解？我想首先从它不是什么，即"他律"入手，可以从另一个角度对理解自我立法提供一种思路。

康德对"他律"直接表述的段落是在《道德形而上学奠基》的第二部分，他为了更好地说明自律的原则，通过回顾迄今为止为什么其他通过找出道德原则而作出的努力是失败的，来对自律和他律的原则进行了比较。在他看来，人们除了受到法则的约束以外，还有可能仅仅按照他自己的，仅对自身有效的目的进行立法，并按照这一立法意志来行动。如他所说："这种兴趣有可能是自己的兴趣，也有可能是别人的兴趣。但在这种情况下，命令式就必然在任何时候都是有条件的，就根本不可能适宜于成为道德诫命。因此，我想把这一原理称为意志**自律**的原则，与任何别的我归为**他律**的原理相对立。"②（GMS 4:432—433）

接下来，为更清楚地指明这一概念，他继续用了两个小节篇幅来对他律进行了全面阐释：（1）作为道德一切非真正原则源泉的是意志他律；（2）从假定的他律基本概念产生一切可能的道德原则的划分。在康德看来："如果意志在它的准则与它自己的普遍立法的适宜性之外的某个地方，从而超越自己，在它的某个客体的性状中，寻找应当规定它的法则，那么，在任何时候都将出现他律。"③（GMS 4:441）因此，在他律的规定下，意志就不能自我立法，而只能通过客体对于意志的关系而立

---

① Pauline Kleingeld & Marcus Willaschek, "Autonomy Without Paradox: Kant, Self-Legislation and the Moral Law", *Philosopher's Imprint*, Vol. 19, No. 6, 2019.

② Immanuel Kant, *Practical Philosophy,* Cambridge University Press, 1996, p.82.

③ Immanuel Kant, *Practical Philosophy,* Cambridge University Press, 1996, p.89.

法，此种立法就不是受到道德法则（定言命令式）所规约的。这种立法的形式只能是以假言命令式的形式规定的：即我之所以应该做这一件事情，是因为我为了得到某种东西而去做的。

故而，康德认为，如果人们从他律的观点出发而采取道德原则的话，那么就将导致如下两个方面的后果："第一是经验的，第二是理性的。来自于幸福原则的经验原则建立在身体或者道德的情感上；来源于完善原则的理性原则要么建立在作为我们意志可能后果的完善理性概念上，要么建立在作为我们意志的规定性基础的独立于完善的概念（上帝的意志）之上。"①（GMS 4:441—442）由此两个方面的后果出发，康德至少向我们提供了三个类型的他律的事例：即经验性的自然情感、理性的完善以及独立的完善。

奥妮尔从她自身的角度扩展和完善了这三种他律行动的指涉范围，在她看来，他律原则所描述的是行动的条件性，对这样的原则进行证明所需要依靠的是主旨（aim）、善（good）和要求（requirement）："第一，他律的行动首先能够被视为是行动者对于欲望或者偏好的追求；第二，他律的行动作为反思性的原则，可以被视为是在一些机构、公约以及意识形态中的原则；第三，他律的行动是通过对于文本阐释的教条性的方式所得以扩展的，比如那些被'经院神学家'所采纳的文本；第四，他律的行动还可以来源于众所周知的伦理理论，比如那些将幸福或者完善概念作为伦理学基础的理论，它们都是把意志的他律作为了道德性的首要基础。"②

由此一来，在康德那里，他律的意志就必须要有一个其他的客体作为依据，它所对应的命令式是有条件的。正如他所指出的那样："如果或者由于人们想要这个客体，人们就应当这样或者那样行动；因此，它

---

① Immanuel Kant, *Practical Philosophy,* Cambridge University Press, 1996, p.90.

② Onora O'Neill, "Postscript: heteronomy as the clue to Kantian autonomy", in Oliver Sensen (eds.), *Kant on Moral Autonomy*, Cambridge: Cambridge University Press, 2013, p.284.

绝不可能是在道德上颁布命令，亦即不能定言地颁布命令。现在，无论客体是想在自身幸福的原则中那样凭借偏好来规定意志，还是在完善性的原则中凭借指向我们的可能意欲一般而言的对象的理性来规定意志，意志都绝不直接地通过行为的表象来规定自己，而是仅仅通过拥有行为对意志的预期影响的动机来规定自己。"①（GMS4:444）那么，这种不依靠自己，而依靠某种其他的客体规定的他律的原则为什么不能够建立道德法则，并让行动者承担道德责任呢？

二、"他律"为什么不能确立道德法则

如上所述，根据康德的说法，如果我们的意志是受到其他一些人或物约束的，那么这就会导致他律的行动。在此情况下，"由于一个因我们的力量而可能的客体的表象应当根据主体的自然性状施加给它的意志的推动，属于这个主体的本性，不管是服从于他的感性（偏好和品位）还是他的知性和理性，都是通过他们本性的特殊建构来将其施加在一个客体之上的"②（GMS4:444）。康德也在《实践理性批判》中对他律的道德理论提供了非常详尽的分类（见表3-1）：

表 3-1　道德原则中实践的质料规定根据

主观的				客观的	
外部的		内部的		内部的	外部的
教育（据蒙台涅）	公民宪法（据曼德维尔）	自然情感（据伊壁鸠鲁）	道德情感（据哈奇森）	完善（据沃尔夫和斯多亚派）	上帝意志（据克鲁修斯和其他神学道德主义）

---

① Immanuel Kant, *Practical Philosophy,* Cambridge University Press, 1996, p.92.
② Immanuel Kant, *Practical Philosophy,* Cambridge University Press, 1996, p.92.

在他看来，所有他律的道德原则要么是主观的，要么是客观的。并且这些原则都是为寻求其作为自律的道德法则的基础的"所有之前的努力"。不管是经验性的，还是建立在理性之上的这些原则，都不适合做道德的普遍原则。不过，由于康德对于这些分类的讨论只是在他自己的时代比较流行，而在如今产生了诸多变化，为讨论方便，我们依据奥妮尔现当代的阐释方式，将所有的实践推理（道德理论）划分为了以目的为导向的推理（End-oriented reasoning）和以行动为导向的推理（Act-oriented reasoning）① 两种类型。

接下来，我们将通过此划分来对如下问题进行讨论：这些在康德看来建立在他律意志之上的道德法则为什么不能产生道德责任？首先，是基于工具性的，以"欲求"为基础的阐释。在康德看来，欲望是与情感相关联的。"人们之所以把鉴于一个表象而有愉快或者不快的能力称作情感，乃是因为二者所包含的，是我们表象的关系中的纯然主观的东西。"②（MS6:211）因而，欲望并不能建立道德法则，因为如果每个人都欲求的是自己想要的事物的话，那么这一法则只能是偶然的。与此概念相关的幸福原则同样如此。康德因而也承认，虽然每个人都可以将幸福视为目的，但是幸福的原则却是相对的，因而也是他律的。因此，"幸福概念是一个很不确定的概念，虽然每个人类都希望得到它，但他们却不能决定性地或者是连续性地说出他们真正意愿的东西。这一切的原因

---

① 以目的为导向的推理分为"柏拉图主义的（Platonist）"和"工具性的（Instrumental）"。前者主要是认为行动是被客观的目的所决定的，比如真实存在的道德实体或者道德理念的形而上学基础，即实在论；后者认为行动的主要来源是客观目的，比如善的主观概念、偏好、欲望等。以行动为导向的推理分为"康德式的（Kantian）"和"特殊主义式的（Particularist）"，前者主要就是指按照所有人能够遵守的原则行动；而后者则强调的是实质性规范和要求的重要性。参见 Onora O'Neill, *Towards Justice and Virtue: A Constructive Account of Practical Reasoning*, Cambridge: Cambridge University Press, 1996, pp.49-50。

② Immanuel Kant, *Practical Philosophy,* Cambridge University Press, 1996, p.373。

在于所有属于幸福概念的要素毫无例外都是经验的……如今，最有见识且最有能力、但毕竟有限的存在者，不可能对他在这里真正说来所意欲的东西形成一个确定的概念"①（GMS 4:418）。

所以，即使每个人都欲求幸福，通过它也不能产生普遍的法则。而且，欲求只能产生工具性的必要性，它只能让我们选择一个以此为目的的必要手段，而不能建立起目的本身的必要性。奥妮尔也据此认为："欲求自身并不能产生能够被普遍共享的理由：仅仅诉诸于工具性的实践推理……这在最坏的情况下是难以理解的，在最好的情况下，也仅仅只是对那些不能分享这些目的的人而言是有条件的。"②

其次，作为"特殊主义"式的社会机构以及宗教团体的规范也不能产生道德法则及其相关的道德责任。通常来说，现代社会的人们都出生在一个已经具有法律和道德习俗的共同体或者国家中，由此而形成的法律和道德规范已经内化在了每个人的心中。但是，在康德看来，这些规范不能产生具有普遍约束力的法则，从而也是他律的。他认为，如果人们通过设想让一个人服从某种法则，那么，"这种法则不被某人自己所认可，它就必然带有某种兴趣，以此来作为诱惑或者强制，因为它不是作为法则产生自他的意志，而是这个意志依照法则被某种别的东西所强制而以某种方式去行动"③（GMS 4:433）。

同样，一个外在的法则也只能产生他律。这些产生自特定风俗或者法律的法则仅仅具有经验的一般性，而不具有严格的普遍性：一个在这个团体中错误的规范，在另一个团体中则不一定错误。即使所有的社会都认可同一个法则，人们也有可能是通过利益的偏好（比如避免惩罚

---

① Immanuel Kant, *Practical Philosophy,* Cambridge University Press, 1996, p.70.

② Onora O'Neill, *Towards Justice and Virtue: A Constructive Account of Practical Reasoning,* Cambridge University Press, 1996, p.51.

③ Immanuel Kant, *Practical Philosophy,* Cambridge University Press, 1996, p.83.

等）来被约束。在奥妮尔看来，"一个外在的命令，其约束性力量是建立在感官上的——比如对惩罚的恐惧以及对欲求的服从——因此与基于欲求的道德性是具有相同问题的。它没有提供一个必要且普遍的理由去服从。对于那些没有把握住这个法则的人来说，这个命令和要求似乎是任意和专断的。"①

因而，他律的规约方式并不能够确立起道德法则。正如康德在《实践理性批判》中说的那样，他律的行动首先是质料性的，"由于质料原则完全不适宜做最高的道德法则（如已经证明的），纯粹理性的**形式上的实践原则**，即通过我们而可能的普遍立法的纯然形式构成意志的最高的和直接的规定根据所必须依据的原则，就是适宜于在规定意志时用作定言命令式亦即实践法则（这些法则使行动成为义务），并一般而言既在评判中又在应用于人类意志时用作道德原则的**唯一可能**的原则"②（KpV5：41）。所以，由此原则而来的道德法则就不再是必要的，或者具有无条件约束性的。故而，我们需要另一个法则在我的主体中充当根据，按照它的法则，我们必然想要别的东西，而这个法则又需要一个命令式来限制这个准则。因此，康德强调，我们绝对善良意志的原则必须是定言命令式，它对于一切客体来说是不能被确定的，只能够包含一种自律性的意欲形式。这即是说，每一个理性存在者不能够以其他的兴趣或者动机作为制定准则和法则的依据。因而，只有自律的行动才能够产生真正意义上的道德法则，其可以被理解为无条件必要的："意志的自律是所有道德法则以及恪守它们义务的唯一原则；另一方面，任性的他律不仅不能建立起任何义务，而且还是与意志的道德以及责任的原则是

---

① Onora O'Neill, *Towards Justice and Virtue: A Constructive Account of Practical Reasoning*, Cambridge University Press, 1996, p.51.

② Immanuel Kant, *Practical Philosophy,* Cambridge University Press, 1996, p.173.

相背离的。"① （KpV5:33）

三、自我立法的多重阐释

既然"他律"原则无法制定出具有普遍约束力的道德法则，那么，自律原则与之相比又有什么样的特征呢？在森森（Oliver Sensen）看来，康德自律原则产生道德法则的步骤有如下几个要点：

1. 根据道德的普通概念，义务的法则……必须是必要的和普遍的。

2. 如果法则被视为是有约束力的，因为它符合任何兴趣和利益，比如偏好或者更进一步的动机（优势），它将只是有条件的约束——如果某人有这个兴趣——而且不是必要的。如果人们并没有共同享有这个兴趣，那么这个法则对他们而言就没有约束力，因此不是普遍的约束。

3. 任何从人们行动中或者从外在的对象而来的偏好都建立在利益的基础上。

4. 只有内在的，通过某人自身的意志约束的法则，而且还不是被利益所约束的，才是必要和普遍的。

5. 因此，只有自律才能产生道德法则。②

根据这几个论证步骤，我们可以清晰地看出，要想阐明一个人在行动中具有道德法则，那么就必须要结合康德的自律观念。并且，如果康

---

① Immanuel Kant, *Practical Philosophy,* Cambridge University Press, 1996, p.166.

② Oliver Sensen, "The Moral Importance of Autonomy", in Oliver Sensen (eds.), *Kant on Moral Autonomy*, Cambridge University Press, 2013, pp.271-272.

德要使他的论证具有合理性,那么他就需要进行如下两个方面的证明:第一,他必须证明所有他律的行动是不能够产生道德法则的;第二,自律原则是如何进行自我立法的。如前所述,我们已经通过康德的表述完成了第一个方面的证明,即康德所谓的"他律"为什么不能产生普遍性的道德法则。那么,这一自律原则是如何进行自我立法的呢?

在上一章中,我们已经知道,康德是通过对自律公式的阐释来提出自律原则的,并且我们已经通过规范性的证成方式对自律以及定言命令式的可能性问题予以了证明。不过,在这里还需要明确的是,在康德那里,自我立法具有什么样的内涵?在第一章中,我们曾经提到过,自律在康德那个时代最初只是一个政治性的概念,它可以被理解为管控(governing ourselves)的一种方式,即为自己制定法则。因此,在康德那里,自我立法首先具有的是政治上的意义。在《道德形而上学》的"法权论"部分,康德即提出了立法权的概念,他将立法权归结为人民的联合意志,并具体对立法作出了诠释:"因此,只有建构起所有人的联合的意志,就每一个人决定对于所有人相同的事情而言,因而只有普遍联合起人民的意志,才是能够被立法的。"①(MS6:313—314)

因而,根据此种立法的方式我们可知,只有通过人民意志的普遍联合,方才能够立法。接下来,康德进一步强调这种普遍立法的关系还需要以"总的元首"和臣民之间的关系展开,它们具体是以一种命令者和服从者的方式来进行。自律的立法者是作为命令者出现的,法则制定者这个术语也表示的是元首对其他人的所要遵守的法则的决定意志。因此,康德自我立法的内容是理性制定出了义务或者必要性,而非偏好。自律是其最高的独立权威,因为合乎义务的行动也必须是出自义务发生的,这样的一种义务是我们自己加诸在自身之上的。

---

① Immanuel Kant, *Practical Philosophy,* Cambridge University Press, 1996, p.457.

然而，如何对自我以及自己加诸自身进行理解却在学界产生了一定的争议。森森就指出，康德所谓的"自我立法"存在着不同的理解和阐释的方式。首先，它是一种经验自我的理解方式，这是我们在内省中所意识到自身的一种方法。持有这一观点的学者认为，自律似乎就是能够被自我所要求的事物，其是定言命令式中的主体，我们自身也应该按照自律来指导和规划自己。因为"按照这一原则的行动的实践必然性，亦即义务，并没有完全依赖于感官、冲动以及偏好，而仅仅依靠的是理性存在者之间的关系，在其中，理性存在者的意志必须永远被同时视为是立法的，否则它不能被当作目的自身"①(GMS 4:434)。但是，这种用经验自我来解释立法的来源却存在着很大的问题，即按照内省的方式来理解，如果我们是能够立法的，那么我们也能够同时废除这一立法。这正如康德在"德性论"中所认为的那样，"如果施加责任的我和位于责任之下的我是具有相同意义的，那么某人对自己的义务就是自相矛盾的……人们指出，赋予责任者（auctor obligationis）在任何时候都能够解除被赋予责任者的责任（terminus obligationis）；因此，（如果二者是同一个以及相同的主体），那么他就无须牵涉到他施加在自己身上的义务。这涉及一个矛盾。"②（MS 6:417）

第二种自我是作为人们知性方面的自我。在康德看来，当你在思考自我立法的时候就具备了普通人所不具备的特征。在《道德形而上学》中，康德又用了与《道德形而上学奠基》中"感性世界"和"知性世界"相类似的例子来表达这种自我："当一个人意识到自己的义务时，他将自己看作是这个义务的主体，并处于两个角色之中：首先，是作为感官的存在者，即是作为人类（一个动物的种类）；其次，是作为理智

---

① Immanuel Kant, *Practical Philosophy,* Cambridge University Press, 1996, p.84.
② Immanuel Kant, *Practical Philosophy,* Cambridge University Press, 1996, p.543.

的存在者（不仅仅是作为具有理性的存在者，因为理性作为一种理论的官能能够很好的是一个活的有形存在物的属性）。感官不能获得或者得到人类的后一个方面；它只能够被道德的实践关系所认知，在这种关系中不能够被理解的自由的属性通过理性的影响，在内在的立法意志中被揭露。"（MS 6:418）①因而这样一种自我依靠更多的是立法者的纯粹理性或者意志。并且，在这一层面的自我所指代的并不是一个抽象的形而上学存在，而是人类将其视为按照定言命令式行动的存在。正如他在瓦兰修斯（Vigilantius）讲座中所说的那样："约束一个人的是源于其自身理性的道德法则……它通过其自身的立法来决定自由选择的法则。"②（V 27:499）

此种看法进而还导致了对康德"自我"的第三种解读，即自我可能并没有指代的是一个人，而是康德所论述的立法的一个种类。这种自我仅仅强调了自律是人们自身的立法。在这一层面上，康德认为，自我立法只是代表一种原则，是按照普遍法则行动的原则。这种解读方式并不是根据自身的偏好所作出的有意识的选择，其重点强调的是我们所立之法并不依赖于任何事物的立法。森森即认为："这一自身的立法，在纯粹的层面是实践理性在积极层面上的自由。它是通过第二种自我的解释而来的——即通过道德法则来约束人们的理性。这两种情形都表达了道德法则不是被偏好或者外在决定所规定的。如果它是一个能够与道德法则相联系的理性，那么道德法则能够通过外在的决定而成为无条件的。因而，根据康德的观点，道德性只能够被定言命令式所表述，而不是假言或者有条件的，自律的意义即是，它使道德——成为自身种类的立法。"③由于康德对此概念的表述存在一定的误解，故而学界对自我立法

---

① Immanuel Kant, *Practical Philosophy*, Cambridge University Press, 1996, pp.543-544.
② Immanuel Kant, *Lectures on Ethics*, Cambridge University Press, 1997, p.266.
③ Oliver Sensen, *Kant on Moral Autonomy*, Cambridge University Press, 2013, p.270.

的探讨仍然是存在很多争议的。接下来，我们需要对康德的自我立法进行更具深层次性和原理性的分析。

第二节　自我立法的元伦理学解读方案

为了更为清楚地探索康德的道德法则是否能够通过"自我立法"所确立。当代英美学界运用元伦理学的方式对这一问题进行了更为细致的研究。他们把讨论的重心放在了"建构主义"和"实在论"之间的争论上。这样一种探讨方式也容易引起不小的争议，因为，一方面，这场讨论是针对康德所不熟知的一种分类结构提出的，因为在他那个时代，他并不知晓这种分类结构；另一方面，将任何一种哲学观点采取这种截然二分的划分方式本来就是不精确的。不过，由于这种方式能够将问题的聚焦点尽量锁定在一个很小的范围内，而且还可以对一些细节之处展开充分讨论，我们就可以从中获取相应的理论资源，以便更进一步地对关涉其中的核心概念与问题进行深入探讨，这反而能够从另一个角度把握和理解康德的态度和立场。

一、实在论与建构主义

元伦理学是 20 世纪以来，伦理学作为一门标准学科分类之后的产物。它与规范伦理学和应用伦理学一起，共同组成了西方伦理学研究的三个部分。当代元伦理学的发展肇始于分析哲学家对于道德语义的观察。在他们看来，在我们日常生活中，与我们道德问题直接相关的——比如"我们不应该撒谎"这类的问题是一种"一阶的问题（first-order questions)"。回答这一类问题的理论与原则就构成了规范伦理学的内容。而元伦理学则是规范性伦理的更进一步回答，它们探究的是我们为什么要按照道德的原则和要求来进行行动这种"二阶性的问题"。

实在论（realism）则是元伦理学流派中的一支，持有这一观点的学者大多认为道德的事实不仅是真实存在的，而且还是可以被认知的。在他们看来，"这个世界上存在着道德上为真或者说绝对正确的信念，而且我们还有办法为这种真的道德信念来作出辩护。而这样一种方式可以让我们更加清晰地认识到道德事实的存在，进而道德知识也就是可能的。"[1] 还有的学者以柏拉图《欧绪弗洛篇》中一个中心问题的不同回答来区分实在论和反实在论："虔敬事物之虔敬是因为诸神赞许它，还是因为它是虔敬的所以诸神赞许它"[2]。

在实在论者眼中，需要肯定的是对后一种问题的回答，在他们看来，道德事实和有关于道德的属性是能够客观存在的，它们不依赖于我们任何的思想和信念。"一个道德判断是否正确不是由个人意见所决定的，甚至也不是由所有人的看法所决定的。我们不可能通过达成共识而使得一个行动成为正确的行动。"[3] 而反实在论则更多依赖的是对前一个问题的肯定回答。那么，我们通常所说的建构主义应该属于哪一个阵营呢？

达沃尔等人在他们关于元伦理学的一本著作《道德对话和实践：一些哲学方法》（*Moral Discourse and Practice: Some Philosophical Approaches*）中认为，"建构主义者是假象的程序主义者。他们支持一些假设程序，以确定哪些原则能够建构出道德的有效标准。这一程序可能是达成一项社会契约的协议，也可能是决定支持哪种社会道德准则的其中

---

[1] 龚群、陈真：《当代西方伦理思想研究》，北京大学出版社 2013 年版，第 75 页。
[2] ［古希腊］柏拉图：《柏拉图全集》第 1 卷，王晓朝译，人民出版社 2002 年版，第 244 页。
[3] 龚群、陈真：《当代西方伦理思想研究》，北京大学出版社 2013 年版，第 74 页。

一种。这样的程序主义者主张，不存在任何独立于发现一个确定的假设程序将具有如此多后果的道德事实"①。罗尔斯在通过将建构主义与康德的道德哲学相联系后指出："康德式的建构主义认为道德的客观性要根据一个所有人都能够接受的实质性建构观点来被理解。除了建构正义原则的程序之外，没有任何道德事实。某些特定的事实是否能被接受为正当和正义的理由，或者它们的分量如何，只能从建构程序内部来确定。"② 由此我们可以看出，建构主义的方法是不主张一个明确的道德事实的，因而其应该被划分到反实在论的阵营。

而且，道德建构主义者一般否认独立于人的道德事实或者客观价值，它们"旨在提供一个客观性的说明，而非认为正确的道德判断是描述或反映独立的道德命令"③。按照斯特里特（Sharon Street）的说法："元伦理学的建构主义在这个划分中正好落在了反实在论者一方……元伦理学的建构主义主张价值反事实地依赖于作出价值判断的生物的态度；它认为，是我们授予了事物提供理由的地位。按照元伦理学的建构主义，如果离开了这些事实——这些事实有关对世界的一个特定角度和这个视角所蕴含的东西，并不存在有关什么是有价值的事实。"④

在区别了这两者的各自所指以后，我们就可以大致看出这两类元伦理学立场的持有者是如何理解康德的自律观念以及自我立法的。实在论立场的持有者认为，康德的道德法则的建立依赖的是行动者的意志，但是这种立法体现的是一种本体论意义上的特殊存在，拥有普遍的约束力

---

① Stephen Darwall, Allan Gibbard, Peter Railton, *Moral Discourse and Practice: Some Philosophical Approaches*, Oxford University Press, 1997, p.13.

② John Rawls, *Collected Paper*, Harvard University Press, 1999, p.308.

③ R. Galvin, "Rounding up Usual Suspect: Varieties of Kantian Constructivism in Ethics", *The Philosophical Quarterly*, Vol. 61, No. 242, 2011.

④ Sharon Street, "What is Constructivism in Ethics and Metaethics？", *Philosophy Compass*, Vol 5, 2010.

量,并为道德评价提供了客观标准。而建构主义的持有者则认为,自我立法并非一个客观存在的价值属性,它需要我们运用程序的检验来确立道德共识的可能性和普遍性。并且,这二者之间的争论在康德的具体文本中还得到了一定的体现,福尔摩沙就指出:"我们能够将康德理解为一个强的实在论者是通过关注其定言命令的第二个公式,即人性目的论公式而实现的。在那里,康德认为,有些事物是具有绝对价值的,这一绝对价值构成了一个能够奠定道德法则价值的独立秩序。我们也可以通过更多地关注第一和第三个公式,即普遍法则公式和自律的目的王国公式,将康德理解为道德建构主义者。通过第一个公式,康德认为存在一种检验准则的决定程序,通过它,我们能够看出准则是否能够普遍化。通过关注第三个公式,康德认为目的王国成员的立场可以定义什么是正当的。"[1]

二、建构主义立场及其缺失

对康德式的自我立法予以建构性解读的代表当数罗尔斯(John Rawls),在他看来,康德的学说并不存在一个先天的价值秩序,他的自律观念是建构性的,实践理性并不是一种能够直接意识到的理性的直觉,而是以建构程序的形式完成的。罗尔斯的这一论点在他的《政治自由主义》一个著名的段落中得到了充分的表达:"不同于理性直觉主义,建构性的自律认为所谓的价值的独立秩序并没有构成其自身,而是通过实践(人类)理性自身的实际的或者理想性的活动而构建的。我认为,这种观点或者相似的主张就是康德的态度。他的建构主义更为深刻,并

---

[1] Paul Formosa, "Is Kant a Moral Constructivist or a Moral Realist", *European Journal of Philosophy*, Vol. 21:2, 2011.

且走向了价值秩序的存在和构建。这是其先验观念论的一个部分。直觉主义者的独立的价值秩序是康德用其先验观念论所反对的先验实在论的一个部分。"①

在罗尔斯看来，建构主义首先是与理性直觉主义不同，后者的第一原则能够凭借优先于或独立于我们人或社会的概念的价值的道德秩序以及公共的社会角色和道德学说来判断真假。故而，它被认为是一种道德实在论的形式。"它涉及到对现存价值秩序的理性接受，该秩序是以道德的第一原则或者法则为基础的。这一能够被价值所拥有的直觉是能够被我们的理性能力所把握住的外在和主观的价值，不是内在于实践理性自身的价值。"② 其次，作为一种建构方法，它开始于作为自由、平等的人的概念，并允许这样一个共同体的存在，在那里所有人都可以以互相接受的方式证明其共同机构和基本结构的合理性。这些概念都是建构合理性程序的核心要素，其结果决定了正义第一原则的内容。因而，一个理想的道德个体应该具备完全的理性，他们可以通过慎思和推理而进行行动。故此，道德方面的建构需要依赖于一定的程序。

那么，作为具有自由和平等的理想道德人是如何进行自我约束，从而制定出普遍性的道德法则的呢？在罗尔斯看来，我们可以将康德的第一个公式，即普遍法则公式作为道德建构的首要程序。在这个建构程序中，人仅仅只是具有自由和平等的存在者，他的很多一般的特征，比如做事的目的、情感的欲望等等都被"悬置"起来。并且，这样的存在者还需要经过普遍的同意，愿意生活在这样一个能够出于自己所选择而进行整合的社会，接受自身准则的指导和限制。按照定言命令式的程序步骤，行动者就会从自我利益出发来选择相应的行动原则，但这些原则又

---

① John Rawls, *Political Liberalism*, Columbia University Press, 1993, pp.99-100.

② Paul Formosa, "Is Kant a Moral Constructivist or a Moral Realist", *European Journal of Philosophy*, Vol. 21:2, 2011.

会被定言的程序所规约。由此一来，经过这一程序检验过程，某些类型的准则就具有了普遍的约束力，无论其是否满足我们的个人利益。这即说明了纯粹实践理性在道德行动中的优先性。因此，在以罗尔斯为代表的建构主义者眼中，唯有通过这种方式，康德的自我立法概念才能真正制定出具有普遍性的道德法则。

故而，此种方式是一种反实在论立场的表达。与实在论不同，这一立场的持有者怀疑甚至否认存在一个不管是自然的还是非自然的，独特的道德事实和实体，这种实体是能够被发现的，并且可以提供整个伦理的基础。奥妮尔对此有过鲜明的总结："道德建构主义在反实在论的伦理立场中是独特的，它不仅主张了伦理的原则或者主张能够被视为是人类行动者的建构，而且还具有两个更深远意义的影响。他们同时认为，伦理的推理是实践的：它能够建立起指导人们行动的实践规约性，而且还能进一步证实它们，客观性在伦理学中就不是虚幻的了。建构主义者不仅拒斥了那些放弃了整个证明工作的立场（比如情感主义和怀疑主义），而且还拒斥了那些应用伦理信念的相对主义，社群主义和社会建构主义，它们仅仅只是采用了证明的一些受限制性的概念。"①

建构主义者还认为，实在论者是与康德对于自我立法和自律概念的基本关注不相融的。康德在《道德形而上学奠基》中也指明了如果意志没有在自身之内立法，而是在另外的地方寻找某种依据，那么这就是他律。道德实在论似乎会认可这样一种主张，意志应该是被意志的一个对象的属性所决定的，亦即人的绝对价值。因而，道德实在论其实是把康德所认为的他律视为了道德法则的基础。此外，建构主义者还指出，如果我们采用实在论的方式的话，会导致一个不知如何约束意志的，很怪

---

① Onora O'Neill, *Constructing Authorities: Reason, Politics and Interpretation in Kant's Philosophy*, Cambridge University Press, 2015, p.71.

异的规范性的实体。由此会引发一种教条式的或者不能接受批判的认识论，其假设了我们自身即具有关于事物的绝对价值的知识。

三、目的的客观价值与实在论回应

不过，建构主义的立场时常会受到如下两个方面的困扰。其一，它似乎将道德实在论关于人的价值的主张的假设简单地"转移"到了程序性步骤之中。因为在这种程序中，我们可以直接认定它是对所有人开放且不受到任何的强制和威胁。其二，这一程序没有建立在任何具有主观基础性的价值之上。这看起来似乎不属于我们在之前所提到的《欧绪弗洛篇》两个问题中的一个。因而，建构主义者其实需要用建构主义的术语来阐释清楚客观目的的存在性问题。

在康德的文本中，客观价值具有非常重要的作用，它是一个对所有理性存在者都有价值的目的。因为偏好在不同人之中是有所不同的，随着时间和空间的转换而改变，而客观目的则给予了一个不依赖于我们偏好去行动的理由。"一个客观目的因此必须具有一个理性的（而不是经验的）决定基础，它能够建立一个对所有理性人有效的且不依靠于他们偏好的动机。"[1] 故而，康德的定言命令式其实也需要依靠一个具有无条件价值的客观目的。而在《道德形而上学奠基》中，康德其实是为我们指明了这样一个目的的。在他看来，人类自身其实拥有客观的目的："现在我可以认为，人类以及一般意义上的每一个理性存在者都作为目的自身而存在，不仅仅是作为一种手段来通过这个或者那个意志的自行决定中被使用；相反，他必须在所有的行动中，不管指向其自身还是其

---

[1] Paul Formosa, "Is Kant a Moral Constructivist or a Moral Realist", *European Journal of Philosophy*, Vol. 21:2, 2011.

他的理性存在者，都必须同时被视为是目的。"①（GMS4:428）由于对这一客观目的解读的缺失，建构主义者受到了实在论者的质疑。在后者眼中，康德的理性是唯一的，它不能按照罗尔斯的理解，被分为理性的（rational）和合理性的（reasonable）。康德本人也认为："定言命令式就是一种出于目的自身而对每一个人来说构成其意志的客观原则，它可以被充当为普遍而且实践的法则。"②（GMS 4:428—429）

著名的实在论者伍德就认为："这种实践法则的内容并不是由人们的意志所创造的，或者说是建构性程序的产物。自律的法则对于理性意志是客观有效的，因为它建立在一个客观的目的——作为目的自身的理性本性的尊严之上……因此，建构主义的思路只是允许了准则和法则的区分，然而这仅仅是因为它将意志作为了一个在它的一些准则中的'立法'的立场，并通过一种依靠与直觉一致的定言命令的程序或者实践理性程序来得到支持。如果我们从一个更为合适的康德式观点出发，我们即可知道，客观性是不能由任何的主观意愿、立场和程序而来的。任何从我们主观行动中所获得的有效性的原则——仍然只是主观有效的。它仅仅只是一个准则，而不是实践的法则。"③

故而康德对于自我立法的强调更多依靠的是人性目的论公式的作用和价值。基于康德的阐释，人类的尊严并不是一种独立的、建立在定言命令式之上的先行价值，而是包含了一种我们只能按照普遍有效法则进行行动的理性要求的价值。这即是实践理性所构成的价值概念，即理性行动的价值。正如康德自己所言："据此，'要对每一个理性存在者（对你自己和他人）都如此行动，使它在你的准则中同时被视为目的自身'这个原则，在根本上与'要按照一个同时在自身包含着自己对每一个理性存在者而言的

---

① Immanuel Kant, *Practical Philosophy,* Cambridge University Press, 1996, p.79.
② Immanuel Kant, *Practical Philosophy,* Cambridge University Press, 1996, p.79.
③ Allen Wood, *Kantian Ethics*, Cambridge University Press, 2008, p.108.

普遍有效性的准则去行动'这个原理是一回事。"①（GMS4:437—438）

因此，在实在论者眼中，道德法则其实根本没有立法者，它们就是一种源于人性作为自在目的的绝对价值属性，是客观存在的。伍德在《康德式伦理学》（*Kantian Ethics*）一书中就认为："自律式道德立法仅仅只是代表一个理性概念的理念，它没有对应的经验对象……如果制定道德法则的意志并不是我自身的意志，而只是一个理想状态下的理性意志，这个意志在我和其他人身上都具有相似的特征，那么这就没有表明立法的意志是我自己的。"② 这即是说，如果道德法则的有效性根据在于客观目的的价值，从而不依赖于任何人的意欲，那么这个法则就不是人们自己制定的，自律只能够通过道德判断符合和反映客观道德法则的方式来进行说明。

当然，以科斯嘉为代表的建构主义者为回应实在论者的质疑，对人性目的论公式进行了重构。在她看来，一个人自身具有价值，这即具有了一种道德上的同一性或者说是认同（moral identity），因而我们就处于了道德领域之中。在大多数的情况下，我们行动的理由是偶然的和局部的，并不是全体的同一性。这些理由的规范性力量赋予我们作为自身的人格价值。"以这种方式，所有的价值都取决于人性的价值；其他形式的实践同一性的重要性部分是由于人性要求它们。因此，道德同一性及其蕴含的义务是无处逃避的、普遍深入的。然而并非所有的实践同一性形式都是偶然的或相对的，道德同一性就是必然的。"③

故而，这种论证形式必须要以康德的人性目的论公式作为依托。在康德眼中，事物的重要性是因为它对我们而言是重要的。在这个意义

---

① Immanuel Kant, *Practical Philosophy,* Cambridge University Press, 1996, p.87.
② Allen Wood, *Kantian Ethics*, Cambridge University Press, 2008, p.109.
③ Christine Korsgaard, *The Source of Normativity*, Cambridge University Press, 1996, pp.120-121.

上，人性的价值蕴含在了每一个选择之中，而人性作为所有理由和价值的来源，就必须被赋予价值。科斯嘉在承认此人性目的的前提下，发展了一种新的建构主义理论。她把自己新的认识概括为"自我构成（self-constitution）"。她认为，当行动者通过理性反思，意识到有一个超越自己、具有普遍形式的实践法则时，这就是把自己构造成一个理性行动者的过程，要想确立任何规范性原则的权威，唯一的方法就是确立是由被它支配的人所承诺的事情构成的。正如她所强调的那样："知性的法则控制着我们的信念，因为我们不遵循它们，我们就不能构建一个客观世界的表象。同样，实践理性法则也支配着我们的行动，如若我们不遵守，行动就不会存在。这一行动的构成原则本身就具有无条件的约束性"①。同时，行动者的反思就在自身中建立起了这种道德或者实践上的同一性，它们提供了自我构成的基础。当然，这样一种重构也引起了学界极大的争议和讨论。盖耶对此就反驳道："从语义学的角度来看，康德的道德哲学应该归于实在论而不是反实在论的范畴，然而因为关于人性、人类生活的实际情况以及一些特定义务的经验信息有时候必须要通过建构过程的方法来得出，亦即有关于我们特殊义务的真理显然不能简单且直接地通过直觉的某种形式而得出。"②

总的来说，这两种对于康德道德法则进行元伦理学解读的方式为我们真正理解康德自我立法和道德法则之间的关系提供了非常大的帮助。罗尔斯式的建构主义诠释主要是根据自由而平等的人的观念而铺陈来的建构程序来证明道德法则的共识；而伍德式的实在论则将人性的绝对价值作为具有本体论色彩的价值承诺来为道德法则提供客观的依据。不

---

① Christine Korsgaard, *Self-Constitution: Agency, Identity and Integrity*, Oxford University Press, 2009, p.32.

② Paul Guyer, *Kant on the Rationality of Morality*, Cambridge University Press, 2019, p.63.

过，虽然此二者的论证方式不同，但在森森看来，这二者似乎共享了一个前提：即"只要我们不依靠我们对定言命令式及实践法则的阐释来对一些自在目的的绝对价值进行解释，那么我们就能够建立起对那个命令或者法则的理性约束力或者是权威"①。这一阐释在学界被称为"标准的解释（standard story）"。在下一节中，我们就将来具体围绕这一标准的阐释以及其所面临的一个悖论来进行探讨。然后由此出发，从共同体的视角对康德如何确立自我立法的权威，予以规范性的证明。

第三节　康德式悖论与"自我立法"权威的确立

通过前两节的阐释，我们不仅认识到了自我立法在康德文本中的意义，并且还通过当代学者对其元伦理学层面的解读明确了康德是在何种意义上使用这一概念的。对此，J.B.施尼温德有过清晰的说明："在康德看来，因为我们是自律的，所以我们是能够自我控制（self-governing）的。通过这种说法，他想表达我们是可以为自身制定道德法则的。"② 很多现当代的学者也据此认为，康德自我立法的概念即可用于说明无条件性和普遍性的强制责任力量。在他们看来，当康德论及"意志自律是最高道德原则"的时候，他即认为这是道德责任的源泉和根据。而且，正如我们之前所述，虽然建构主义者和实在论者对于自我立法的论证方式

---

① Oliver Sensen, "Dignity and the Formula of Humanity", in J, Timmermann (ed.), *Kant's Groundwork of the Metaphysics of Morals: A Critical Guide*, Cambridge University Press, 2010, p.102.

② J.B. Schneewind, *The Invention of Autonomy: A History of Modern Moral Philosophy*, Cambridge University Press, 1998, p.6.

不同，但其却共享了一个共同标准阐释的前提，即道德法则在某种程度上是自我立法的。

然而，这一说法却又引起了学界广泛的讨论。对此有疑问的学者认为，自我立法的概念似乎还不适合，或者说不能单独完成此任务。因为，如果一个自我立法的行动的作用是"产生"道德责任，这就在表面上是与康德道德法则无条件有效性的主旨是相背离的，毕竟如此一来，自我立法就使其变得是有条件性的了。而且，如果道德责任是基于人们的意志的行动，这似乎就将导致人们在行动中可以放弃道德法则，以此从道德的责任中解脱出来。因而，这些难题的存在就让一些对康德的道德理论持有批判性看法的，尤其是那些具有黑格尔传统的学者，将它视为"康德自我立法的悖论"①。正如平卡德（Terry Pinkard）所言："这一悖论源于康德这样一种要求，如果我们对自身施加（impose on）了一个原则（准则，道德的法则），那么很有可能我们必须有理由去那样做。但是，如果存在一个在先的理由去采纳这些原则，那么，这一理由将不是自我给予或者施加的。"② 因而，在本节中，我会具体围绕此悖论进行探讨，并结合学界现有的几种阐释思路，对意志如何自我立法进行证明。

一、关于自我立法的悖论

正如我们之前所说，康德的自我立法概念面临着一个非常尖锐的质

---

① 这一悖论最早是由皮平（Robert Pipping）所发现。他认为："就康德而言，这一矛盾非常明显。毕竟，难以想象的是，一个行动者能够在没有约束性法则出现之前，就能够制定出使他自身服从他想法的法则。"参见 Robert Pippin,"Hegel's Practical Philosophy: The Realization of Freedom", in Karl Ameriks (ed.), *The Cambridge Companion to German Idealism*, Cambridge University Press, 2000, p.192。

② Terry Pinkard, *German Philosophy 1760-1860: The Legacy of Idealism*, Cambridge University Press, 2002, p.59.

疑。除了平卡德、斯特恩（Robert Stern）等人以外，伍德同样也强调了这一悖论，在他看来："意志自律作为道德责任的基础是康德最为原始的伦理发现。但是，这却很容易将康德的自律观念理解为不连贯或者欺骗性的。为了制定自身的法则，我自身责任的制定者似乎在我的自行决定中留下了它的内容和约束力，它与我通过它们而负有责任的理念相违背。如果我通过强调作为约束我的法则的理性，来回应此反对时，那么我似乎要将责任的来源从意志转移到理性的准则中去。自我立法这一概念就变成一种欺骗或者充其量只是一种委婉的说法。"① 奥妮尔也同样指出："如果我们强调自己作为法则制定者的角色，那么我们似乎就将消解个人主义某种形式的道德主张；如果我们强调被选择的法则的合理性，那么选择的自我以及自我立法的概念就不再是道德责任的关键。"②

　　为了回应这一难题，很多学者也提出了不同的应对办法。科斯嘉认为，"人们可以把某一类型的准则发展成为适宜的法则，不过这种准则需要我们意愿它时，它才能够成为法则。由此，它创造出了作为结果的价值。"③ 也有的学者建议将自我立法进行一种"最小化（minimalist）"的处理。在他们看来，康德的行动理论允许我们准备一种对自我观念的选择或者对于法则选择的理念。这类"自由的行动者能够采纳具有法则形式的原则，正如个体信念的内容能够成为一种命题，该命题的逻辑形式即是一个普遍的概括，因此个人准则的内容能够成为一个实践的原则，该原则即具有了法则性的形式"④。因而这样也就不存在悖论了。

---

　　① Allen Wood, *Kant's Ethical Thought*, Cambridge University Press, 1996, p.156.
　　② Onora O'Neill, *Constructing Authorities: Reason, Politics and Interpretation in Kant's Philosophy*, 2015, p.124.
　　③ Christine Korsgaard, *The Source of Normativity*, Cambridge University Press, 1996, p.112.
　　④ Onora O'Neill, *Constructing Authorities: Reason, Politics and Interpretation in Kant's Philosophy*, p.125.

不过，这些解读只能在某种程度上避免悖论。因为，基于上述理解，会有很多他律意志将会被视为是自我立法的，并且作为结果，我们上一节所提到的自律与他律的区分也就将荡然无存。故而，"这些解读对于理解康德关于自我立法和自律提供了道德责任的关键的主张只是给予了一种薄弱的基础"①。对此，伍德表示，康德的自律观念本身就是存在着一定张力（tension）的。在他看来，自律（autonomy）这一词汇来源于古希腊语中的一个政治词汇，其是由 autos（self）和 nomos（rule, law）两部分组成。"这一张力有可能让康德式自律产生分离，这取决于我们强调的是自我（autos）还是法则（nomos）。即理性存在者的意志作为道德法则的创作者或者立法者，还是法则本身对于同一个意志所具备的客观约束力。自律这一术语，无论是作为其哲学术语本身来理解，还是作为独立于康德式学说的方面来理解，都可能被理解为不同的方式。"②

因而，如果我们过于强调对"自我（autos）"的理解，那么就将导致这样一种想法，即道德法则的普遍有效性必须是来自于我自身意志的行动。自律的学说因而是一种"人造的道德（human-made morality）"，这有点类似于我们上一节所指出的建构主义的思考方式，其又与道德法则本身所具有的客观性和现实性，即法则（nomos）的相关内容是不相容的。"康德式自律观念的本质为，我们的意志永远不会来自于真理、事实或者价值实体。我们所认识到的每一个法则或者价值都是由我们意愿性行动在制定它时所创造的。这样的行动替换了'情感性态度'，即那些被认为是构成了比反实在论更为经验主义式的评价性事物。因而道德原则的普遍有效性，就是由我们所建构的，通过定言命令式的程序提

---

① Onora O'Neill, *Constructing Authorities: Reason, Politics and Interpretation in Kant's Philosophy*, p.125.

② Allen Wood, *Kantian Ethics*, Cambridge University Press, 2008, p.106.

供给我们。"① 如果我们更为强调 nomos（法则）的话，我们就只剩下了这样的事实，即我们在建构这些原则时，必须要遵循这些程序，因为这是使我们有能力将其视为客观有效的原因——正如它们建立在一种存在于事物本性中的价值一样。

有的学者为缓和这一张力，提出了不同的应对办法。比如，当代一些自由主义者主张将自律仅仅理解为"选择的自我"，并在此基础上强调其所选择的法则或者原则。在他们看来，理性自律行动的特征在于满足良善秩序的欲望和偏好，这是行动者所给予的二阶认可，也表达了稳定的个人性特征。他们不仅仅将自律的选择视为工具性的对某一时刻欲望和偏好的追求，而是视为自我的更深层次的、更持久的、更完整的一个方面，这一自我通常是采用稳定进而内化的法则来体现。不过，这样的一种解读方式仍然受到了很多的质疑，因为这些行动没有一直采纳道德的可接受性的原则，它们或许能够服从道德的要求，但也有可能违反道德的标准和法则。用康德本人的术语来说，它们表现出的是一种自发性，而不是自律。

还有一种方式是将自律和自我立法做"非反身性（non-reflexive）"的理解。这一说法认为，在英文中，所有关于自我（self）的表述都表达的是一种自发式的自我行动。比如说一辆汽车是自我移动（self-moving）的，一个签名的产生也是自己书写（self-written）的。因此，道德自律所彰显的"自我立法"就是通过某人自身所给予的，从某种意义上来说，这就是人们自己的立法，是在纯粹实践理性部分中，它自身的立法（而不是被个体自我视为的立法）。然而，这种说法似乎还是保留了我们之前所强调的与道德法则无条件有效性相矛盾的一些问题。

里斯则开始选择弱化意志自我立法的意义。他并不认为自我是个人

---

① Allen Wood, *Kantian Ethics*, Cambridge University Press, 2008, p.107.

或者个体本身，相反，它指代的是建立在实践理性之中的人际间的立法。它是通过作为实践理性的意志，而不是作为特殊的个体的意志进行自我立法的。他认为："管理道德慎思的基本法则是来自于理性意志的本性原则；因此是理性意志给予其自身的法则。"① 这种对于道德法则的理解是受到人们行动中自身的意志所指引的。不过在科林戈尔德（Pauline Kleingeld）和维拉切克（Marcus Willaschek）看来，所有的这些对于康德自律以及其张力的讨论说明的只是：理性同时是道德法则的内容和强制性责任力量的来源。但是，康德其实是可以不用通过自我立法来描述道德法则有效性的起源的情况下来表达和论述这一理念的。他们认为，康德事实上并没有主张道德法则是自我立法的。故此，他们提供了一种与众不同的对自律和自我立法的解读方式。

二、自我立法的"另类"解读

在他们二者看来，康德的道德法则其实是与他律/自律的二重区分无关的。康德之所以要将道德法则视为是自我立法的，是因为这对于阐释无条件的道德责任的可能性是必要的。如果我们不将它理解为自我立法，那么它就不得不被视为是通过某些外在权威所施加的强制性力量。在这一情形中，它的约束性就会是有条件的，是基于我们服从于相关外在权威的利益。但是，在这种推证中，被大家所忽略的是，道德法则的约束性力量并不一定是要来自于自我立法的，它只具有一种"非他律"的特征。因而，我们对于道德法则的理解存在着第三种解读方式。

维拉切克因此认为："道德法则既不是自我立法，也不是通过任何

---

① Andrew Reath, *Agency & Autonomy in Kant's Moral Theory*, Oxford University Press, 2006, p.112.

外在的权威所施加，它只是来源于实践理性的先天基础原则。如果道德法则是实践理性自身的先天原则，它的强制性力量就是我们在实践慎思中所认识到的，这就足以说明其普遍性、无条件性以及非他律性的起源……要想超越建构主义和实在论的自律/他律的二分法，就必须要使用一种未曾被注意到过的第三种可能性——亦即康德的道德法则，作为最基本的实践原则，并不具备一个更深层次的基础。我们仍然未决的理念是，道德法则既不是自我立法也不是通过其他人或者事立法的。"① 因此，他和科林戈尔德均强调了康德的自律和自我立法概念其实并没有涉及到道德法则的起源和强制性的责任。

他们通过与道德法则（Moral Law）相区别的实质性的道德法则（substantial moral laws）来说明康德自律观念的演绎过程。② 在他们看来，首先，被视为自我立法的法则并不是定言命令式本身，而是其中所提及的普遍的法则。因为这一法则被视为是普遍的，它就包括了其视野范围中的行动者。因而，我们其实可以是把自己视为我所服从的道德的法则（moral laws）的制定者这一事实，论及我与这些法则之间的关联性的。其次，他们认为，康德的自律观念是通过"反事实性（counterfactually）"来引入的。康德并没有认为他所指代的法则实际上是自我立法的，只是说它必须被视为是自我立法的，必须以自己为创作者（author），并且还必须就好像在制定普遍法则那样去行动。因此，基于这种阐释，这种自我立法的"反事实性"概念仅仅涉及到的只是实质性的道德的法则。故而，在很多段落中，被康德呈现为自律或者说自我立法的法则并不是道德法则（Moral Law），而只是我们所提到的实质性的道德的法则

---

① Pauline Kleingeld & Marcus Willaschek, "Autonomy Without Paradox: Kant, Self-Legislation and the Moral Law", *Philosopher's Imprint*, Vol. 19, No. 6, 2019.

② 在科林戈尔德和维拉切克的文本中，他们用大写的 Moral Law 来表示最高的道德原则，用小写的 moral law 来表示实质性的道德法则。

（moral laws）。

此外，在他们看来，康德关于自律公式的经典阐释的段落也没有清晰地表达道德原则本身就是自我立法的。康德在这一公式中所指出的普遍法则，其实是那些通过我们的准则所普遍化提出的，即康德仅仅把意志的自律视为意志的"成为法则自身"的一种属性。并且，当康德称道德法则为自律原则的时候，他是将它作为命令的一种形式，而不是由自律所产生的结果。因为我们的意志是被感官偏好所影响的，这些偏好能够让我们不基于道德要求的准则来行动，自律原则给予我们的其实只是一种规约性的命令（command）。这正如康德所言，"自律原则，作为道德的最高原则，必须是一个定言命令式，但这个命令式所要求的，不多不少，恰恰是这种自律。"①（GMS4:440）

总的来说，他们认为，虽然这些段落可能会首先认为康德的道德法则是自我立法的，但它们其实都没有建立起这一观点。相反，康德使用道德自律的观念来描述了"反事实性"的标准，并以此来决定准则的道德上的许可性，进而实质性的道德法则才是必须被视为意志自身的法则。故而，康德在论及道德法则时，其实存在着两个不同层面的论述："（1）作为一种元原则的道德法则，它要求我们把自己视为是立法的，而且是自我立法的。这是一个形式的原则，它抽象出了所有意志的经验性质料，并决定了特殊的道德责任，若有一个准则不符合这一规范标准，那么基于它的行动就是不被允许的；（2）实质的道德性法则，其实是一些道德的准则，这些准则是为了促进他人的幸福，完善个人的品性等等。"②

在提出了道德法则和实质性的道德法则的区分之后，他们又是如何

---

① Immanuel Kant, *Practical Philosophy,* Cambridge University Press, 1996, p.89.

② Pauline Kleingeld & Marcus Willaschek, "Autonomy Without Paradox: Kant, Self-Legislation and the Moral Law", *Philosopher's Imprint,* Vol. 19, No. 6, 2019.

解决自我立法与道德责任之间的悖论的呢？首先，在对如下这段话的理解中，康德所谓的道德法则其实指代的是实质性的道德法则。正如他自己所言："虽然在设想义务概念时，我们将其设想为服从法则的，然而同时我们又呈现出一种在人格中特定的崇高感和尊严感，以此来完善我们的义务。因为就它服从道德法则而言，这并不没有什么崇高可言，但是就其同时也是关于它的以及其所服从的理性而言是立法者的角度，我们又是拥有敬重的。"①（GMS4:440）他们认为，康德并没有在此提及道德的基本原则，相反他只是强调了复数意义上的自律法则。因此，这句引文其实并没有展现出康德认为道德法则是自我立法的，更不用说自我立法是其普遍无条件有效性的条件了。

其次，在《道德形而上学奠基》的一些段落中，康德还讨论到了"敬重感"。其中的一些段落似乎可以对康德道德法则的自我立法这一观点提供支撑。比如，"敬重的对象仅仅是法则，而且是我们加诸我们本身、就自身而言必然的法则"②（GMS4:401n），这种说法其实代表的也是实质性的道德法则。而且，"加诸在自己身上的法则"并不直接是等同于"自我立法"的，它更易于被理解为让某人服从于道德法则的一种语言上的转换。因此，"康德所谓的我们对自己加诸了道德法则，并不是说我们对其是自我立法的。相反，康德的主张更可能被理解为，人们虽然承认了道德法则的权威，但并不是承认他们是通过自我立法的意志的行动来确定其约束力的"③。

再次，康德是通过"理性的事实"这一意识来提出道德法则的。在他们二者看来，康德并不认为道德法则的有效性依靠的是自我立法

---

① Immanuel Kant, *Practical Philosophy*, Cambridge University Press, 1996, p.89.
② Immanuel Kant, *Practical Philosophy*, Cambridge University Press, 1996, p.56.
③ Pauline Kleingeld & Marcus Willaschek, "Autonomy Without Paradox: Kant, Self-Legislation and the Moral Law", *Philosopher's Imprint*, Vol. 19, No. 6, 2019.

的行动，事实上他也没有将法则的立法者作为道德法则的主体，在法则的立法者和创作者那里，其实都是没有"自我"这一概念的。那么，康德认为，我们是如何意识到道德法则的呢？他的答案即是我们所熟知的"理性的事实"。并且，"为了把这条法则准确无误地视为被给予的，人们还必须注意：它不是任何经验性的事实，而是纯粹理性的唯一事实，纯粹理性借此宣布自己是源始地立法的（我如何想，便如何吩咐）。"①（KpV5:31）故而，我们可以看出，康德并没有在这一段落中主张道德法则是自我立法的，更不要说其约束性力量也是依赖于此了。

因此，维拉切克和科林戈尔德认为康德其实并没有主张道德的原则可以自我立法。因此，"这就使得康德道德哲学所谓'悖论性'的特征以及自律理论中'深层次张力'的讨论前提是无效的。康德的自律观念，基于我们所提出的解释，并没有包含任何唯意志主义的成分。相反，他用此观念提出了决定准则是否是道德上可允许的一个反事实性的标准，并且通过它制定出了实质性的道德的法则。因为此标准是理性的先天原则，这些道德的法则其实是建立在理性自身的概念之上的"②。

三、自我立法权威性的确立

如上所述，科林戈尔德和维拉切克的推导方式在我们看来虽有一定的可取之处，比如其推导的前提，即道德法则来自于先天的实践理性，又比如其对于"理性的事实"的强调。但是，他们论证过程中的关键要

---

① Immanuel Kant, *Practical Philosophy,* Cambridge University Press, 1996, p.164.

② Pauline Kleingeld & Marcus Willaschek, "Autonomy Without Paradox: Kant, Self-Legislation and the Moral Law", *Philosopher's Imprint,* Vol. 19, No. 6, 2019.

素——对于道德法则（Moral Law）和实质性的道德法则（moral laws）的区分却是值得商榷的。他们对此的解读易于导致一种"道德责任"指代不明晰的错误。因为基于他们的阐释，人们负有道德上责任的行动不仅仅根据的是原则性的道德法则，同时也要依据实质性的道德法则。这显然是在同一个行动中无法满足的。因而，我们需要在两个法则中选择其中一个，这也意味着其中的一个是空洞和冗余的。因而，在伍德看来，康德"道德法则是自律的一个法则"这一思想中，法则的概念是非常明确的，这一法则是与"实在的（positive）""任意的（arbitrary）"以及"法定的（statutory）"的法则或者立法所不同的。后者仅仅指代的是任何人都能够发出的一种命令，并且含有任意的意志。而康德所谓的道德法则是一种自然的法则，它依靠的不是权力所赋予的外在的强制，而是理性。故而在康德看来，所有的道德法则，都必须被视为是自然的法则。

我们同样也可以在康德的文本中找到拒斥对道德法则做"复数性"理解的依据。于康德而言，道德法则是一种具有普遍约束力的客观标准，而不仅仅只是产生实质性道德法则的理性基础。"道德法则首先涉及将理性存在者呈现为一种理想的群体（即目的王国），对于其成员来说，这一法则是普遍有效或者具有客观约束力的；其次，人类为了克服依据其自然感官欲望和偏好而得来的非社会性的特质，常常需要受到自我约束；并且，只有那些理性的有效性是独立于任何主观意志的原则才能够对人类进行定言的命令，无论人们为自己设定的是什么样的目的，或者出于什么客观的理由而采取某些强制性的特定的目的，这都需要法则采取命令式的形式，将人们限制在特定的行动之中，而不是仅仅构成他们可能为了某些出于客观上善的理由去遵循的原则。"[1] 因此，我们不

---

[1] Allen Wood, *Kantian Ethics*, Cambridge University Press, 2008, p.109.

能按照将道德法则转换为实质性的准则的方式来破解这一悖论。那么，我们到底是如何进行自我立法的呢？

在对这一问题的回答上，我们认为，康德作为"理性主义"的代表，他在根本上是拒斥了意志主义（voluntarism）的。道德法则并不是通过任意的自我意志而立法，而是通过我们理性意志的纯粹概念而确立的，这种表达方式其实是超出了意志仅为自身立法的这一主张的。康德自己也强调："事物的本质并不因为它们的外在关系而有所变化，而不考虑这种关系，独自构成人的绝对价值的东西，也是任何人，甚至最高存在者对人作出判断的依据。"①（GMS4:439）这即表达了，我们人类是拥有绝对价值的，这不是自身或者上帝所给予我们的事物。具有绝对价值属性的事物也是与其他事物无关的。

因而，在《道德形而上学》中，康德也提出过，我们自身的意志是道德法则的立法者以及创作者。他仅仅作出了一种区分，并且认为立法者可能是从上帝的意志而来，但创作者是没有的。我们人类自身仅仅只能创造实在的和任意的法则。在《伦理学讲义》中，康德更加明确地表述过这一观点："法则的立法者不能同时是其创作者，除非这一法则是偶然的。当法则在实践上是必要时，并且只有当他宣称他是根据自己的意志来实施时，他才是立法者。因此，没有人，包括上帝在内，是道德法则的创作者。因为他们都不是来源于意志的，仅仅只是实践上的必要……"②（V 27:282—283）"立法者不是法则的创作者，它只是法则的责任的创作者。这两个概念是不同的。上帝能够被视为道德的立法者，但是却不是法则的创作者，因为这些法则存在于事物的本质之中……上帝不是道德的创作者，否则该法则就要来自于他的意志，我们就不能

---

① Immanuel Kant, *Practical Philosophy,* Cambridge University Press, 1996, p.88.
② Immanuel Kant, *Lectures on Ethics,* Cambridge University Press, 1997, p.75.

通过自然来认识其本质了。它即在于事物的本质之中。"① （Ⅴ 27:633—634）

因而，我们可以非常明显地看出，"道德法则是没有创作者的，因为它是自然法则，所以它的内容是不能被意志所决定的。道德法则的内容不依靠任何人的意志，而是类似于'一个三角形有三个角'这样的一种事实"②。因此，在康德看来，道德法则不需要任何的创造和制定，我们实践理性或者意志本身就是这一法则的本质。根据它，我们即可发挥和运用我们的能力。因此，"存在于官能（faulty）的本性之中的理性最高原则，准确地说是我们应该期待在所有规范性的来源中所发现的"③。

对此，康德更进一步地用自律公式来帮助我们理解了为什么他认为我们能够将我们的意志视为是道德法则的立法。同样在上一章，我们已经明确表达过自律公式所具有的形式性和质料性的特征，并且它还能与意志自由的概念相关联。这些特征在里斯看来是具有"自我指涉（self-referential）"性的，它们规定了道德法则的内容。在他看来，根据某人自身意志的行动与根据意志的自然的目的行动是相等同的。换言之，行动者是根据意志的本性来行动的。"这一意志的自然目的，是内在于本性之中的，与所有外在的目的和利益指向是完全不同的，后者只能削弱道德责任的定言性特征。"④

因而，自律与道德法则的关联只能以如下方式进行，我们需要服从道德法则，才能将自己视为是制定道德法则的。从这一角度看，只有那些出于对道德法则的尊重而服从道德法则的人，才真正是自律的。法则的权威，在那些不服从它的人，或者说仅仅只是偶然服从它的人身上就

---

① Immanuel Kant, *Lectures on Ethics*, Cambridge University Press, 1997, p.76.
② Allen Wood, *Kantian Ethics*, Cambridge University Press, 2008, p.113.
③ Allen Wood, *Kantian Ethics*, Cambridge University Press, 2008, p.115.
④ Allen Wood, *Kantian Ethics*, Cambridge University Press, 2008, p.118.

不是自律或者自我立法的。意志的自我立法仅仅存在于事物本质的实践必然性之中。鉴于这一事实，我们才能将道德法则视为我们意志的法则。如果法则存在于某种主权的权威性关系之中，就像实证法的创作者那样，那么道德法则就不是自律的法则；只有在意志与法则客观命令的对象相吻合的情况下，这才是自律的法则，我们因此才能把自己的本质理解为实践理性的官能。

此外，能够进行自我控制的行动者其实在理性行动中扮演了两个不同的角色，一个是能够对自己施加义务，一个仅仅是服从义务。正如我们在上一节所指出的那样，这两个不同的角色是作为感官的存在者（homo phenomenon）和作为理性的存在者（homo noumenon），前者仅是服从义务，而后者是可以施加或者加诸义务的。故而，当我们认为自己处于这一义务之中时，我们是按照经验性法则行动的，当我们认为是自我施加义务的时候，我们就将自身置于了一个知性的情形下，这即是来源于道德法则的义务。同样，这样的义务也就具有了先天知性的本体性特征，故而可以是自我决定的。"它不是任何感官能达到的，而只能在道德实践关系中被认识到，在道德实践关系中不可理解的自由特性通过理性对内在立法意志的影响使自己显露出来。"①（MS 6:418）

因而，从一定的基础上，我们可以确定道德法则的内容并不是由我的意志所创造，或者说是自我建构程序的产物。自我立法的基础是建立在一个客观目的，即作为目的自身的理性本性尊严之上的。唯有如此理解道德法则，人们才是自律的。道德责任也只能存在于这样的自我立法之中。由此，自我立法方能体现出一种去主动适应和积极服从道德法则的能力。

---

① Immanuel Kant, *Practical Philosophy*, Cambridge University Press, 1996, p.8.

不过，建构主义关于自我立法和道德法则的观点就完全不可取了么？我想，答案是否定的。福尔摩沙就认为，建构主义其实分为了"一直走下去（all the way down）"和"没有一直走下去（not all the way down）"两种。前者认为："我们具体生活中所隐含的文化习俗建构出了判定什么是对我们正当的理性约束法则，因而一个道德判断为真，依靠的是在这种情况下，它正确代表了什么是我们文化的实践对我们正当的建构。因而，这种观点是相对的，它们依靠的是意志偶然的行动。"① 而"没有一直走下去"的建构主义则捍卫了一种非相对主义的观点，它将其立场建立在了理想的行动上，或者是一种完全按照意愿进行的理性行动上。它们不依靠于任何意愿的实际行动，而依靠的是所有理性人在实践上能够完全同意的原则。

四、一种共同体视角的解读 ②

当然，如果我们要想破解康德式悖论，除了元伦理学立场的解读，一种共同体的视角也是不可或缺的。在《道德形而上学奠基》当中，除了建构主义和实在论通常强调的前两个定言命令公式，康德还提出了一个"意志与实践理性相统一的最高条件"的自律与目的王国公式。在康德看来，目的王国规定了"每一个理性存在者都必须通过自己的意志的一切准则而把自己视为普遍立法者，以便从这一观点出发来评价自己以及自己的行为"③（GMS4:431）。并且，"目的王国还是不同理性存在者

---

① Paul Formosa, "Is Kant a Moral Constructivist or a Moral Realist", *European Journal of Philosophy*, Vol. 21:2, 2011.

② 本部分内容已发表，参见黄各：《自我立法与康德式悖论——基于共同体视角的讨论》，《江苏行政学院学报》2024 年第 5 期。

③ Immanuel Kant, *Practical Philosophy,* Cambridge University Press, 1996, p.81.

设想一切目的系统地联结成为一个整体"①（GMS4:433）。由此，每个理性存在者在此王国中都能够获得内在的价值与尊严，可以凭借自己的本性，拥有普遍立法的权利。唯有如此，自我立法才真正具备可实现性。康德自己也非常明确地表示："他就是目的自身，并恰恰因此而是目的王国中的立法者，就一切自然法则而言是自由的，只服从他给自己所立的、使他的准则能够属于一种普遍立法（他同时也使自己服从这种普遍立法）的那些法则。"②（GMS4:436）

因此，很多学者认为目的王国公式才是康德定言命令式以及自我立法原则的最终归宿。比如，伍德虽然强调人性目的公式的重要，但其对待定言命令三个公式的基本态度是"递进"的。在他看来，现当代很多学者对康德自我立法的误解大多是由"个人主义"以及他主张的不关注历史和社会条件，同时也是对普遍法则公式的过分强调而引起的。"普遍法则公式不过是通往《道德形而上学奠基》第二部分中有关原则更充分、更具体和更体系性的论证道路上的一块垫脚石而已。"③ 而盖耶则直言："目的王国，作为目的本身的人以及他们的自由选择的特殊目的的系统的连接，是每个人依据定言命令式行动的后果；而人作为目的本身的观念最好地表达了康德道德理论中的价值的最终根源，所有人作为目的王国的观点最好地表达了承认这种价值的结果，因此赋予了我们最为清晰的道德目的的概念。目的王国也常常被理解为一种道德共同体。"④

故而，在康德那里，自我立法就不仅仅是如同普遍法则公式所规定的那样，从自我出发直接建立起约束性的法则，这显然是与建构主义者的自我塑造理论相抵牾的。而实在论者虽然正确看到了理性存在者目的

---

① Immanuel Kant, *Practical Philosophy,* Cambridge University Press, 1996, p.83.
② Immanuel Kant, *Practical Philosophy,* Cambridge University Press, 1996, p.85.
③ Allen Wood, *Kant's Ethical Thought*, Cambridge University Press, 1999, p.5.
④ Paul Guyer, *Kant*, Routledge 2014, p.205.

本性所固有的尊严，但其却没有引入目的王国中他者目的的视角，亦有一定缺陷。按照索普（Lucas Thorpe）的说法，康德提出的自我立法始终是从共同体或者交互性的视角出发的。在他看来，这种立法的核心是坚信每个行动者都面临着一个基本的道德选择。"一个人可以选择成为个人主义者，认为自己是世界上孤独的个体，没有外部约束；也可以选择把自己看作是有限的存在者，与其他个体进行互动。第二种选择就涉及到承认和尊重他人，他们必须同时被认为自己与众不同，但同时又与自己有某种联系和互动。道德就是选择成为共同体的一员，并与他人真实互动。"①

这种共同体的视角可以说在《道德形而上学奠基》的第二部分的后半段表达得非常充分。康德多次宣称，理性存在者由于具有超乎一切自然物的尊严，"因而可以在任何时候都从他自己的观点，也可同时从其他任何有理性的、作为立法者的存在者的观点出发来采用自己的准则。现在，一个理性存在者的世界［理知世界］，作为一个目的王国，就以这种方式成为可能，而且是通过作为成员的所有人格为自己立法"②(GMS4:438)。这即是说，一个行动者通过自我立法使自己服从的是一种人际间的法则，亦即一个可能的共同体的法则。这不仅仅是约束自身的一种普遍性法则，而是要为整个社会立法。这样一来，这种通过认可他者目的的行动就让行动者把自己置身于道德法则的命令下，遵守自己所认可的那个义务。

由此，在共同体视角的作用下，康德式悖论中那种"自己给制定自己法则"的情形其实并不存在。这一是因为，对其他存在者目的的尊重

---

① Lucas Thorpe, "Kant on the Relationship between Autonomy and Community", in Charlton Payne (ed.), *Kant and the Concept of Community*, University of Rochester Press, 2011, p.63.

② Immanuel Kant, *Practical Philosophy,* Cambridge University Press, 1996, p.87.

并不是一个自我施加的行动。毕竟当我意识到他者，并和他处于一种交互状态时，他的目的也便成为了我的义务；其二，与他者的交互行动也不需要所谓的自我反思，因为对他人目的的尊重的义务本身就是我直接行动的理由。行动者在此时的行动理由其实来自于一个外在于他的其他主体，这既不构成自我强制，也不出自于自我反思。通过将行动者范围从一扩展到多，并将自律的行动看作是按照人际间的法则行动，这就有可能在不违背康德本意的情况下解决掉悖论。

值得注意的是，共同体视角的出现并非只在《道德形而上学奠基》等实践哲学著作中。在《纯粹理性批判》"范畴表"的第三个范畴——"关系的范畴"中，康德就将共同体或者共联性（community）范畴规定为行动者与承受者之间的交互作用。在他看来，共联性（共同体）的关系不能用因果性关系中的从属概念来理解，因为作为共同体中的成员，他们之间不是彼此从属的（不像是在一个序列中单向地相互规定），而是并列的，要交互地互相规定。同时，康德还强调，在此共联关系中，"知性在设想一个被划分的概念的领域时遵循着一种程序；当它将一个事物思考成可划分的时候，它也遵循着这个程序。正如在被划分的概念中划分的诸成员彼此排斥却同时联结为一个领域一样，知性也将这个事物的诸部分设想成这样，即它们（作为实体）的存在排他性地属于每个部分，但是诸部分却连接成一个整体"①（KrV B113）。

这即是说，共联性（共同体）范畴的应用类似于我们通常所讲的选言判断。这种判断的一般形式是"X 是 A 或 B"，而"或"是具有排他性的，A 和 B 虽然相互排斥，但它们却需要完全填满一个逻辑空间。其不像直觉的空间，是无限可分的。在此基础上，康德指出了与共联性（共同体）范畴相关联的两个派生概念：在场（presence）和阻抗（resis-

---

① Immanuel Kant, *Critique of Pure Reason*, Cambridge University Press, 1998, p.216.

tance)。在他看来，阻抗是共联性（共同体）范畴的可陈述词，这是因为阻抗概念是通过选言判断中，选择 A 就把 B 排斥在外来理解的。这一概念对康德关于交互作用的阐释非常重要，因为他是从将阻抗取消的角度来思考相互作用的，鉴于他对共联性（共同体）的分析，这意味着只有共同体成员才会有相互作用，而单个的人之间不会存在。因此，共联性（共同体）范畴使我们能够理解一个无法理解的个体概念。该概念填充了一个概念空间，并将其他个人（概念）排除在他们的概念空间之外，而无须诉诸于任何直觉。

在 17 世纪 70 年代中期的形而上学讲座中，康德更为明晰地阐释了这一点。在他看来，没有共同体（共联性）的物质的聚集不能构成一个世界。相互间的决定，是作为一个建立在相互作用（commercio）复合体（compositi）上的世界的形式。如果我们认为，物质没有真正的联系（absque nexu reali），每个物质都是为自己而存在的，它们彼此之间没有共联性（共同体），那么这只是数量上的一群（multitude），而不构成一个世界。因此，处于相互作用中的物质的联系方为世界的基本条件。故而，在道德世界中，理性行动者的积聚也需按此方式来进行。在《纯粹理性批判》的"纯粹理性法规"一节中，康德也明确提出了一个道德世界的概念。在他看来，这个世界具有客观实在性，指向的是一个外在的感官世界。"作为有理性的存在者是在感官世界中的一个奥秘团体，只要他们自由的任性在道德法则之下既与自己本身、也与每一个其他有理性的存在者的自由具有完全的系统统一性。"① （KrV B835）

因此，从康德的视角出发，只有当我们认为目的王国中的成员受法则支配时，才有可能设想一个人际间互动的共同体，而只有当我们认为共同体的每个个体成员都是这些法则的来源或给予者时，我们才能认为

---

① Immanuel Kant, *Critique of Pure Reason*, Cambridge University Press, 1998, p.678.

共同体的成员受到法则支配。并且，一群个体只有通过法则才能"结合在一起"。由此，世界的概念是由法则统一起来的众多个体概念的集合。也就是说，如果世界成员之间存在着真正的相互作用，而不仅仅是一种状态与另一种状态之间的联系，那么世界成员必须对世界的统一性负责。

换言之，只有当我们认为共同体中的每个成员都是自律的，我们才能考虑一个互动中的共同体。自律和自我立法不仅仅是管控和支配自己，还是成为一个可能的共同体的法则的来源。既然法则是提供世界统一性的东西，那么每个个体就都必须被同时认为是这些法则或者义务的来源。虽然后来费希特、黑格尔等人通过引入主体间性、承认等理念也发展了这一共同体视角，但康德与他们推崇的从社会和历史维度切入的观点相比，无疑更具有形式上的意义，能够从演绎而非归纳的角度共同体的原则进行提炼。毕竟，它只需要一个行动者与承受者之间对应的义务关系便能要求每个行动者按照普遍法则行动。在这个意义上，自我立法才更能彰显出其权威性。

第四章 康德法权原则的正当性：自律与强制的理性互证

虽同属社会契约论和自由主义的阵营，但康德对于法权概念的理解以及在其基础上对于政治国家的证成进路却与洛克、霍布斯等人有着较大的差异。在康德那里，让每个公民进入到具有公共责任维度的法权状态是保证每个人平等自由的先决条件。但这一条件的达成，需要每个公民具有普遍立法能力的联合意志，而这是需要以康德道德自律观念作为基础的。只有人与人之间凭借此观念所确立的自由法权处于交互责任之中，一种具备集体属性的自我立法才能得以实现。也唯有如此，康德政治国家中的公共权威才能获得客观性与有效性。

不过，在康德学界，关于康德法权普遍原则与道德自律原则（主要是几个定言命令式）之间关系的争论也时有发生。在这些讨论中，有的学者认为康德的法权原则不能依靠他在《道德形而上学奠基》中所确立的自律原则来进行推导，并且法权原则也是与《道德形而上学》中所提出的德性理论截然对立的；而另有一些学者则认为，康德的法权原则就是由《道德形而上学奠基》中所确立的道德基本原则推导而来，并且法权论与德性论共享的是同一套形而上学体系。依据此种划分方式，学界将前一种立场称为"独立性论题（independence thesis）"，后一种立场则被称为"依赖性论题（dependence thesis）"。在本章中，我们会具体针对这两个问题进行详细的讨论和说明，我们认为，康德在《道德形而上学奠基》中所明确提出的道德奠基性原则，可以确保每个人的自由与其他任何人的自由能够在普遍法则的限制下得以保存和提升。这不仅能够使得康德政治证成具有先天的道德依据，同时也让法权原则的体系更具有完整性。

第一节　道德自律与公共权威：康德政治证成的伦理向度 ①

政治证成性（Political Justification）问题之所以在当代备受关注，主要源于如下两点：第一，它能够对政治秩序的合法性要求作出充分的论证，"可以表明政治秩序是能够被视为是有价值的，或者证明国家在道德上是被允许的"②。第二，它能进一步对国家和个人的道德关系进行梳理，并对前者是否具备公共权威，即能否"成为它的受众的义务施加者，并运用强制来推行这些义务"③，进行合理的说明。西蒙斯（John Simmons）等人为了更加清晰地对这些问题进行把握，还进一步对证成性（Justification）和正当性（Legitimacy）进行了严格的概念区分④，以

---

① 本节大部分内容已发表。参见黄各：《自律与公共权威：康德政治证成的伦理向度》，《伦理学研究》2022 年第 5 期。

② Jügen Habermas, *Communication and Evolution of Society*, McCarthy (Trans.), Boston: Beacon Press, 1979, p.178.

③ John Simmons, "Justification and Legitimacy", *Ethics*, Vol. 109 (4), 1999.

④ 很多时候，学者们为了充分说明他们的观点，会对概念进行不同意义的区分。西蒙斯区分这两个概念的目的也是想为他洛克式"基于同意的正当性观念"进行辩护，并最终捍卫他"哲学无政府主义"的主张。因而，我们并不一定完全认可他的概念划分方式，但他对这两个概念所作出的思考却可以激发我们对政治哲学中"元问题的思考"。我们会在后文中对所使用的这两个概念进行范围上的界定。此外，对这两个概念的翻译，学界还有一定的争论，但在本书中，笔者仍然沿用学界惯有的区分，用正当性来指代 legitimacy，用证成性来指代 justification。

此来为各自的观点辩护。由于这一话题涉及到政治生活的核心命题，因而从人类早期文明的起源神话，到中世纪的高级宗教，再到启蒙时代的理性辩护，人们对它的探索从未停息。

近现代以来，学界往往将政治证成的工作与十七八世纪伟大的政治著作联系起来，尤其是与具有社会契约传统的霍布斯、洛克和康德等人的著作相关联。这些著作中对自然状态的讨论、对公共权威的论证以及对国家和个人关系的说明，都可以更好地激发研究者们就政治证成的模式、方法与原则进行探索。不过，值得注意的是，虽然上述三人都被称为是社会契约论者，但无论是在立论基础、论证方式还是实践指向上都有较大差异。尤其是康德，目前学界对他是否能够归类到社会契约论阵营还存有一定的争议。① 康德自己也曾指出："[公民契约] 与任何别的契约（这种契约同样是指向随便某个必须共同促进的目的的）有许多共同之处，但在其奠立的原则上，却与所有其他契约都有本质的区别。"② (TP 8:289)

因此，康德的契约论有何独到之处，它所依赖的奠基性原则是什么，以及它又可以为现当代关于证成性和正当性的讨论提供哪些思想资源，就成了本节关注的重点。在本节中，我们首先从康德对国家正当性的讨论出发，分析他对国家（立法者）与臣民之间的权利义务关系持有什么样的看法，并呈现出他与霍布斯观点的差异；接下来，我们通过探讨康德政治证成的一个关键要素——公共法权理念，试图呈现康德式

---

① 罗尔斯在《正义论》中就明确指出："我所提出的正义观进一步概括人们所熟悉的社会契约理论（如在洛克、卢梭、康德那里发现的契约论），使之上升到一个更高的抽象水平。"此外，威廉姆斯和莱利也在他们的著作中表达过类似的观点。但在奥妮尔看来，康德法权原则没有明显提到同意，他也没有把它确立为社会契约的原则。他的很多关于国家权力的正当性的论述，也几乎没有提到社会契约的概念。参见 Onora O'Neill, *Constructing Authorities: Reason, Politics and Interpretation in Kant's Philosophy*, Cambridge University Press, 2015, p.171。

② Immanuel Kant, *Practical Philosophy*, Cambridge University Press, 1996, p.290.

（Kantian）证成模式与洛克式（Lockean）证成模式的区别，并在此基础上明晰康德法权状态的基本要求与指向；最后，我们借助康德道德自律观念所表征的公共性旨趣来论证他的政治证成理论中所蕴含的集体自我立法特征，并对这一具备伦理向度的原则进行合理说明。

一、康德对政治正当性的论证

康德社会契约论的基本理路主要体现在《论俗语：这在理论上可能是正确的，但不适用于实践》（1793）一书的第二部分——"论国家法权中理论与实践的关系（驳霍布斯）"中。在那里，他首先指出："共同体中的所有人都是按照自身即目的的方式结合起来的……这样一种结合只能见诸一个处在公民状态，也就是说构成一个共同体的社会之中。"①（TP8:289）接下来，他强调了出于自身目的结合所形成的共同体需要受到公共强制性法权的约束，以使每个人都免于受到其他任何人的侵犯。以此形式建立起来的公民宪政体制，才能保证每一个人的合法自由。因而，这一体制需要恪守如下三个基本原则：第一，社会中作为人的每个成员的自由；第二，社会中作为臣民的每个成员与每个他人的平等；第三，一个共同体中作为公民的每个成员的独立。按照他自己的说法："这些原则不仅是已经建立起来的国家所立的法，而且唯有依据它们，才有可能按照一般外在人权的纯粹理性建立起国家。"②（TP 8:290）

因而，在康德所设想的国家和共同体中，每个成员需按照如下三个程式（formula）来行动。首先是基于相互联合的意志来追求普遍的幸福和自由。在他看来，"没有人能够强迫我按照他的方式去得到幸福，而是

---

① Immanuel Kant, *Practical Philosophy,* Cambridge University Press, 1996, p.290.
② Immanuel Kant, *Practical Philosophy,* Cambridge University Press, 1996, p.291.

每一个人都可以沿着他自己觉得恰当的途径去寻求自己的幸福，只要他不损害他人追求一个类似目的的自由（亦即他人的这项法权），这种自由是能够按照一种可能的普遍法则与每个人的自由共存"①（TP 8:290）。这即是说，康德所提出的政治体制并非一种父权制的专制主义，而是一个祖国政府的体制。在其中，每个人通过共同的意志来保护共同体的法权，而不是让共同体屈服于自身无条件的意愿。其次，除元首外，共同体的每一个成员都对任何其他成员拥有强制性法权。"他有权去强迫，而使自己不屈服于一个强制性法律。"②（TP8:291）这亦是从另一个角度说明了在康德所设想的体制中，除了元首可以不受约束并享有执法权以外，共同体的每一个成员不可能对另一个成员拥有生而具有的特权，他们彼此之间都是平等的。最后使用公共意志来强化国家所施加的法律所具备的权威性。康德强调："一项公共法律为所有人规定对他们来说在法权上什么是允许的或者不允许的，则是一种公共意志的活动，一切法权都从公共意志出发，因此它自身必须不能对任何人行事不义。"③（TP 8:294）

如上三个程式（外在的自由、平等、所有人的意志统一）的齐聚构成了康德国家或者共同体的基本要素。它规定了没有任何一种特殊的意志能够为这个共同体立法，人们只能出于普遍联合的意志而立法。康德也将这一立法形式称为"源始的契约（contractus originarius）"，并认为它不应该被视为一个历史事件，而应当被视为提供实践指导的理性的纯然理念。在这些论述的基础上，康德进一步提出了他政治正当性④的基

---

① Immanuel Kant, *Practical Philosophy,* Cambridge University Press, 1996, p.291.
② Immanuel Kant, *Practical Philosophy,* Cambridge University Press, 1996, p.291.
③ Immanuel Kant, *Practical Philosophy,* Cambridge University Press, 1996, p.294.
④ 在这里，我们沿用了西蒙斯对正当性所作的定义，将其理解为：国家与国民之间所具有的道德意义上的关系，即国家因何让国民遵从责任，并如何用强制力来推行这些责任。不过，值得注意的是，康德对正当性的强调是蕴含在他证成性之中的。在他看来，个人进入公民状态就意味着个人对共同体的责任与义务。

本方案："每个立法者要如此颁布自己的法律，就仿佛它们能够从整个民族的联合起来的意志中产生出来，而且每个公民只要愿意是公民，就如此看待他，仿佛他一起赞同了这样一种意志。"①(TP8:297) 由此，人民是至上的统治者，政治正当性的权威来自人民整体，其不能对自己作出决定的事，立法者也不能作出。同样，人民对于元首也没有强制性法权。

因而，从这些表述中，我们可寻找到康德要将其政治正当性理论与霍布斯的理论区分开来的原因。这首先体现在人们因何走出自然状态的区别上。在霍布斯那里，人们走出自然状态，让渡自身的权利给国家是基于每个人自我保存的需要。若不如此，"人对人是狼"的战争状态就会一直持续。而在康德那里，人们走出自然状态并非基于霍布斯式的慎思理性，而是需要一个纯然先天立法的前提——所有人普遍联合的意志。在此意志的作用下，才能确立起普遍性规范，以此保障每个人基于法则的自由。莱利 (Patrick Riley) 对此就有十分精辟的概述，他认为："霍布斯式的政治正当性是源于意愿性的同意，这也是契约和协定的本质，他的问题在于没有区分有意识产生的行动准则和通过外部引起或决定的行动本身。而康德则认为道德活动不能存在于通过偏好决定意志的对象中，也不能存在于自然冲动中，它只能存在于意志为使用自由而制定的规则和准则之中。"②

其次，康德认为，人们离开自然状态进入共同体中，需要放弃自己的外在自由，并在共同体中依靠自身立法的意志重新获得自由。在霍布斯那里，"基于保障和平、安全等福祉来证成的公共权威具有无限的强

---

① Immanuel Kant, *Practical Philosophy,* Cambridge University Press, 1996, p.296.

② Patrick Riley, *Will and Political Legitimacy: A Critical Exposition of Social Contract Theory in Hobbes, Locke, Rousseau, Kant and Hegel*, Harvard University Press, 1982, p.142.

制力，很可能最终以消解每个人所具有的平等自由为代价"①。由此，国家是一个庞大无比的利维坦，其元首具有无限的权力，这种权力很可能会对其受众的自由进行剥夺。与此同时，康德继续强调，国家公民有权对统治者指令中对共同体有不义之处的东西公开发表自己的意见。故此，他分外看重言论自由的重要性。因为，通过言论自由所塑造的臣民们的自由思维方式，可以让他们在尊重和热爱生活的同时，也在一定的宪政律法限度内行动。而且各种言论也自行相互限制，以便他们不丧失自由，成为人民法权的唯一守护神。而"霍布斯所认为的国家元首并不因为契约而受人民任何约束，并且不可能对公民行事不义（他可以任意差遣人民），这一命题在总体上就是令人恐惧的"②(TP 8:303—304)。

在《回答一个问题：什么是启蒙》中，康德进一步用公共理性（public reason）理念来表征共同体中所有成员对权利的诉求，并使之能够成为自己的主人。这一理念彰显了理性的权威性，而非权力的权威性，共同体内所有成员也是基于此，才能在公共领域内恪守协议和约定。因而，康德借助这一理念，让理性的统一在整体世界范围内被公共运用。对此就有学者评价："也正是在这个意义上，公共理性观念所塑造的政治权威不仅能够担当其维系政治稳定性的重任，而且能够为自身设定追求世俗秩序统一性的政治理想。"③ 而在《走向永久和平》中，康德还对国家的体制结构作了更为清晰和简洁的表述："每个国家中的公民宪政应当是共和制的。首先依据一个社会的成员之自由的原则（作为人），其次依据所有成员对一个唯一的共同立法之附属性的原理（作为臣民），再次依据这些成员之平等的法则（作为国家公民）所建立的宪政——由源始

---

① 卞绍斌：《走出自然状态：康德与公共法权的证成》，《学术月刊》2019 年第 6 期。
② Immanuel Kant, *Practical Philosophy,* Cambridge University Press, 1996, p.302.
③ 许小亮：《从国家理性到公共理性：康德政治哲学的革命》，《学术月刊》2015 年第 3 期。

契约的理念所产生、一个民族的一切法权立法都必须建立于其上的唯一宪政——就是共和制的宪政。"①(ZF 8:349—350)

总的来说，在康德所设想的国家体制中，立法者（国家元首）与其臣民都处在一种普遍意志的联合中，它要求：第一，构成共和政体的基本宪法必须要求个人的自由；第二，臣民共同依赖或者服从的法则；第三，公民法律地位的平等。不过，值得我们进一步追问的是，在这种视角下，人们又是为何要选择进入到联合所有人意志的共同体之中，并由此确立起彼此间的责任与义务呢？

二、康德对政治证成性的论证

如上所述，"自然状态缺乏合法的公共权威，从而无法保障各方具有恒久性、确定性的所有权，唯有联合意志才具有普遍立法功能，并经由确立公共法权拥有合法的强制权限，由此能够加于每个人对于其他所有人的自由行动基于公共承认基础上的相互责任或法权义务"②。因此，康德分外强调人们必须要离开自然状态，进入法权状态的重要缘由即在于：自然状态一是不具备公共权威的资格，无法在权利产生分歧的时候有合法的强制力进行裁决；二是其所产生的权利（生而具有的法权等）并不能得到最终的确证。因而，这一状态无法保障人们所有权的基本法则，进而无法实现人类共通的自由。而这种自由既是其政治理想的核心要素，也是完成政治证成性的根本保证。早在《纯粹理性批判》(1787)中，康德就对这种自由进行过说明，在他看来："一部按照使得每一个人的自由能够与其他人的自由共存的法律而具有最大的人类自由（不是

---

① Immanuel Kant, *Practical Philosophy,* Cambridge University Press, 1996, p.322.
② 卞绍斌：《走出自然状态：康德与公共法权的证成》，《学术月刊》2019 年第 6 期。

具有最大的幸福,因为最大的幸福将已经自行接踵而至)的宪法,毕竟至少是一个必要的理念,人们不仅在一部国家宪法的最初制定中,而且就所有的法律而言都必须以这一理念为基础。"①(KrV A316/B373)

正是在此自由理念的作用下,人们意愿进入到法权状态中,并基于公共承认的相互责任确保每个人享有平等的价值。如康德所言:"既然一切法权都仅仅在于将每个他人的自由限制在其自由能够与我的自由按照一个普遍的法律共存的条件上,而且公共法权(在一个共同体中)仅仅是一种现实的、符合这个原则的并且与权力相结合的立法的状态,由于这种立法,所有属于人民的人都作为臣民处在一种一般而言的有法权的状态之中,亦即处在一种依据普遍的自由法则相互限制的任性的作用和反作用相等的状态中。"②(TP 8:292)

在《道德形而上学》的"法权论"部分,康德更明确地对这种法权状态进行了规定:"法权状态是人们相互之间的一种关系,这种关系包含着一些条件,唯有在这些条件下,每个人才能分享他自己的法权,而这种状态的可能性的形式原则,按照一个普遍立法的意志的理念,就是公共的正义 (öffentliche Gerechtigkeit)。"③(MS 6:306)据此定义,他还进一步区分了自然状态 (status naturalis)、人为状态 (status artificialis) 与公民状态 (status civilis),并认为只有公民状态才能被称为公共法权状态。通过这一状态,康德引出了其关于国家必要性的论证,他指出:"公共法权是对于一个民族亦即一群人而言,或者对于一群民族而言的一个法律体系,这些民族处在彼此之间的交互影响之中,为了分享正当的东西而需要在一个把他们联合起来的意志之下的法权状态,需要一种宪政 (constitutio)。单个的人在民族中彼此相关的这种状态,就叫作公

---

① Immanuel Kant, *Critique of Pure Reason,* Cambridge University Press, 1998, p.397.
② Immanuel Kant, *Practical Philosophy,* Cambridge University Press, 1996, p.293.
③ Immanuel Kant, *Practical Philosophy,* Cambridge University Press, 1996, p.450.

民状态，而这些人的整体与其自己的成员相关，就叫作国家 (civitas)，国家由于其形式，作为通过所有人生活在法权状态之中这一共同利益联合起来的，被称为公共体［广义的国家］。国家就是一群人在法权法则之下的联合。"①(MS 6:311、6:313)

从这些论述中我们不难发现康德与另一位社会契约论者洛克在证成性方面的差异。在洛克那里，自然状态虽然是一种自由状态，但却不是一种放纵的状态，只是某种形式的人际关系。若不得本人同意，"不能把任何人置于自然状态之外，使受制于另一个人的政治权力。任何人放弃其自然自由并受制于公民社会的种种限制的唯一的办法，是同其他人协议联合组成一个共同体，以谋他们彼此间的舒适、安全、和平，并防止外人的侵犯"②。因而，国家（公共法权状态）是非必需的，如果人们在国家中并没有得到应有的权利，那他们可以退回到自然状态中，因为这并没有伤害到其余人的自由。而康德则认为，国家的证成性——即国家对于自由、权利与正义的实现的必要性蕴含了一种进入公民社会并接受社会所强加的责任的义务。康德打算同时用这种证成性约束我们每个人去服从自己国家的法律，来使具体的国家合法化。③

从这二者的对比中，我们看到，公共法权状态在康德对国家的证成策略中发挥着重要作用。在"法权论导论"中，他还对法权作了明确的阐释："法权是一个人的任性能够在其下按照一个普遍的自由法则与另一方的任性保持一致的那些条件的总和 (MS 6:230)"；而在此基础上建立

---

① Immanuel Kant, *Practical Philosophy,* Cambridge University Press, 1996, p.455.
② ［英］洛克：《政府论》（下篇），叶启芳、瞿菊农译，商务印书馆1996年版，第59页。
③ 西蒙斯同样认为，在康德那里，所有人都对自由拥有一种天赋的权利，人们在自然状态中只是具有暂时的法权。只有在公民社会中，这些权利才能得到尊重并被享有。由于权利与他人尊重他们的义务相对应，所以每个人都有一种义务离开自然状态并接受强制性法律统治下的公民成员身份。

的普遍法权原则为:"如此外在的行动,使你的任性的自由应用能够与任何人根据一个普遍法则的自由共存。"①(MS 6:231) 因而,在康德的意义上,公共法权状态其实是要让个体依照联合立法的意志确立起法权的普遍原则,并经由共通的自由法权明确共同体中每个人的交互性责任,进而实现最大限度上的平等自由。这种彼此之间相互负有责任的关系与达沃尔所提出的第二人称立场(我—你的视角)有些类似,尽管达沃尔本人对此观点进行了一定的修正。但他对共同体成员间相互要求的表述其实已经暗含了康德法权状态的基本立场:"规范性和权威性的来源不是一个人希望或更愿意所有人做什么,而是一个人期望别人做什么,以及我们会同意任何人能够向作为相互负责的平等共同体成员提出的要求,这即是我们对彼此负有责任。"② 那么,在康德意义上的法权状态中,具体到每个行动者,他们又需要满足什么样的资质与条件,或者说其行动的基本原则是什么呢?

三、康德自律观念的公共性

我们知道,在《道德形而上学奠基》中,康德用他特有的自律观念奠定了道德基本原则。在他看来,这一观念能够确立先天的道德法则,并使人们遵从定言命令的规定,积极履行道德义务。由此,在很多现当代康德主义者眼中,道德自律观念能够使行动者进行自我立法,并以"一种人际间的一致性来选择自身目的"③,从而进入到相互间具有责任的法权状态之中。罗尔斯就认为,基于自律的独特的人观念是康德式建

---

① Immanuel Kant, *Practical Philosophy*, Cambridge University Press, 1996, p.388.
② Stephen Darwall, *The Second-Person Standpoint: Morality, Respect and Accountability,* Harvard University Press, 2006, p.34.
③ Paul Guyer, Kant, Autonomy and Modernity, Oxford University Press, 2013, p.7.

构主义的独特之处:"一种康德式的学说把法权(justice)的内容与一种特定的人观念联系起来;此观念将人视为既是自由又是平等的,且有能力合乎情理地以及理性地行动,并因此有能力参与到如此构想的人们之间的社会合作中去。"① 奥妮尔则更为直接地认为,定言命令式中的自律观念是康德完成政治证成的关键,它与如下三个递进的主张高度相关:"第一,定言命令式是实践理性的最高原则,因而也是理性理念的最高原则;第二,法权普遍原则陈述了定言命令式的一个限制在公共领域的版本;第三,社会契约的共和主义概念是法权原则的特殊情形,适用于特定的历史境况。"②

因此,很多学者将康德的自律观念中所内蕴的个人的自我立法延伸为集体的自我立法,并以此来确立政治证成性中的公共权威。里斯就认为:"当自律被看作是一种对自己制定可普遍化准则的能力时,关于自律的问题就变成了权威性质的问题。在政治领域中,立法权威的标志是通过行使自己的意志为他人创造理性的能力。因而,任何成功地为自己立下普遍有效实践原则的自律行动者都可以同时被所有其他自律行动者视为拥有与他们相关的立法权威。"③ 这一论断即是指明了如何从个体的道德自我立法中推证出集体立法的公共权威性的关键所在。不过,这种建立在个人道德自律基础上的论证模式也会引发一定的质疑。弗兰克舒(Katrin Flikschuh)即认为,自律立法者的共和王国并不是一个可信的或者有吸引力的政治理想。在她看来:"康德的定言命令式只与伦理上的善良意愿有关……定言命令式只能是自我立法的原则,而不是他人立

---

① John Rawls, "Kantian Constructivism in Moral Theory", *The Journal of Philosophy*, Vol. 77, 1980.

② Onora O'Neill, *Constructing Authorities: Reason, Politics and Interpretation in Kant's Philosophy*, p.180.

③ Andrews Reath, *Agency and Autonomy in Kant's Moral Theory*, Oxford University Press, 2006, p.228.

法的原则。我们不能向其他人规定采取什么样的意志原则，而是只能自问，我们对自己主观准则的评判是否能够被其他人所采纳。"①

但我们认为，弗兰克舒的这一论断同很多当代自由主义者一样，对康德自我立法概念进行了误读，并模糊了个人自律(personal autonomy)和道德自律(moral autonomy)之间的差异。因为"个人自律仅通过强调人们的自由选择，弘扬了一种以自我主导为核心的生活方式，这显然与康德彰显纯粹实践理性自我立法的道德自律所截然不同"②。在《道德形而上学奠基》中，康德其实已经用定言命令式的三个公式来表征了自律以及自我立法的运作机制。于他而言，这三个公式表达的内容各有侧重点：普遍法则公式基于一个定言命令式的纯然概念，引导人们去寻求建立道德原则的权威。人性目的论公式将理性本性视为在所有道德原则之后的基本价值，"它以最基本的方式告诉了我们要成为道德的人，我们应该如何对待其他人"③。这两个公式的结合最终指向自律及目的王国公式，自律亦是人的本性和任何有理性的本性的尊严的根据。人们由此能够通过把自己和他人当作目的而得来的敬重感赋予到自身的意志中，以此来完成对道德法则的遵守。

因而，康德式自我立法实质上是一种通过理性将普遍立法者的意志与我们自身行动的意志相关联的实践必然性，而不是自己所立之法。这种对于自身来说的立法，是实践理性在积极层面上的自由，它是通过道德法则约束人们的理性来实现的。它表达了道德法则不是被偏好或者外在决定所规定的。正如森森(Oliver Sensen)所言："如果它是一个能够

---

① Katrin Flikschuh, "Personal Autonomy and Public Authority", in Sensen (ed), *Kant on Moral Autonomy,* Cambridge University Press, 2013, p.177.

② 黄各：《层级性与优先性：自律观念的当代分野与交融》，《东南学术》2022年第2期。

③ Paul Guyer, *Kant*, Routledge, 2014, p.205.

与道德法则相联系的理性，那么道德法则能够通过外在的决定而成为无条件的。自律的意义即是，它使道德成为自身种类的立法。"①

在康德本人看来："自律的概念与自由的理念不可分离地结合在一起，而德性的普遍原则由于与自律概念不可分离地结合在一起，这种德性原则在理念中为理性存在者的一切行动奠定了基础。"②（GMS 4:452—453）因而，自律的人格力量乃是实现普遍法则与每个人平等自由内在契合的前提条件。正是在此基础上，所有人才能走进他所谓的目的王国③："任何一个理性存在者作为目的自身，无论它所服从的是什么样的法则，都必须能够同时把自己视为普遍立法者，因为正是它的准则对普遍的立法的这种适宜性，把它凸显为目的自身；现在，一个理性存在者的世界［理知世界］，作为一个目的王国，就以这种方式成为可能，而且是通过作为成员的所有人格的自己立法。"④（GMS 4:433）

因而，自我立法并非仅仅出于自我立场确立道德法则，而是基于共同意志确立自身行动的准则。这也是定言命令式中人性公式所彰显的价值取向。每个把自身及他人人格中的人性当作目的的理性存在者，能够经由联合意志的普遍立法而走进法权状态。在此当中，每个人的自由价值才能得到保障和持存。科斯嘉对此即指出："作为目的王国中的一个公民，我必须使你的目的和理由成为我的，因而我也必须用一种它们能

---

① Oliver Sensen, *Kant on Moral Autonomy*, Cambridge University Press, 2013, p.270.
② Immanuel Kant, *Practical Philosophy*, Cambridge University Press, 1996, p.99.
③ 有学者指出，只要每个人都是理性存在者就能设想一个共同意志，大家都遵守这个普遍法则就能确定法权范围，以此使所有人的任性能够共存。但我们认为：首先，目的王国公式所表达的意图并不单纯只是一个理想的道德理念，而是在结合前两个公式的基础上，表征了自由联合的价值向度。其次，康德的政治法权并非只是针对人们的外在行动。外在行为论只是基于"法权论"中初始根据的讨论，而未能结合"公共法权"部分以及整个实践哲学的背景，从而并未清晰呈现出合法强制中各方基于公共承认的道德义务。
④ Immanuel Kant, *Practical Philosophy*, Cambridge University Press, 1996, p.87.

够成为你的方式来选择我的目的和理由。"① 只有共同体中所有公民因为共通的自由法权而包含在交互性的责任之中，一种具备集体属性的自我立法才能得到实现。因此，在康德那里，"只有这种形式才使得自由成为原则，甚至成为一切强制的条件。强制是国家本义上的法权宪政所必需的，并且即便在字面上也被最终引导到这种宪政……一切公共法权的最终目的就是这个状态，只有在这种状态中，才能永久地给予每个人他自己的东西。"②(MS6: 340—341)

由此，康德公共法权状态得以证成的几个核心要素（交互责任、立法意志和平等自由）体现出的其实是自律观念的公共性价值，这也是其政治证成中从个人道德立法到公共权威推证的关键所在。正如他所言："国家通过三种不同的强制力（立法权、行政权与司法权）而拥有其自律，亦即按照自由法则自己塑造自己和维护自己。国家的福祉就在于它们的联合……人们需要把其理解为宪政与法权原则最大意志的状态，理性通过一个定言命令式使我们有责任朝着这个状态努力 (MS 6:318)。"③

由于政治证成问题的复杂性，康德所提供的这种模式同样会受到质疑，并引发诸多争论。比如，洛克主义者指出，康德以及现当代的康德主义者似乎在对政治证成性的解释上采取了一种中间立场。通过采取这种立场，它评价制度的维度就被冲淡了，而且变得片面。因为大多数康德主义者的工作都是通过对"合情理的人"这一概念所持的一种独特看法来完成的。而"喜欢孤独与独立胜过喜欢合作，这并非是不合情理的。因此，当代康德主义者对合情理的人的看法似乎被植入了太多的道德内

---

① Christine Korsgaard, *Creating the Kindom of Ends*, Cambridge University Press, 1996, p.192.
② Immanuel Kant, *Practical Philosophy,* Cambridge University Press, 1996, p.480.
③ Immanuel Kant, *Practical Philosophy,* Cambridge University Press, 1996, p.461.

容，而且对此又没有过多论证"①。政治自由主义者亦会质疑一个政治上自律的人将如何回应这样的指控，即他如果接受了他所不想接受的公共法律的话，这是否等于背叛了他的个人自律？

但在我们看来，康德自律理念所蕴含的公共性特征与其法权状态所体现的相互负责理念可以很好地回应这些挑战和争论。而且在康德那里，道德自律更多的是一种理念般的存在，不关乎每个公民个人的、现实的合情理性和可接受性。正如伍德所指出的那样："康德并不认为国家是建立在其成员之间的实际契约上的。于他而言，原初的契约反而是一种理念（一种纯粹的理性观念），只有在这种理念的作用下，我们才能考虑国家的正当性。"② 因而，纵使康德的理论有不完备之处，但其却为一种将道德、法权和政治相互融合的整全式（comprehensive）证成模式提供了可能。这要求人们不能完全依照自然状态下的社会契约来构建基本法权规范，而是要以道德上的自由和德性中的完善作为最终的目的和价值取向。只有如此，共同体中的所有成员才能形成联合而统一的意志，并由此呈现出兼具平等自由、交互责任和立法意志的政治正义状态，从而更具普遍性地彰显出具有公共立法能力的道德自律理想。

第二节 独立性论题与依赖性论题之争

正是由于康德这一独特的整全式政治证成模式，大多数学者对康德法权原则与道德自律之间的关系持有的是依赖论（dependency thesis）

---

① Simmons, "Justification and Legitimacy", *Ethics*, 1999, Vol. 109 (4), p.765.
② Allen Wood, "Kant's Political Philosophy", in Altman (ed.), *The Palgrave Handbook of German Idealism,* Palgrave Macmillan, 2014, p.176.

的立场。这一立场认为，康德法权法则在根源上是由道德法则或者定言命令式主导，其核心是肯定人类自由所具备的无条件价值。毕竟，康德在《道德形而上学》中宣称："我们唯有通过道德命令式才知道自己的自由（一切道德法则，进而甚至一切权利和义务都是由这种自由出发的），道德命令式是一个要求义务的命题，随后从这个命题中可以展开使他人承担义务的能力，亦即法权的概念。"① （MS 6:239）

但是，在康德学界内部，学者们还对这种依赖论立场持有怀疑态度。在一些学者看来，康德关于法权普遍原则以及公共法权等概念的讨论与他的道德学说，特别是道德自律观念并无多大关系。这一立场的持有者可以被归类为独立论（independency thesis）。博格（Thomas Pogge）对此就指出，康德的法权原则不能从一个"整全的自由主义"，即一个建立在善（好）的形而上学概念上的自由主义的观点中推导而来。"法权只是涉及一个人对另一个人外在的实践关系，而不关心他们的内部状态，诸如人们的愿望、目的、需要等。对于康德而言，法权只是关涉相互安全的外在自由各界域的前提条件。"② 本节的焦点就是对这两种立场展开讨论，以期能够为调和这两个立场之间的争论作出一些贡献。

一、两种论题的产生

按照传统的理解或者自然的阐释，道德基本原则与法权原则之间存在着相互依存的关系。康德本人也认为，纵使"法权论（Rechtslehre）"和"德性论（Tugendlehre）"截然有别，但它们都属于同一个以自由为

---

① Immanuel Kant, *Practical Philosophy,* Cambridge University Press, 1996, p.395.
② Thomas Pogge, "Is Kant's Rechtslehre a Comprehensive Liberalism", in Mark Timmons (ed.), *Kant's Metaphysics of Morals: Interpretative Essays,* Oxford University Press, 2002, p.150.

奠基性法则的道德形而上学系统。而这一系统是以自由概念为主导的。康德在《道德形而上学》中对此做过明确的表示:"自由概念是一个纯粹理性的概念,基于此理由它对于理论哲学而言是超验的,亦即它是这样一个概念,在任何可能的经验中都不能给定与之相对应的实例,并且对于它的对象而言,我们也不能获得任何有关于它的理论认知;因而,自由概念不能被视为建构性的,而只能被作为规定性的,实际上,只能够作为慎思理性的消极原则。不过在理性的实践运用中,自由概念通过实践原则证明了其现实性,其是不依赖于任何经验条件(一般意义上的感性)用纯粹理性的因果性来决定选择的法则,并且证明了我们身上所有具有的纯粹意志,道德概念和法则其实就具有它们的来源。"①(MS 6:221)

同时,康德也更进一步地明确了法权义务也是基于此概念推证而来。他将道德的理论与西塞罗所提出的义务论做了类比,并认为这两者有着直接的关联。在他看来,只有定言的道德命令式才能使我们自身意识到自己的自由。他指出:"为什么道德学说通常被称为义务的学说而不是法权的学说——其理由是我们都是通过道德命令式来认识到我们自身的自由(从中,所有的道德法则,以及所有的法权和与之相关的义务)的,这是一个规定义务的命题,在这里,使他人承担责任的能力,即法权的概念能够被阐释清晰。"②(MS 6:239)

因而,在"依赖性论题"持有者的眼中,康德的观点是非常明确的。他们大多认为,法权原则就是由《道德形而上学奠基》中所确立的基本法则演绎而来。并且,虽然在《道德形而上学》中法权义务和德性义务不同,但其共享的却是同一套形而上学基础。格雷戈尔(Mary Gregor)

---

① Immanuel Kant, *Practical Philosophy,* Cambridge University Press, 1996, p.376.

② Immanuel Kant, *Practical Philosophy,* Cambridge University Press, 1996, p.395.

即指出:"康德的道德法则是一种自由法则,由这种自由法则引出了实践理性的外在自由和内在自由,从而引出了法权论和德性论。无论是内在自由的立法还是外在自由的立法,都是从纯粹理性中引出,都来自于纯粹理性的命令。"① 盖耶也认为:"法权的普遍原则或许不是从定言命令中直接推导而来,但是它必须是明确地从自由概念及其价值中推导的,因为那是康德道德的基本原则。"② 同样,在哈贝马斯那里,法权原则只需通过一定的限定而从道德法则的基本概念中得以推导。在他看来:"法权所涉及的首先不是自由意志,而是其承担者的**自由选择**。它进一步延伸到一个人对于另一个人的**外在关系**。最后,它被赋予人们在受到干涉时有理由对另一个人实施的那种**强制力量**。通过这样的限定,道德立法反映在法权立法之中,道德性反映在合法则性之中,善的义务反映在法权义务之中。"③

不过,仍有很多学者反对上述立场,或者说从一定程度上对其持怀疑态度。这些学者大多主张:"康德的法权原则与其先行所确立的普遍性道德法则并无必然关联,法权学说乃是实践理性的一部分,虽然可能经由实践理性而确立,但与其整个伦理学(特别是德性学说)无论在立论基础、动机要素还是价值旨趣上均存在根本差异。"④ 伍德就首先认为《道德形而上学奠基》与《道德形而上学》阐述的是两个完全不同的主题。在他看来:"《道德形而上学》并非由一系列完全纯粹的道德原则

---

① Mary J. Gregor, *Laws of Freedom: A Study of Kant's Method of Applying the Categorical Imperative in the Metaphysik der Sitten*, Blackwell, 1963, p.21.

② Paul Guyer., *Kant's System of Nature and Freedom*, Oxford University Press, 2005, p.201.

③ Jügen Habermas. *Between facts and norms: Contributions to a Discourse Theory of Law and Democracy*, Cambridge University Press, 1996, p.105.

④ Allen Wood, *The Free Development of Each: Studies on Freedom, Right, and Ethics in Classical German Philosophy*, Oxford University Press, 2014, p.5.

所构建，而是由纯粹原则被应用在人类经验中时，其所引起的义务系统所构建。"① 他还进一步认为，对于康德来说的典型的道德基本概念是，"当我们在进行行动的思考时，我们应该形成合适的准则，并且来决定其是否能够普遍化……但是，这种普遍性的法则却在《道德形而上学》中应用很少。因为，《道德形而上学》是一个积极义务的体系，而普遍化测试完全是一种消极的义务输出，主要用于决定一个给定的准则是否被允许，而不是建立积极的义务"②。

其次，在伍德看来，法权与伦理是完全不同的。他认为，只有在伦理领域中，义务才能够成为行动的动机或者基础；而法权的动机则是不需要义务的，它可能是来源于对通过合法权威制定的法律的强制的恐惧。"法权义务，换句话来说，是那些概念中不包含具体动机的义务，而伦理义务则是与理性法则的客观动机相联系的义务，而且伦理义务的原则需要一个演绎，以此来建立起综合的联结。因为，法权义务是独立于这些事情的动机的。这些道德上的动机与我们的法权义务原则完全无关。基于法权的公民社会并不需要道德层面的许诺或者约束。它仅仅需要的是外在立法的系统，以此来保证每个人的权利不受侵害。"③

而在维拉切克那里，从定言命令式中推导出法权的普遍原则是一个毫无希望的事业。他认为："康德的法权原则从本质上来讲是具有社会性的，而道德原则却不是。在公民社会，法权需要涉及到社会交往的概念，并且需要某种类型的合作，那其实不是通过定言命令式的普遍性测试程序而提供的。而在道德领域则不需要这种协调，因为没有人可以阻

---

① Allen Wood, "The Final Form of Kant's Practical Philosophy", *The Southern Journal of Philosophy,* Vol. XXXVI, Supplement, 1997.

② Allen Wood, "The Final Form of Kant's Practical Philosophy", *The Southern Journal of Philosophy,* Vol. XXXVI, Supplement, 1997.

③ Allen Wood, "The Final Form of Kant's Practical Philosophy", *The Southern Journal of Philosophy,* Vol. XXXVI, Supplement, 1997.

止我按照可普遍化的准则进行行动，或者把其他人当作目的来对待。至少在康德的道德理论中，按照定言命令式进行行动对于每个人来说都是永远开放的。因此，使每个人都能按照道德上可允许的方式行动，不需要任何的强制。"① 因此，"在康德看来，在一个充满恶的社会中，像天使一样生活是可能的。然而，人们无法独立于他人的行为来行使自身的权利，因为他人可以干涉我的权利，而他们却无法干涉我的意志。因此，康德的法权概念从某种角度来说是内在的、社会的，而道德理论则不是。法权领域的社会结构，与相互冲突的权利一起要求了强制在法权领域是合法的，而纯粹的道德领域则不需要这种强制。"②

这些论点虽然会让人感到困惑，但鉴于持有"独立性论题"的学者都是康德实践哲学领域的专家，故而，我们一方面会认为这是康德文献本身的复杂性和含混性所导致的，或者说他至少在一些概念的表达和使用上是不清晰的。奥妮尔就不止一次宣称《道德形而上学奠基》是康德著作中最让人恼怒的一本。另一方面，我们也有理由怀疑，上述学者在分析和探究的过程中对康德的意图进行了误读。因此，在接下来的两节中，我们就将针对于这两个方面，来具体探索一下"独立性论题"产生的原因。

二、论争的前提：康德关于伦理与道德的区分

如上所述，"独立性论题"产生的第一个原因在于康德本人论述的模糊性。虽然在康德的文本中，有着大量的段落可以为"依赖性论题"

---

① Marcus Willaschek, "Right and Coercion: Can Kant's Conception of Right be Derived from his Moral Theory?", *International Journal of Philosophical Studies*, Vol.17 (1), 2009.

② Marcus Willaschek, "Right and Coercion: Can Kant's Conception of Right be Derived from his Moral Theory?", *International Journal of Philosophical Studies*, Vol.17 (1), 2009.

提供支撑，但仍然有部分段落是值得我们进一步探讨的。比如，康德虽然肯定了法权原则最终是来自于定言命令式的，但在关于法权具体概念的一些细节讨论中，他好像又被迫放弃了这一观点。一个最能说明此情形的段落为："相较于自然的法则，这些自由的法则被称为**道德**（moral）法则。仅仅指向外在行动的，并且它们对法则的服从性被称为**法学**（juridical）的法则；然而，如果他们同时要求，它们（法则）自身能够成为行动的规定性根据，那么它们就是**伦理**（ethical）的法则。由此，人们会认为，与法学法则相一致的是行动的**合法性**，而与伦理法则相一致的则是它的**道德性**。"① （MS 6:214）

又比如，康德对于伦理和德性的区分是有些相互混淆的，这也导致了很多"独立性论题"的持有者在论证过程中对此两个概念产生了误读。伍德即认为："康德的一个想法忽视了义务系统中法权领域与伦理领域的区别。这一区别基于这样一个观念：只有在伦理领域中，义务才能够成为行动的动机或者基础；法权义务的动机是不需要义务的——例如，可能是通过合法权威制定的法律的强制的恐惧。法权义务，换句话说，是那些概念中不包含它们的具体动机的义务。"②

由此我们可以看出，伍德所谓的伦理义务具有多重性，其一方面可以指代康德总的道德原则，另一方面又说明的是与德性论相关联的伦理义务。同时，还有其他的一些学者，在对这些观点进行讨论的时候，也

---

① 由于这一段落极易让人产生困惑，因而我在此同时列举出该段落的英文："In contrast to laws of nature, these laws of freedom are called moral laws. As directly merely to external actions and their conformity to law they are called *juridical* laws; but if they also require that they (the laws) themselves be the determining grounds of actions, they are *ethical* laws, and then one says that conformity with juridical laws is the *legality* of an action and conformity with ethical laws is its *morality*."

② Allen Wood, "The Final Form of Kant's Practical Philosophy", *The Southern Journal of Philosophy*, Vol. XXXVI, Supplement, 1997.

会时常对这几个术语产生困惑乃至误用。因而，我们若想要更为充分地讨论这两个立场，那么首先需要明确的一个前提条件即为区分康德对于"道德""伦理"等术语的使用方式和其确切内涵。

众所周知，不管是在东方还是西方，"伦理"和"道德"之间的区分，都是一个长期存在着争议的话题。在西方，伦理（ethics）一词其实是来源于希腊语的"ethos"，它更多表示的是一个共同体中成员们共享的气质、禀赋、风俗和习惯等等。而在中国古代，"伦"指代的是人与人之间的辈分关系，它可以被进一步引申为人际关系。故而，伦理也就是人与人之间关系的自然之理。而道德（moral）一词则来源于拉丁语 mos（复数为 mores），它除了表示人和人之间的存在关系外，还可以表达人们日常相处的行为规范。相比较而言，在汉语中，道德是一个合成词。"道"意味着道路、法则和方法，而德则是一种良好的通过应该来规范的品德。因而，伦理更多指代的是人与人之间的共存关系，而道德则是个人的行为规范。邓安庆教授也据此认为，道德是一个现代的概念，而伦理则比较古老。"古代伦理以美好生活（幸福）为终极目的，现代道德以个人自由为基本前提；古典伦理注重考查伦理关系中德性/德行对于实现幸福（美好生活）的意义，现代道德注重考查的是个人行动的规范如何在以法治为基础的公序良俗中证成有尊严的自由人格与权利。"[①]

因为这两个词汇的含义不明晰，很多学者在研究过程中也混淆了康德的道德和伦理概念，这不仅体现在将《道德形而上学奠基》中康德奠定的道德总法则理解为"伦理基本原则"，而且还体现在将《道德形而上学》中的德性义务理解为"伦理义务"。故此，邓安庆教授为避免这

[①] 邓安庆：《再论康德关于伦理与道德的区分及其意义》，《北京大学学报》（哲学社会科学版）2019 年第 5 期。

种误读，提出了将sitten译为伦理①，然后以此提出了其对于康德整个道德哲学体系的划分方式。他提出了一个大伦理学概念，"大伦理学概念更多地讨论本体的、先验的自由伦理，狭义伦理学概念更多地是研究个体行为意愿，即把合法性的权利法则变成动机的道德性的自由伦理"。②因此，在他看来，康德伦理学的基本框架是这样的：

伦理学（大）——伦理法则——自由法则——先天立法——伦理性（本体存在）

法权学（第一部分）——权利法则——外在自由——为行动立法——合法性

伦理学（小）——德性论——意愿的自由——为意愿立法——道德性③

同样，维拉切克也作出了一种区分方式。在他看来，虽然康德对这两个术语的使用存在着一定的误导，但在其《道德形而上学》中，对这两个术语的区分还是显而易见的。在他那里，康德的道德（moral）指代的是德文单词sitten或sittlichkeit；伦理（ethics）则指代的是德文单词ethik或Tugendlehre。"康德称自由行动的无条件约束性的法则为道德（moral），只有那些需要遵守义务的行动才能被称为伦理（ethical）。因此，在道德领域中就同时包含了法权（right）和伦理（ethics），正

---

① 张东辉也持有同样的观点，他也主张将sitten译为伦理。具体参见张东辉：《Sitten和Moral的含义及其演变——从康德、费希特到黑格尔》，《哲学研究》2016年第3期。

② 邓安庆：《再论康德关于伦理与道德的区分及其意义》，《北京大学学报》（哲学社会科学版）2019年第5期。

③ 邓安庆：《再论康德关于伦理与道德的区分及其意义》，《北京大学学报》（哲学社会科学版）2019年第5期。

如《道德形而上学》包含'法权论'和'德性论'一样，后者是被称为伦理的（ethics）。在我们所讨论的问题中，主要针对的问题并非是法权（right）和伦理（ethics）之间的关系，而是法权（right）和道德（morals）之间的关系。并且，康德的道德是一个更为宽泛的概念，正如我们之前所提到的，康德就将定言命令式称之为'道德学说的最高原则'，而法权原则应该被证明是一种特殊的情形，其是属于道德的范畴的。换句话说，问题的关键其实是在于康德在《道德形而上学奠基》以及《实践理性批判》中所涉及的道德理论是否与在《道德形而上学》中所涉及的道德领域属于同一类型。"[1]

对此，我们想结合这两位学者各自合理的观点，提出我们的划分方式。在我们看来，康德在《道德形而上学奠基》中所提出的无条件约束性法则可以被称为是道德（moral、sitten），在此我主张继续沿用英译本的译法，将 sitten 译为道德（moral）。虽然，这在现代的意义上容易引起误解，但是在康德的文本中，我们采用这一方式更能对这几个术语进行有效的区分。而道德的基本法则则包含了法权和德性（伦理）两大分支，我将伦理（ethics）仅仅只是做了邓安庆先生所谓的"狭义"的理解。我想唯有凭借此种划分方式，我们才能更好地解决我们如下的争论。故而，我们在后文中可以明确：在我们所讨论的康德的文本中，道德指的是由定言命令式所表征的自由原则，而从这一原则中我们可以推导出法权论和德性论，伦理在单独的意义上等同于道德。至于有些场合，康德所谓的伦理义务，我们都将其理解为德性的义务。故而，我们将康德的整个道德哲学框架理解为：

---

[1] Marcus Willaschek, "Right and Coercion: Can Kant's Conception of Right be Derived from his Moral Theory?" *International Journal of Philosophical Studies*, Vol.17 (1), 2009, p.53.

道德学——奠基性法则——自由原理——义务体系——大伦理学
法权论——权利法则——外在自由——行动的合法性——强制
德性论（伦理）——意愿法则——内在自由——德性义务——功德

三、分析性与强制性：论争与回应

那么，这样一个框架对于我们解决两种立场之间的争端有何积极性价值呢？如上所述，独立性论题的主要特征在于伍德和维拉切克所分别提出的法权原则所具有的分析性和强制性特征，他们认为法权原则所具有的这两个特征是无法由定言命令式所推导的。这一论证方式最早可以追溯到伍德 1997 年所发表的《康德实践哲学的最终形式》(*The Final Form of Kant's Practical Philosophy*) 一文。在他看来，在"法权论"中占据核心地位的法权普遍原则只是与定言命令式中可用于程序性测试的普遍法则公式①存在一定的表面相似，这二者实则是完全不同的。"法权原则不是由任何普遍法则公式的检验程序的应用决定的，而是由一个在公民社会中的公共意志的外在立法而决定的，就此立法的合法则性而言，它能够单独从一个法权的纯粹理论中推导而来。"②并且，法权原则从某种程度上不能从定言命令式推导而来，还在于康德在"德性论"部分的如下论点："法权论的至上原则是分析的，而德性论的至上原则却

---

① 在第二章中，我们已经对定言命令式的所有公式进行了呈现，所以在本章中我们不再重复此步骤。在此，我们仅需要引用普遍法权原则的表达："任何一个行动，如果它，或者按照其准则每一个人的任性的自由，都能够与任何人根据一个普遍法则的自由共存，就是正当的。"

② Allen Wood, "The Final Form of Kant's Practical Philosophy", *The Southern Journal of Philosophy,* Vol. XXXVI, Supplement, 1997.

是综合的。"①（MS6:396）因此，"从一个能够增加我们自身完善性的自然义务中，推导出强制违反法权的人的权威是荒谬的，这样一来，人们将完全避免行使其权利。相反，康德认为，强制那些阻碍人们正当行动的人的权威，其实已经分析性地包含在了作为正当的行动的概念之中。"②

此外，伍德还认为我们不具有一个道德上的动机或者理由来尊重其他人的外在自由，因为此举忽视了整个义务体系中法权义务与伦理（德性）义务③的区别："只有在伦理（德性）领域，义务才能够称为行动的动机或者基础；法权领域内的动机是不需要义务的——举例来说，是出于对强制实施的合法权威所制定的法则的恐惧。"④对此，他更进一步地强调了："在一个以法权为基础的公民社会，人们并不需要道德方面的许诺，他们仅仅需要外在立法的系统，以此来保证公民的权利不受侵犯。"⑤故而，在伍德那里，康德一是从来没有告诉我们应该如何应用道德原则来推导法权原则；二是法权原则并没有直接"命令（imperative）"我们进行关乎法权的行动，或者把我们的行动局限在此之内，而是仅仅告知我们什么样的行动能够被视为"法权"。⑥而且，法权原则还是一

---

① Immanuel Kant, *Practical Philosophy*, Cambridge University Press, 1996, p.526.

② Allen Wood, "The Final Form of Kant's Practical Philosophy", *The Southern Journal of Philosophy*, p.6.

③ 伍德在文章中用的是 ethical duty 我将其翻译为伦理义务，但从上文我们所指出的道德与伦理的区分中，我们可以看出康德在这里应该指的是德性论。由此可见，伍德在分析的过程中，对这两个概念的使用产生了误读，即我们不能明确他所指代的是作为道德基本原则的伦理，还是德性论部分的伦理。我将在后文中详细对此进行说明，但为了行文的完整性和流畅性，我将用伦理（德性）义务来指代。

④ Allen Wood, "The Final Form of Kant's Practical Philosophy", *The Southern Journal of Philosophy*, Vol. XXXVI, 1997.

⑤ Allen Wood, "The Final Form of Kant's Practical Philosophy", *The Southern Journal of Philosophy*, Vol. XXXVI, 1997.

⑥ Allen Wood, *The Free Development of Each: Studies on Freedom, Right, and Ethics in Classical German Philosophy*, Oxford University Press, 2014, p.71.

个"无法被进一步证明的公设"。因此，我们就只能将其从道德基本原则的推导中排除出来。

盖耶也在其 2002 年发表的一篇文章《康德对于法权原则的演绎》(*Kant's Deductions of the Principles of Right*) 中从他自己的角度对伍德的两个观点进行了反驳：(1) 法权论的至上原则是分析的；(2) 法权普遍原则是一个无法被进一步证明的公设。在他看来，康德并不认为 (1) 说法的逻辑特征能够为我们免除更进一步论证它的义务。因为一个命题只严格依靠逻辑法则的推理而得以证明的事实并非是充分的："人们使自己相信，原理也是从矛盾律出发认识到的；他们在这里犯了错误；因为一个综合的命题当然可以按照矛盾律来认识，但却是这样来认识的，即以另一个综合命题为前提条件，从另一个综合命题推论出它，而绝不是就其自身来认识的。"①(KrV B14) 因此，在盖耶那里，一个命题的形态（status）最终依靠的是证明它的前提的形态，如果前提是综合的，那么即使结论是通过纯粹的逻辑推理获得，那么它们也应该是综合的。

因此，任何一个不只是通过诉求经验而得到证明的概念都需要一个演绎，尤其是关于法权的主张。康德在《纯粹理性批判》中对此亦有着清晰的论述，"法学家在谈到权限和僭越时，在一桩诉讼中把有关权利的问题（[有何权利]）与涉及事实的问题（[有何事实]）区分开来，而由于他们对二者都要求证明，他们就把应当阐明权限或者阐明合法要求的前一种证明称为演绎。"②(KrV B116—117) 这即说明了，任何一个概念的客观实在性都不能通过对满足它的对象的直接经验的诉诸来完成，而是需要一种类型的演绎。正如康德在上述引文中所指出的那样，权利的问题与事实的问题相反，不能够通过直接诉求经验而构建。"如果

---

① Immanuel Kant, *Critique of Pure Reason,* Cambridge University Press, 1998, p.143.
② Immanuel Kant, *Critique of Pure Reason,* Cambridge University Press, 1998, p.220.

法权原则能够被证明对我们具有约束力，这很难通过诉求经验而得到证明，它们所依据的概念必须具有某些演绎形式的客观真实性。因此，即使法权确定的原则具有分析判断的逻辑结构，但是它们仍然是不同于能够单独通过概念的分析而得到证明的那种概念的。"①

对于（2）的说法，盖耶更为详细地进行了回应。他首先认为（2）的说法其实并没有明显地说明"法权普遍原则不是从一个更基本的自由的最高价值中推导而来，相反，这一原则不需要'进一步证明'，是因为它直接来源于道德在外在行动上的应用，即一个人在行动中对自身自由的使用、限制或者妨碍了其他人进行自由行动的可能"②。其次，他通过将法权的公设与数学的公设相类比，说明了康德通过称这样一个原则为公设，不是想表明它不能被演绎或者证明；而是"如果公设能够主张在没有演绎的情况下被无条件地接受，只是依靠它们自己的认识和主张，那么，所有知性的批判都将失去"③。因此，在康德看来，公设其实只是一种概念上的可能性，或者是对其必要性的一种断言，它是需要被证明的，只不过这样的证明只能够通过一种建构的模式来提出，这种类型的证明或者演绎是可以被允许的。最后，盖耶引入了康德关于"纯粹实践理性公设"的讨论来进一步强化自己的观点。他认为，康德所有的公设都是从道德性的基本原理出发的，这个原理并不是公认的定理，而是理性用于规定意志的法则。灵魂不朽、自由以及上帝存在三个公设都有其产生的前提。因此，虽然公设无法被进一步推证，但其在实践上却是确定的，所有的公设都具备实践的基础："尽管如此，在纯粹理性的实践任务中，也即是说，在对至善的必然探讨中，这样一种联系却被公认为必然的。我们应当力求促进至善，因此，整个自然的一个与自然有

---

① Paul Guyer, *Kant's System of Nature and Freedom*, Clarendon Press, 2005, p.206.
② Paul Guyer, *Kant's System of Nature and Freedom*, Clarendon Press, 2005, p.210.
③ Paul Guyer, *Kant's System of Nature and Freedom*, Clarendon Press, 2005, p.210.

别的原因的存在也就被公设了。"①(KpV 5:125)

盖耶在2016年所发表的《法权的双重道德性》一文中继续强调，独立性论题其实是重复了费希特的错误，即模糊了康德关于道德责任以及道德上可预估动机之间的关系。他试图通过法权概念的双重道德性来捍卫其依赖性论题。他认为，"法权概念的双重道德性主要在于如下两点：首先，法权的普遍原则是从道德的一般原则中推导出来的；第二，虽然个人能够通过尊重道德法则来迫使自己服从法权的要求，遵守这些要求也可以通过纯粹对于道德法则的尊重来获得刺激，而且事实上，道德法则自身也需要一些能够维护强制性执法的制度的机构——即康德有时称为'严格法权'的系统——因为道德命令自身是可以让人们去遵守法权的，不过这一遵守并不能总是被期待为仅仅通过尊重道德自身来完成。"②

这即是说，虽然法权的规范具有一定的强制性，但是总的来说，它必须依据于总的道德奠基性原则，即自由原则。只不过，康德只是令人混淆地表示了"只有遵守伦理法则的行动才是道德的"。其实，这里之所以产生混淆，还是在于没有区分清楚我们上一节所指出的，康德对于伦理和德性之间关系的界定。正如盖耶所言："康德在这里更为明确的说法是遵守被道德法则所要求的任何事的是道德，而仅仅出于尊重道德价值的道德法则的要求，是作为'德性'方面的敬重。"③ 因此，法权规范和德性规范的来源都是相同的，这二者之间仅仅只是形式上的，即法权规范承认了通过强制而来的执行性，而德性规范仅仅只是承认尊重道

---

① Immanuel Kant, *Practical Philosophy*, Cambridge University Press, 1996, p.240.
② Paul Guyer, "The Twofold Morality of *Recht*: Once More unto the Breach", *Kant-Studien*, Vol. 107(1), 2016.
③ Paul Guyer, "The Twofold Morality of *Recht*: Once More unto the Breach", *Kant-Studien*, Vol. 107 (1), 2016.

德法则本身的动机。

　　这样一种观点是基于对康德整个实践哲学体系作"整全式自由主义"（comprehensive liberalism）的理解。这种理解首先在理论层面上强调了对道德的理解不能否认先验自由。接下来，它强调了人们对于自由的意识是在我们理知世界中所形成的一种理性的事实，并从此出发来推证出我们在具体的实践活动中也同样具有这样的自由。这种实践意义上的自由才构成了法权（right）和德性（ethics）的基础。在这种区分的基础上，康德才开始真正界定他的法律和权利的界定。

　　格雷戈尔对此则明确指出："从最高的道德原则出发，康德发展出了两个义务的系统：法则，这是一种能够不依赖于我们在行动中的动机以及我们行动的道德价值就能够得以完成的义务体系；德性，这是一种来源于我们对意志的具有美德性态度的道德必要性的义务体系。现在，为了确定有关人类行为这两个方面的法则，康德必须以对《道德形而上学奠基》以及《实践理性批判》的研究中所揭示的关于人的本性的理论为基本的前提：亦即自由这一事实。"[1] 这也即言明了定言命令式作为独特的伦理诚命是所有作为整体应用的道德哲学的前提。也正如康德在《道德形而上学》中所指出的那样："人类的任性，是能够被刺激所影响而不能被其所决定的任性，因此它自身(除了获得了的理性的功用以外)不是纯粹的，但却仍然可以通过纯粹意志而去行动。"[2]（MS6:213）因此，这一视角也表明了康德从法权到伦理——从抽象到具体——的一种动机，并且从这一定言命令式的绝对伦理原则中，发展出了表达意志自身内在态度的自由法则。

　　因而，法权义务所具备的强制性特征亦是可以通过定言命令式的道

---

[1]　Marry Gregor, *Laws of Freedom: A Study of Kant's Method of Applying the Categorical Imperative in the Metaphysik der Sitten,* Blackwell, 1963, p.19.

[2]　Immanuel Kant, *Practical Philosophy,* Cambridge University Press, 1996, p.374.

德前提得以确证的,因为所有强制的使用都具有一个前提,这是康德提及的"对自由的阻碍的阻抗"(MS6:231)①。这即是说,自由的绝对价值其实也可以对法权原则的强制属性进行限制和保障。这可以分为如下两个步骤进行:其一,我们需要用普遍法权原则限制自身任性自由的形式,并在此基础上与其他人的自由保持一致,如若违反并妨碍了他人的自由,我们的行动也将受到限制。其二,我们还要合理且加以限制地运用公共权威,因为如果没有受到自由原则及其定言命令式的指引,公共的权威也易于形成对自由的阻抗。"他人(包括制度体系)也不能基于自然手段限制我们出于任性自由所寻求的目的,无论这种目的是出于感性偏好还是基于纯粹实践理性。换言之,经由道德法则对自由行动的外在限制乃是为了保障自由,这也是强制性运用法权原则或遵循法权义务的边界和价值旨趣所在。"②

第三节 康德的法权法则:悖论、调和与反驳③

值得注意的是,独立论者对依赖论者的上述解答仍持有疑义。维拉切克就认为,任何将康德的法权原则从定言命令式中推导的尝试都是失败的。在他看来,盖耶对于伍德的反驳及其所提出的论证是不完善的。首先,盖耶的重构面临着将康德的道德理论转换为一种实质性的价值理论的风险,该理论只是将人类的自由视为最高的价值,这会破坏"应该"

---

① Immanuel Kant, *Practical Philosophy,* Cambridge University Press, 1996, p.388.
② 卞绍斌:《强制与自由:康德法权学说的道德证成》,《学术月刊》2017 年第 5 期。
③ 本节大部分内容已发表。参见黄各《康德的法权法则:悖论、调和与反驳》,《道德与文明》2022 年第 6 期。

优先于"善"的康德义务论伦理学的主要特征。其次，盖耶模糊了内在自由与外在自由的区别，他在对于法权的外在自由的强调中仍然使用的是有关于自律观念的内在自由。最后，盖耶认为："强制能够对普遍自由的条件作出贡献，其与人类的自由绝对价值一起，构成了对强制的正当使用的可能性的一种演绎。"① 但是，这并不能构成法权强制合法性演绎的一种基础，从而歪曲了康德法权概念的核心要素——法权与合法性强制的分析性联结。

因此，维拉切克认为，如果我们想从康德的道德理论中推导出法权原则的规范有效性，那么这一推证就必须包含强制的合法性。然而，在他所指出的三个关键步骤中，康德的阐释都不具有这一合法性："首先 (a) 我将讨论三个模棱两可的关于推导强制合法性的起点：(i) 道德自律的绝对价值；(ii) 定言命令式的人性目的论公式；以及 (iii) 定言命令式的普遍法则公式。其次 (b)，我将检视一个更为间接的路线：如果康德的法权普遍原则能够从定言命令中推出的话，那么由于法权与强制的分析性关联，这一推证就将包含于强制的合法性。不过，这种尝试同样是会出现错误的。最后 (c)，我将认为康德法权概念的一个最基本的特征——我称之为相互冲突的法权的不可能性——需要的是一种社会性整合的权利而不是道德。正是这一特征解释了法权与强制之间的分析性关联，也因此使康德从其道德理论中推导出法权概念变得不可能。"②

维拉切克进一步强调："道德自律不能被一些诸如强制等外在的方式所促进或损毁。因此，道德自律的价值就不能单独成为反对强制合法

---

① Marcus Willaschek, "Right and Coercion: Can Kant's Conception of Right be Derived from his Moral Theory?" *International Journal of Philosophical Studies*, Vol.17 (1), 2009.

② Marcus Willaschek, "Right and Coercion: Can Kant's Conception of Right be Derived from his Moral Theory?" *International Journal of Philosophical Studies*, Vol.17 (1), 2009.

性的理由：它不能成为反对其合法性的理由，因为它并不受到强制的影响；并且，它也不能成为合法性的理由，因为它不能被强制的方式所促进。"① 并且，康德的法权概念从本质上来讲是具有社会性的，而道德则不是。这并不是说社会性关系没有在康德的道德理论中扮演一个重要的角色，而是在于强调对于个人而言，在道德上可允许的事物同样也需要其他人在道德上被允许。而个人的法权则不用，如果我没有伤害他人，那么他人是没有权利将我赶走的。由于相互冲突权利的不可能性，一个人的法权从本质上看，依赖于同时也限制着其他人的权利。而且，法权还是在不断变化的，因此其涉及到社会交往的理念，因而也需要某种类型的合作，这同样也是不能通过定言命令式的测试程序所提供的。因而，在纯然的道德领域，强制是不需要的，但在法权领域只要某人阻止了我权利的实现，那么强制就是一种必要的手段。

对此，他提出了一个关于法权原则的著名悖论。在他看来，如果尝试用定言命令式来推导法权法则的话，就会导致一个悖论：法权法则所具备的无条件性的特征，连同对外部行动的限制（与内在动机相反）否认了将法权法则作规定性（prescriptive）理解的可能。本节就将具体围绕这一悖论展开论述，并为从康德实践哲学整全性的角度破解它提供尝试。首先，我们会从法权立法和伦理立法的区别入手，明晰维拉切克悖论的提出方式和主要论证模式；其次，我们关注了当今学界对此悖论展开的诸种讨论，尤其是大多数学者所持有的"调和"立场；最后，在这些讨论的基础上，通过指出维拉切克悖论中"外在性主题"和"无条件性主题"的不完善性，我们提出了反驳这一悖论的一种方式，并从某种程度捍卫了依赖论的基本立场。

---

① Marcus Willaschek, "Right and Coercion: Can Kant's Conception of Right be Derived from his Moral Theory?" *International Journal of Philosophical Studies*, Vol.17 (1), 2009.

一、两种立法形式与维拉切克的悖论

康德在对"法权论"展开详细论述之前,就在《道德形而上学》总的导论部分通过法则、动机、义务等概念讨论了法学立法和伦理立法的区别。在他看来:"使一种行为成为义务,同时使这种义务成为动机的立法是伦理学的。而在法则中不连同包括后者,因而也准许另外一个与义务本身的理念不同的动机的立法,是法学的。就后一种立法而言,人们很容易看出,这种与义务的理念不同的动机,必定是从偏好和反感这种任性的病理学规定根据,而且在偏好和反感中间是从后一种方式的规定根据取得的。"①(MS6:219)在此基础上,他主要从三个方面区分了这两种立法。

首先,法权立法和伦理立法的创作根据不同。法权立法的创作者可以是"根据法则责任的创作者(author),但并不总是法则的创作者。在后一种情况下,法则就会是实证的(偶然的)和任意的"②(MS6:227)。并且,在法权立法中,还有一些法则"对它们的责任即便没有外在的立法也能被理性先天地认识,它们虽然是外在的法则,但却是自然的法则"③(MS6:224)。因而,法权立法的创作者和执行者并不具备同一性,实质性法权法则的提供者可以是除了行动者之外的其他实体(比如行使国家立法权力的机构)。相较而言,伦理立法要求:一个行动者必须同时是法则内容的创作者和基于这一内容行动的执行者。

其次,法权立法和伦理立法所包含的动机不同。伦理立法要求遵守一个具体动机的义务,这些义务都必须是出于自身之故而被遵守。并且,人们还会由此产生服从无条件理性要求的观念,并进一步导致一种

---

① Immanuel Kant, *Practical Philosophy,* Cambridge University Press, 1996, p.383.
② Immanuel Kant, *Practical Philosophy,* Cambridge University Press, 1996, p.381.
③ Immanuel Kant, *Practical Philosophy,* Cambridge University Press, 1996, p.378.

"敬重"的情感。相较而言，法权立法则没有要求必须履行义务的动机，因而具有除义务自身观念以外的动机。这种类型的义务可以是外在的，"因为这种立法并不要求内在的义务理念自身就是行动者的规定根据，而且既然这种内在义务毕竟需要一种适合于法则的动机，所以只有外在的义务才能和法则相结合"①（MS6:219）。

最后，法权立法与伦理立法所导向的行动方式不同。康德认为："不能要求法权准则本身又是我的准则，也就是说，我使它成为我的行动的准则。因为每个人都可以是自由的，即便我对他的自由全然不关心，或者即便我内心里很想破坏他的自由，只要我通过自己的外在行为并没有损害他的自由。"②（MS6:231）因而，法权立法直接导向的是外在行动，不像伦理立法，其同时需要法则本身成为行动的规定根据。

正是因为有着与伦理立法不同的特质，康德在"法权论导论"中从三个方面明确规定了法权概念："（1）只涉及一个人格对另一个人格外在的、实践的关系，如果他们行动能够产生互相影响；（2）它并不意味着任性与他人愿望（因此也与纯然的需要）的关系，例如在行善和冷酷的行动中，而仅仅意味着与他人的任性的关系；（3）在任性的交互关系中，不考虑任性的质料，亦即每个人以他所想要的客体而当作意图的目的……所以，法权是一个人的任性能够在其下按照一个普遍的自由法则与另一方的任性保持一致的那些条件的总和。"③（MS6:230）在此基础上，康德还根据此任性的自由提出了普遍的法权法则："如此外在的行动，使你的任性的自由应用能够与任何人根据一个普遍法则的自由共存。"④（MS6:231）

---

① Immanuel Kant, *Practical Philosophy,* Cambridge University Press, 1996, p.383.
② Immanuel Kant, *Practical Philosophy,* Cambridge University Press, 1996, p.388.
③ Immanuel Kant, *Practical Philosophy,* Cambridge University Press, 1996, p.387.
④ Immanuel Kant, *Practical Philosophy,* Cambridge University Press, 1996, p.388.

独立论者从这些表述中找到切入点，得出了法权法则不能由定言命令式推导而来的结论。在他们看来，康德的法权法则首先明确的是一个人格与另一个人格的外在关系，"是一个人独立于他人任性的约束而作出选择的自由"①。因而"一个行动是否符合法权原则，是独立于其动机的，康德称符合此原则的行动为合法性（legality），来与受到义务理念驱使的道德性（morality）行动相区别"②。维拉切克进而将法权概念这种只对外在行为的合法性作出要求的主张称为"外在性主题（External Thesis）"。

由于这一主题的存在，维拉切克认为，法权法则如果放在康德的实践哲学框架中就会导致一个悖论。他强调，当我们询问法权法则是与什么类型的命令相关联时，我们就能看到这个悖论："一方面，在康德那里，有效的法权法则，不管是自然法还是实证法，都是实践的法则；它们被无条件地持有，是因为它们的有效性并不预设任何属于法权的质料目的和需要，而仅仅是（外在的）自由。故而，只有具备无条件规定性的定言命令式才能够对法权法则给予表达。所有其他的命令（假言命令、技巧命令）只是以作为目的的手段的方式来规约行动。"③。其依据可以在康德关于"法权论的形而上学初始根据"中找到："绝对的（无条件的）命令式是这样的命令式，它绝不是间接地、通过一个凭借行动能够达到目的的表象，而是通过这个行动本身（其形式）的纯然表象，因而

---

① Allen Wood, *The Free Development of Each: Studies on Freedom, Right, and Ethics in Classical German Philosophy*, 2014, p.73.

② Marcus Willaschek, "Which Imperatives for Right? On the Non-Prescriptive Character of Juridical Laws in Kant's Metaphysics of Morals", in Mark Timmons (ed.), *Kant's Metaphysics of Morals Interpretative Essays*, Oxford University Press, 2002, p.69.

③ Marcus Willaschek, "Which Imperatives for Right? On the Non-Prescriptive Character of Juridical Laws in Kant's Metaphysics of Morals", in Mark Timmons (ed.), *Kant's Metaphysics of Morals Interpretative Essays*, Oxford University Press, 2002, p.70.

是直接地把该行动设想为客观必然的，并使之成为必然的。只有规定责任的实践学说才能提出这类命令式，一切别的命令式都是技术的、有条件的。"①（MS6:222）

但是另一方面，同样基于康德的观点，法权法则似乎又不能完全被定言命令式所表达。因为在康德的分析中，法权法则是不具备规定性的，其不能规定性地指导行为人进行行动，而只是表达各种行动经验一般性或者合法性的后果。因而当我们将定言命令式的规定方式理解为纯粹实践理性的自我立法时，法权法则与定言命令式之间的关系就会因如下三个主题的矛盾而陷入到一种悖论中：（1）无条件性主题（Unconditionality Thesis）：法权法则具备无条件性，它不只是约束那些享有明确目的的人，而是所有人；（2）规定性主题（Prescriptivity Thesis）：法权法则具有规定性（出于自身之故而遵从），它可以告诉人们什么是应该／不应该做（遵守）的；（3）外在性主题（Externality Thesis）：法权法则只是要求外在的服从，而不是对法权本身的遵从。

维拉切克认为，同时持有这三个主题或许不会导致规范性的矛盾，但其中任意的两个都会强烈地反对剩下的那一个。② 因此，如果法权法则具备无条件有效性，那么它不能同时满足规定性和外在性的特征：即使法权法则并没有明晰地要求为了自身而遵从（从义务的理念中），但遵从它们唯一的方式只能是出于自身而遵从。由此一来，法权法则的无条件性和规定性似乎排除了外在性主题的相关特征。如果康德同时持有的是外在性和无条件性主题，那他就不得不处于放弃规定性主题的境况

---

① Immanuel Kant, *Practical Philosophy,* Cambridge University Press, 1996, p.377.
② 举例来说，如果法权采取无条件（定言）的规约形式，它们如何被外在的遵从所限制？规约性的关键点是激励它的对象按照规定行动。现在，很多的规约，即便从表面上看是无条件的，但实际上是有条件或者假言的。如果法权原则只能是有条件的，这将意味着相应的规约性完全来自于它们对象的经验性动机——比如对幸福生活的向往以及对惩罚恐惧。相反，如果法权被认为是无条件的，那么就不能提供这样的动机。

之下，因为"使依法行动成为我的准则，这是伦理学向我提出的一个要求"①（MS6:231）。因此，维拉切克所提出的这个悖论就为法权法则与定言命令式的"相互独立"提供了强有力的论证。

二、几种调和的立场和方案

维拉切克法权法则的悖论一经提出就引起了学界的诸多讨论，很多学者都针对这一悖论进行了探讨，并尝试对其进行"调和"，维拉切克本人亦不例外。在他看来，康德关于法权法则外在性主题和无条件性主题的论述是无比清晰的，因而调和此悖论的关键就集中到了规定性主题上。对此，他援引了哈贝马斯在《事实与规范之间》所提出的"合法性"观点来进行说明："康德的法权法则在不同的视角下可以同时是强制的法则和自由的法则。因而，它们允许其施行者拥有两种不同的立场和态度。如果人们出于慎思理性的理由而服从法则，那么这种类型的行动是具有合法性而非伦理性的。同样，我们也可以通过考察一个行动是否是出于'对法则的尊重'来判定其是合法还是非法的。"② 维拉切克认为，要想使法权法则具备规定性就必须要在如下两个方面达成一致：（1）通过强制来执行法权规定的事实性；（2）出于对法权的尊重而带来的合法性。

因此，哈贝马斯"合法性"的观点为三个主题的结合提供了一种调和的可能："无条件主题不牵涉动机，而是涉及到规范有效性。这说明法权法则的规范有效性并不依赖于经验的动机；因为在康德那里，它并没有预设质料的目的，而只是任性的自由。而外在性主题并不牵涉到规范有效性，其关涉的是事实上的动机。法权法则并不要求出于对任意具

---

① Immanuel Kant, *Practical Philosophy,* Cambridge University Press, 1996, p.388.
② Jügen Habermas, *Faktizität und Geltung*, Suhrkamp, 1992, p.47.

体理由的服从，这也就没有排除如下这种可能性：即法权原则的规范有效性是建立在出于对法则的尊重之上的。由此一来，无条件性主题和规约性主题表达的是法权中的规范性理念，而外在性主题则是法权上的'实施策略'。这二者的区分为将此三个主题结合提供了可能。"① 不过，维拉切克本人却从另一个角度对此方案进行了质疑。在他看来，康德是一个伦理义务的内在主义者，道德法则（定言命令式）之所以能够具有规范性，是因为其有某种相关动机的存在。而法权法则只能依靠强制来让人们遵守，不会牵涉到伦理立法方面的动机，因而，法权法则并不具备康德意义上的规定性。

　　除此之外，柏亚苏（Sorin Baiasu）也结合上述讨论提出了自己的调和方案。他首先也认为哈贝马斯"合法性"的观点只是将法权法则"返还"到了伦理领域——这一外在性主题并不涉及到的地方而调和了悖论，因此并不可取。其次，他认为要想解决维拉切克的悖论也必须从法权法则的规定性着手。在他看来，康德提出的规范或者法则（不管是法权还是伦理）的有效性都应该被区分为主观和客观的。"如果规范（norm）作为立法的一个部分，被行动者承认为客观必要的，那么它就可以作为一个规范以如下两种方式来被遵从：（1）单独凭借其客观有效性；（2）不单凭借其客观有效性或必要性（例如，凭借好恶或者惩罚）。在前一种情况下，当规范被制定为要被遵循时，康德将其认为是伦理立法的类型，因为这做的是正当的事；而在后一种情况下，当规范不仅仅是单纯出于伦理动机而被遵循时，康德谈及的是法权立法。"②

---

　　① Marcus Willaschek, "Which Imperatives for Right? On the Non-Prescriptive Character of Juridical Laws in Kant's Metaphysics of Morals", in Mark Timmons (ed.), *Kant's Metaphysics of Morals Interpretative Essays*, Oxford University Press, 2002, p.74.

　　② Sorin Baiasu, "Right's Complex Relation to Ethics in Kant: The Limits of Independentism", *Kant-Studien*, Vol. 107, 2016.

因而柏亚苏认为，"在客观有效性的情况下，法权规范不会失去无条件性，不管人们是基于伦理还是非伦理的动机行动，其立法的合法性是相同的。而当人们关注的是主观有效性时，人们其实关注的是行动者对其行动所反映的规范有效性的看法。但是，行动者的行动只能由一种动机决定——当这一动机是合乎伦理的，人们最终得到的是伦理的立法；当此动机是非伦理的时，人们要么采取缺乏规定性的行动，要么被假言命令式所决定。在伦理立法的情形中，法权法则与定言命令式可以结合；而在非伦理立法的情况下，法权法则将不依赖于定言命令式及其衍生的实践原则。"① 因此，在柏亚苏那里，假如康德的道德基本理论能够区分我们实际遵循的规范和客观有效的规范，那么这一悖论的范围就是有限的。

在这些讨论的基础上，纽豪斯（M. E. Newhouse）亦提出了一种调和方案。他认为："法权法则必须能够促使人们无条件地遵从，否则其就将失去普遍性，并因此不能被视为作为法则而受到尊重。"② 这种类型的法则不需要有特定的法权行动来制定，而是已经因普遍性而包含在了一个外在的法权的承责概念之中，因而也包含在公民状态下人际间的责任交互性之中。正如康德所强调的那样："就一个外在的，因而偶然的占有而言的单方面的意志不能用作对每一个人的强制法则，因为这样的强制法则会损害根据普遍法则的自由。所以，只有一个赋予每个其他人以责任的、因此是集体普遍的（共同的）和掌握权力的意志，才是能够向每个人提供那种安全的意志——唯有在公民状态下，才能有一种外在

---

① Sorin Baiasu, "Right's Complex Relation to Ethics in Kant: The Limits of Independentism", *Kant-Studien*, Vol. 107, 2016.

② M. E. Newhouse, "Juridical Law as a Categorical Imperative", in A. P.Walla & R. Demirav (ed.), *Reason, Normativity and Law: New Essays in Kantian Philosophy*, University of Wales Press, 2020, p.111.

的'我的'和'你的'。"①（MS 6:256）因此，纽豪斯主张，如果不能使我们所有人都遵守的法权能够提供平等的保证，并因此缺乏法权的普遍性，那么它就不能激发我们内心的"敬重"。在这种情形下，法权法则的规约性与外在性是并不矛盾的。

三、一种可能的反驳方案

上述学者从各自的角度提出了对维拉切克悖论的一些调和方案。结合他们的表述，我们可以发现，这些调和方案把关注的焦点都集中在了如何使法权法则具备规定性这一主题之上。因为，通过康德在"法权论"导论中的阐述和维拉切克的论证，我们可以发现，法权法则是可以同时具备外在性主题和无条件性主题的基本特征的。但是，无条件的外在强制始终与内在的规定有天然的阻隔，因而这种具有折中性质的方案已然有不完善之处。那么，这三个主题之间的悖论是否有更为合理的解答呢？在上文中，纽豪斯的一个表述为我们破解此悖论提供了另一种思路。在他看来，"一个法权法则必须是无条件的这一论述，是通过康德关于'平等保证（equal assurance）'在确立我们法权义务中所起作用的讨论而被揭示的"，它"包含在与外部法权相关联的义务概念之中"②。并且，"这种保证需要由共同体的强制权力伴随着外在法则来完成，它为我们所有人提供彼此遵守的平等保证，否则我们就不再会有法权的义务"③。

---

① Immanuel Kant, *Practical Philosophy,* Cambridge University Press, 1996, p.409.

② M. E. Newhouse, "Juridical Law as a Categorical Imperative", in A. P.Walla & R. Demirav (ed.), *Reason, Normativity and Law: New Essays in Kantian Philosophy*, University of Wales Press, 2020, p.111.

③ M. E. Newhouse, "Juridical Law as a Categorical Imperative", in A. P.Walla & R. Demirav (ed.), *Reason, Normativity and Law: New Essays in Kantian Philosophy*, University of Wales Press, 2020, p.111.

纽豪斯这一论断的根据是从法权论中的"自然状态向法权状态的过渡"以及"公共法权"部分找到的。因而，我们也可以思考，当我们在探讨康德法权法则的时候，是否应该只将目光局限于其"法权论"导论中。如果我们以康德《道德形而上学》以及整个实践哲学的文本作为背景来讨论的话，那么法权法则就不应该只以"外在立法"的形式出现，而应该具有一种共同体公民之间的联合意志以及交互责任的属性。虽然康德一再强调，法权法则所指代的自由是任性的外在使用的自由，但如果我们在公民法权状态而非在自然状态下舍弃掉"积极自由"的因素，那么康德的法权理论就将沦为与霍布斯式契约论没有区别的一种理论。经由康德纯粹实践理性所确立的法权法则所捍卫的"公共福祉"，并不是由普遍的强制力和约束力所带来的对个人财产、幸福以及欲求的保障和满足，而是要对共同体内所有人的自由、平等和独立进行要求。

因此，康德的法权法则的约束力只能来源于"任何一个人都具有平等价值的，并以一种人际间的一致性来选择自身目的的积极自由"[1]。唯有如此，法权才是自由法则之下的任性这样一个纯粹实践理性概念。在此基础上，每个人自由平等的价值才能通过法权义务的外在强制和伦理义务的自我限制完成，进而在共同体中使法权具备一定的公共属性。康德对此也指出："国家公民法权上的、与其共同体不可分离的法律属性，首先是合法的自由，其次是公民的平等，第三是公民独立的属性。即不能把自己的生存与维持归功于人民中另一个人的任性，而是归功于其自己作为共同体成员的法权和力量，因而是公民的人格性，即在法权事务中不可为任何人所代理。"[2]（MS6:314）故而，除了依靠外在的强制，共同中的公民也需凭借"内在的强制"捍卫人与人之间自由的独立性。维

---

[1] Paul Guyer, *Virtues of Freedom: Selected Essays on Kant*, Oxford University Press, 2016, p.7.

[2] Immanuel Kant, *Practical Philosophy,* Cambridge University Press, 1996, p.457.

拉切克的外在性主题仅仅只是将康德的法权法则视为一种弱的、个人式的行动理论的做法其实并没有涵盖到法权法则的全貌，因而其外在性主题的提出是值得商榷的。

另一方面，我们还认为维拉切克悖论中的无条件性主题亦有不当之处。在他看来，法权法则和定言命令式之所以能够产生关联的核心就在于这一主题。通过其之前的表述，我们可知"法权法则之所以具备无条件性，是因为它们的有效性并不预设任何法权的'质料'目的，而仅仅是外在自由"①。而定言命令式的核心也在于不预设任何目的的规定。但其实，作为内在道德属性延伸，只通过普遍法则公式所确立的无条件性在法权领域并不是一个可以被直接应用的策略。"因为定言命令式的概念不能被简化为一个单一的原则，相反它包含了很多，比如多个特定的公式，以及由立法理性所产生的所有规范性道德规定等"②。并且，定言命令式的诸公式之间还具有递归性和传导性，其是由自律公式、普遍法则公式和人性目的公式共同推导而来的。

因此，维拉切克对于定言命令式无条件性的解读其实更多依靠的是普遍法则公式。这种解读方式的实质是将"定言命令式的本质理解为无限的适用性、无条件的权威性以及普遍的有效性。而这些特征正好与普遍法则公式的特征相吻合，因而这是一个类似于宪法规定的形式化立法程序，使理性行动者能够通过其意愿直接创造法则"③。但是，这种解读方式虽然能够从一定的角度说明定言命令式无条件权威来源，但却无法

---

① Marcus Willaschek, "Which Imperatives for Right? On the Non-Prescriptive Character of Juridical Laws in Kant's Metaphysics of Morals", in Mark Timmons (ed.), *Kant's Metaphysics of Morals Interpretative Essays*, Oxford University Press, 2002, p.70.

② Ewa Wyrębska-Đermanović, "The Moral Source of Kant's Concept of Right", *Public Reason*, Vol. 10, 2019.

③ Andrews Reath, *Agency & Autonomy in Kant's Moral Philosophy*, Oxford University Press, 2006, p.4.

从实质上说明促成行动者按其行动的动机。行动者除了类似于法则的形式立法之外，还需有一种使自身能够得以"敬重"的伦理动机，而这种动机是由人性目的公式为其提供。如康德所言，"如果应当有一种最高的实践原则，就人类意志而言应当有一种定言命令式，那么，它必然是这样一种原则，它用因为是目的自身而必然对于每一个人来说都是目的的东西的表象，构成意志的一种客观的原则，从而能够充当普遍的实践法则。"① （GMS4:428）

正是通过这两个公式的结合，作为道德最高原则的意志自律才能真正达成。而在"法权论"中，康德同样表达了法权义务需要将人性作为目的。他由此还援引了乌尔皮安的法权义务划分方式："(1) **做一个正派的人**。法权上的正派在于：在和他人的关系维护中维护自己作为一个人的价值的那种价值：不要让自己成为他人的纯然手段，要对他们来说同时是目的；(2) **不要对任何人做不正当的事**［不要伤害任何人］；(3) **进入**与他人的社交，在其中要能够维护每个人他自己的东西——**进入**一种状态，在其中能够针对每一个他人来保证每个人他自己的东西。"② 上述三个法权义务不仅与《道德形而上学奠基》中人性目的论的依据相契合，而且，作为法权证成的基础性前提的公民状态（法权共同体）也是目的王国论证的体现。斯图特（Herlinde Studer）对此也指出，"康德的目的王国理想乃是康德法权和伦理学说的共同规范性基础。"③

由此我们可以看到，在康德那里，不论是其定言命令式还是法权法则都并不只是单一维度的，首先需要以自由为基本道德价值，经由纯粹实践理性呈现出多种不同的样式（内在法权、理知占有、人性目

---

① Immanuel Kant, *Practical Philosophy,* Cambridge University Press, 1996, p.79.

② Immanuel Kant, *Practical Philosophy,* Cambridge University Press, 1996, p.392.

③ Herlinde Studer, "A Community of Rational Beings: Kant's Realm of Ends and the Distinction between Internal and External Freedom", *Kant-Studien*, Vol. 107, No.1, 2016.

的、公民状态)。康德自己也说:"自由(对另一个人的强制任性的独立性),就它能够与另一个人根据一个普遍法则的自由并存而言,就是这种唯一的、源始的、每个人凭借自己的任性应当具有的法权……所有这些权限都已经包含在生而具有的自由的原则之中了,而且实际上(作为在一个更高的法权概念之下的划分的环节)与自由也没有区别。"①(MS 6:238)只有在此背景下,关于定言命令式和法权法则之间关系的讨论才能进行。

其次,法权法则不能只用于私人领域,还应考虑其公共属性。在康德那里,由定言命令式所确证的自我立法并不只是出于个体立场确立道德法则,而且是基于共同意志确立每个人行动的基本准则。只有每个把自身及他人人格中的人性当作目的的理性存在者,方才能够经由联合意志的普遍立法而进入公共法权状态。在《走向永久和平》中,康德还用公共法权的先验程式同意了法权与伦理的基本原则,即"一切与其他人的法权相关的行动,其准则与公开性不相融者,皆是不正当的。这个原则不仅可被看作伦理的(属于德性学说),而且可被看作法学的"②(PP8:381)。由此一来,康德定言命令式所体现的基本价值不仅是伦理立法的先天原则,同样也可作为法权立法(尤其是进入公共法权状态)的先决条件。因而从根本上说,定言命令式与法权法则是不可分离的。

如上所述,我们可以发现,定言命令式和法权法则相互依赖的立场虽然可能无法完全消融伦理立法与法权立法在某些情景中的极端对立,但这一阐释却能让康德的法权法则区别于霍布斯的慎思理性,并使康德的公民状态具备一定的规范性价值前提。反观维拉切克,虽然他所提出的悖论非常有针对性,但他总结得出的法权原则的无条件性和外在性等

---

① Immanuel Kant, *Practical Philosophy,* Cambridge University Press, 1996, p.393.
② Immanuel Kant, *Practical Philosophy,* Cambridge University Press, 1996, p.347.

特征只是作为维护和保持社会契约建构的经验性前提，从根本上说，仍然没有脱离康德所反对的传统契约论，或者说传统自然法学说的理路。维拉切克的悖论无形之中把外在自由的保护与利益的抉择相等同，忽略了康德法权法则所想要维护的自由价值以及共同体的公共属性，从而把康德整全性的实践哲学体系割裂了。在康德那里，公民状态一旦建立，那么每个存在者就有义务进入、保障和维系这种公民状态。如他所言："人们必须不把其理解为国家公民的安康及其幸福，因为这种联合（例如卢梭也这么主张）在自然状态中或者甚至在一种专制政府之下也许能够有更适意、更如愿的结果；而是把它理解为宪政与法权原则最大一致的状态，理性通过一个定言命令式使我们有责任朝着这个状态努力。"① （MS 6：318）

---

① Immanuel Kant, *Practical Philosophy,* Cambridge University Press, 1996, p.461.

第五章　从公共自律到伦理至善：
康德式共同体的证成

在上一章中，我们围绕"独立性论题"和"依赖性论题"的相关争论，探讨了康德的法权原则在何种程度上是从其道德奠基性法则推导而来的。在此基础上，我们还可以进一步看出康德整个实践哲学体系所独具的"整全性"特征。它不仅为整个社会的法权原则提供了可操作性的基础，还为人们进入到"伦理—公民"的公共法权状态提供了基本的理由和原则。在我们看来，康德积极自由（自律）的观念不仅是形成公共立法能力的道德基础，而且还是走向一种康德式共同体的前提。

早期的罗尔斯在《正义论》中其实就把他整全性的自由主义学说建立在了康德式自律观念之上。然而，此观念所独具的普遍约束性和道德规约性却引起了很多当代政治自由主义者的争论。在他们看来，自律仅仅需要表达一种对什么是值得过的生活理想的自我追求，只要我们在没有妨碍他人自由的情况下能够给自己带来幸福和愉悦，那么这种自我选择的方式就不应该受到外在的干预和制约。因而，在他们眼中，自由主义的基本原则是"国家中立原则"，即国家或者其他权威性机构应该在对个人生活选择问题上保持中立。德沃金（Ronald Dworkin）指出："政治性的决议必须尽可能地独立于任何美好生活的特殊概念，也须远离那些赋予生命以价值的事物。"① 与康德式自律观念相对立，当代政治自由

---

① Ronald Dworkin, "Liberalism", in *A Matter of Principle*, Harvard University Press, 1985, p.24.

主义者将这一理念称为个人自律，其所特有的原则为：个体有权形成和追求他们所认为的值得过的生活理念。

受此观念影响，后期的罗尔斯将其"整全性自由主义"转向了"政治自由主义"。在这一过程中，他开始逐渐放弃自由主义观念对完备性道德理想的依赖。转而倾向于仅仅表达一种政治的正义观念，让自由主义可以作为一种具有深度宽容的政治观点，被拥有不同完备性学说的支持者所采纳，进而为道德上和宗教上多元的民主社会提供共享的公共理性。因而，在当代政治哲学的讨论中，应该用哪种自律观念作为自由主义的基础就引发了人们广泛的争论。那么，政治自由主义的原则究竟需要何种道德的基础，以康德自律观念为核心的道德自律观念又能否为我们当代公共政治证明提供"整全性"的原则，康德式的共同体又应该在何种程度上依靠"道德自律"？在本章中，我将具体围绕上述问题展开如下三个方面的探讨：首先，探讨个人自律的当代发展，通过个人自律与道德自律的对比引发出有关康德式个人自律的讨论，并以一种层级性结构对康德的道德自律和个人自律的关系予以最终的定位；其次，通过这种定位来探讨康德公共自律的思想内涵，以此发展出一种兼具"平等自由""道德责任"和"普遍立法意志"的政治正义状态。唯有在此状态下，我们才能够表征出具有公共立法能力的道德自律理想；最后，探讨康德道德自律与他共同体可实现性之间的关系，借以公共自律理想所达成的目的王国共同体，不仅向上承接了道德存在者所向往的伦理共同体，同时还向下规定了世界公民共同体的前提，为真正走向国家间的永久和平提供基础保障。

第一节　层级性与优先性：当代自律观念的分野与交融[①]

一直以来，自律观念都有着强烈的康德式印记。通过它，康德排除掉一切以经验为依据的道德准则，并通过回答定言命令式中无条件义务如何可能的问题，完成其整个道德哲学体系的构建。然而，近现代以来，在实践哲学（尤其是政治哲学）的相关讨论中，很多学者对自律的使用开始偏离康德，他们提出了与康德式自律（或者说道德自律）截然不同的个人自律(personal autonomy)概念，以此来为自由主义的行动方式奠基。沃尔德伦(Jeremy Waldron)指出："个人自律引申出了人们掌控个人生活的图像，他们不仅要追求欲望，还要选择哪一种欲望更值得被追随。这其实与道德的关系并不大，个人自律的持有者并没有把它视为协调人与人之间利益关切的道德准则，而是将其理解为每个人独立追求的方式。相反，道德自律则与一个人对自身目的的追求和其他人对目的的追求密切相关。在道德层面，一个人是自律的，其不仅要受到幸福概念的指引，而且还受到所有人共同目的的普遍关涉。"[②] 由此，两种自律观念的持有者之间展开了激烈争论。那么，这一争论的具体原因是什么？具有强烈道德属性的自律观念在当今时代是否失去了价值？本节将具体围绕这些问题展开讨论：首先，聚焦个人自律观念的当代诉求与发展，厘清为什么以罗尔斯为代表的学者发生了"政治转向"；其次，借

[①] 本节大部分内容已发表。参见黄各《层级性与优先性：当代自律观念的分野与交融》，《东南学术》2022 年第 2 期。

[②] Jeremy Waldron, "Moral Autonomy and Personal Autonomy", in *Autonomy and the Challenges to Liberalism,* ed. By John Christman and Anderson, Cambridge University Press, 2005, pp.307-308.

助于一些学者提出的"康德式个人自律"理念，来探讨是否能够在康德实践哲学框架中构建起个人自律的立法性角色；最后，以层级性的关联对此二者在实践生活中所扮演的角色进行定位，并以此来缓解此二者所面临的冲突和困境。

一、个人自律的当代诉求及其发展

正如之前所强调的，在当代主流的自由主义者眼中，自律仅仅只是一种"国家中立原则"。在这一原则的作用下，自律是个人性的，它的价值理想是弘扬创造性的自我主导以及个人价值的实现。同时，它也强调了对自我控制的需要，以此来保证自己自然的、低阶的欲望不去侵犯和破坏高阶的欲求。这二者的共同作用决定了我们生活的基本走向。在此基础上，拉兹即提出了个人自律的相关概念，对他而言，自律不仅仅是我们对自身生活的选择和追求，更是一个以"自我主导（self-authorship）"为核心的生活理念："个人自律把握住了对象的自由选择以及作为个人幸福的核心要素之间的关系。其理想背后的规范性理念是人们应该创造属于自己的生活。自律的人是自己生活的创造者，它的理想从某种程度上说，是人们控制自己的命运，并通过自己的正确决定来塑造自己的人生。"① 故而，在拉兹看来，自律并非是随心所欲的生活以及不受约束地随波逐流。"一个人是自律的，需要他对其生活进行各种选择，这并不是他'对象和关系'的具体内容，而是他评价、采纳以及追求它们的方式、姿态及其选择。"②

还有一些学者，比如德沃金和法兰克福等人，也在一定程度上涉及

---

① Joseph Raz, *The Morality of Freedom,* Oxford University Press, 1986, p.370.

② Robert S. Taylor, "Kantian Personal Autonomy", *Political Theory,* Vol. 33, No.5, 2005.

到了个人自律的相关概念。他们进一步把个人自律理解为"人们在一阶的偏好、欲望和愿望的基础上,所形成的批判性反思的二阶能力,以及凭借更高阶的偏好和价值接受或者挑战这些原初欲望的能力。在这里,高阶的偏好和欲望定义了个人的本质,并赋予人们生命的意义"①。虽然不同的作者都用不同的方式阐释了这一个概念,但这些个人自律概念的支持者却在关于其的一个主张时达成了一致,即它是与康德式自律完全不同的。对此,约翰逊(David Johnson)就表示:"一个人可以在道德上是自律的,而不用将自身的价值置于批判性的评估习惯之中。同样地,不具备道德上的自律,也能够使个人自律成为可能。"② 那么,具体来看,当代的个人自律概念与我们所熟知的康德式自律观念(也被当代学者称道德自律)有何区别呢?

首先,用康德的术语来讲,个人自律概念所表征出来的是一种自发性,而并非自律。它所具有的意愿性是不具备法则性的,只能被归为假言命令或者"他律"的范畴。其次,个人自律仅与康德所谓的消极自由相关。因而,在个人自律者那里,以自我主导为核心的自我选择虽然能从一定程度体现出自由,因为它们都具体包含了独立于刺激和感官冲动的自由选择。但是,这种自由在康德那里仅仅只是具有消极属性的。人们很容易在这种看似自由的选择中丢失共同且普遍的标准。"消极自由或者纯粹的独立性并不具有无条件的价值,因为其依靠只是某种独立性,仅能够被表达为:一个行动不是由外在因素所导致的,或者我们没有被自身的欲望所左右,而这并不意味着我们的意志在道德上是善的。"③ 如

---

① Harry G. Frankfurt, "Freedom of the Will and the Concept of the Person", *The Journal of Philosophy,* Vol. 68, No.1, 1971.

② David Johnson, *The Idea of Liberal Theory: A Critique and Reconstruction*, Princeton University Press, 1994, p.76-77.

③ Oliver Sensen, "The Moral Importance of Autonomy", in Oliver Sensen (ed.), *Kant on Moral Autonomy*, Cambridge University Press, 2013, p.265.

若不对这种自由加以限制，还极易导致道德上的恶。最后，康德式的自律观念还与自我立法相关联，而个人自律则不具备这种立法性。在康德看来，我们之所以能够对道德法则加以敬重，并使自身的行动具有尊严，其根本原因是道德上的善观念，此观念能够让理性存在者取得普遍性的立法权和参与权："它使人们适合于成为一个可能的目的王国中的成员，即人们通过自己作为目的自身的本性来获得这一资格。基于此理由，作为目的王国的立法——也作为有关于所有自然法则的自由来仅仅服从于那些自己给自己制定的，并且符合于使其准则属于普遍法则的那些原则"①（GMS 4:435）。

总的来说，康德式的自律观念具有确立普遍法则，保证平等自由等积极的价值取向。用其自己的话来说："纯粹的理性且作为纯粹而是实践的理性的这种立法是积极意义上的自由。因此，道德法则所表现出来的，其实就是纯粹实践理性的自律，以及自由的自律，而其本是一切准则的形式条件，唯有在这条件下它们才能够与最高的实践法则相一致"②（KpV 5:33）。

由是，这两种自律观念的分野对我们当代的自由主义学说产生了深刻的影响。我们知道，在康德所生活的那个古典时代，自由主义是具有"整全性"视角的。正义概念需要以"善"的概念作为支撑，因而道德自律在其中就能够发挥出很强烈的主导作用。而在当代兴起的政治自由主义则提倡人们应当适时地"抛弃"善（好）观念的价值，不采纳涉及到个人道德观念的基础性观点。它更进一步地致力于基本的个人自由和政治自由的保障，使拥有不同整全性理念的公民都能够支持这种保障个人权利体系的政治架构，因而其所提倡的仅仅只是我们上文所提到的个

---

① Immanuel Kant, *Practical Philosophy,* Cambridge University Press, 1996, p.84.
② Immanuel Kant, *Practical Philosophy,* Cambridge University Press, 1996, p.166.

人自律。

因而，现代社会的政治只会要求公民们履行其应尽的公民责任，而不会干涉个人的道德意向。它不再需要一个形而上的善观念，也不再关注政治活动如何能够保障人们道德感的提升，从而社会制度和公民行为的价值判断也就与个人品质的道德特征明显区分开来。对这两个观念的"分野"体现最为明显的是罗尔斯的正义理论。在他早期的著作《正义论》中，我们可以很明显地看出其所具备的"整全性"自由主义的特征，他把自由主义的基础建立在了康德式自律观念之上。而在后期的著作《政治自由主义》中，他则否认了这一理论，仅仅认为公平正义的理念是一种独立的观点。

在《正义论》中，罗尔斯对于原初状态的表述是具有很强烈的康德式基础的。他认为，原初状态首先是一种定言命令式的程序性表达，在原初状态中对原则的选择表达了个体的充分自律，或者反映了作为目的王国中自由而平等的成员的康德人的概念。"原初状态的描述阐释了本体自我的观点，亦即是对什么是自由而平等的理性存在者的表述。"[1] 因而，罗尔斯关于从原初状态中所选择的原则的主张是与在康德的目的王国中被自律的公民所选择的原则相等同的。这亦是因为原初状态作为一个整体（而不仅仅是对理性部分的表述）在一个程序机制中，表征了康德式自律观念。

在《杜威讲座》中，罗尔斯更加明确了这一观点，他将一个独特的人的观念作为一种元素应用在一个合理的建构程序中。在这种建构中的行动者被视为是"平等和自由的道德人"，他们将其自己视为是在不断发展的社会中过着完整生活的公民，这即构成了一个封闭且有机关联的系统。因此，罗尔斯通过康德自律与目的王国的理念完成了其正义的自

---

[1] John Rawls, *A Theory of Justice* (Revised Edition), Harvard University Press, 1999.

由原则的证明：我们之所以应当被视为平等与自由的道德存在者，是因为我们具有选择自己善的观念以及按照公平正义原则约束自己的能力，这使得我们有资格参与目的王国的共同立法，即成为自律的存在者。故而，罗尔斯对于正义原则的基本阐释是与整全性的道德哲学相关联的，这种关联也保证了规范社会的现实性与稳定性。

不过，在这里，罗尔斯的建构方式其实已经与康德的自律观念产生了一定的偏差。这两者的主要差别在于，罗尔斯在建构主义的立场中将社会的规范放在了首位，特别是为公民设计的制度，而康德对于定言命令式的说明则更多地适用于日常生活中真诚而尽责的个人准则。原初状态的程序没有达到定言命令式的程序性个体化的程度。罗尔斯也把这一方法上的差异视为解释为什么他和康德在实质性的伦理主张上有着一定的不同。康德希望提供一种应对伦理问题的一般方法，这包括正义和公正问题等，而罗尔斯则倾向于总结他的康德式建构主义能够建立起一种关于正义的阐释：即我们能够建构出一个合理的关于权利的阐释，而不是有关于善的；是有关于法权的而非德性的。

接下来，在受到一些更为强烈的批评意见后，罗尔斯在《政治自由主义》一书中彻底开启了"政治转向"。他不再把"人与社会这两个基本的构成性观念简单地当成是一般的社会科学知识，也不把它们看作某种完备性道德学说（特别是康德式的自律）运用的结果——任何学说的理论基础都是关于人以及由人组成的社会的观念，而是把它们视作民主政治传统内部建构正义原则或政治建构主义的出发点"①。

在他看来，要使政治自由主义得以达成，我们需要在实践理性中切实地找出法权的基本原则，实践理性的概念需要运用我们自身公共理性

---

① 王涛：《罗尔斯的政治自由主义转向》，社会科学文献出版社2018年版，第133页。

的能力。他进一步区分了"合理的（rational）"和"理性的（reasonable）"这两个概念。"合理自律要按照个人的理智能力和道德能力来进行。它表现在个人对其善观念的追求和改善之中，也表现在对这一观念的思考之中，最后通过原初状态使其成为一个纯粹的程序正义原则而被创造。"① 同时，这一理念还同时包括慎思和工具理性两个要素，因而其可以与我们之前所提到的个人自律的相关概念联系起来。一个拥有工具理性，知道如何寻求最有效的方式来实现既定个人目标的人，就仅仅只是个人自律或者为己的。这取决于其如何对待自己的人生。

因而，合理自律并不具有康德式自律观念的所有属性，其也因此成为了罗尔斯后期向政治自由主义转向的关键概念。这一概念，"只有在一种片面的哲学结论中，或者在研究某个特殊主题时（如在经济学或决策理论中），才能把它们设想成单独存在的、可以相互推导出对方。然而，任何可信的推导都必须将合理的行为主体置于表达理性理念的恰当条件的环境中。也就是说，合乎理性的概念是要受到理性的理念的限制和影响的"②。他在此基础上提出了民主社会所应该持有的公共理性概念："公共理性是一种民主社会中人的特征：它是其公民的理性，是那些享有平等公民身份的人的理性。它在如下三个方面是公共的：（1）作为公民的理性，它是公共的理性；（2）它的主体是公共的善以及基本正义的质料；（3）它的本质和内容都是公共的。"③

由此出发，我们方能看出罗尔斯"政治转向"之后，其政治自律观念与康德式自律观念之间的差异。康德式的自律是具有完备性特征的，它可以经过批判性的审查和反思性的认可来检验我们的想法和目的；而

---

① John Rawls, *Political Liberalism*, Columbia University Press, 1993, p.72.
② 王涛：《罗尔斯的政治自由主义转向》，社会科学文献出版社2018年版，第136页。
③ John Rawls, *Political Liberalism*, Columbia University Press, 1993, p.213.

罗尔斯后期的自律观念则强调了法律的独立性，更为强调了公民在行使政治权利的过程中要符合民主社会的公共理性。简单来说，罗尔斯后期即认为具有道德自律的思想在是否满足政治原则方面并不占据重要的地位，它也不能成为民主政治生活的一个部分。正如我们之前所指出的个人自律一样，许多公民是拒绝在个人生活中实施严格的道德自律标准的。

有如上述，我们可以看出，道德自律概念和个人自律概念指代的是完全不同的两种事物，并且这二者的分野还进一步造成了整全性的自由主义和政治自由主义的极端区分。在此背景下，很多学者为了调和这两种自律观念的截然对立，也为了尝试回应学界对罗尔斯"政治转向"的批判，他们开始试图对这二者进行调和，并尝试从康德的实践哲学中发现"个人自律"的相关要素。那么，在康德的实践哲学理论中，是否存在着任何有关于个人自律（当代的使用层面）的立法性角色呢？

二、康德式的个人自律

沃尔德伦首先开启了对这一问题的探索。在他看来，康德的幸福概念其实提供了一种康德式个人自律的模式。虽然，在康德看来，道德自律与个人幸福完全分属的是两个不同的领域，但他也同时强调了对幸福的追求，作为人类的一种特征，其在我们的生活中是不可避免的："获得幸福是每一个理性存在者的要求而不是有限存在者的要求，因此它是其欲求官能的一个不可避免的规定性根据。"[1]（KpV5:25）沃尔德伦据此认为，幸福的概念可以是我们所具有的，自然必要的目的。因而，我们需要成为自身幸福的积极执行者，唯有如此，我们才能在这种追求中获

---

[1] Immanuel Kant, *Practical Philosophy,* Cambridge University Press, 1996, p.159.

得更多。由此，他还进一步地将幸福概念和自我培养与自我完善联系在一起，将其规定为我们实现自然潜能的道德义务。这样一来，我们在对幸福的追求过程中，是需要利用自身的理性和自由选择的。

正如康德自己所言："在我们的实践理性评判中，绝对有很多东西取决于我们的福和苦，而且就我们作为感性存在者的本性而言，一切都取决于我们的幸福，如果这幸福像理性首先所要求的那样，不是按照瞬息即逝的感觉，而是按照这种偶然性对我们的全部实存以及对这种实存的心满意足的影响来评判的话；但并不是在根本上一切都取决于此。人类是一个具有需要的存在者，这是就他属于感官世界而言的，并且在这一程度上，他的理性从其感性的角度出发具有一种无法拒绝的使命，即用一种现实生活中的幸福以及如果可能的话，来世生活幸福的观点来参与其利益并形成实践的准则。"①（KpV5:61）这种对幸福追求的康德模式，就因而比单纯地放纵自己的欲望以及对慎思的偏好的满足更加令人尊重。虽然，此种幸福的追求没有达至道德自律的标准和要求，但我们在对个人幸福的追求道路中，是能够达至个人自律的标准的。

另一种转换性的策略来自于泰勒（Robert Taylor）。在他看来，要想达成康德式的个人自律，需要满足两个明显不一致的标准："第一，它最终需要的动机不是特殊和不稳定的偏好，而是纯粹实践理性，其在形式上是普遍的，能够约束所有理性存在者；第二，它需要为主观的理由保留大量的空间，让自我主导成为真正可能。"② 他据此首先提议将康德的慎思理性（prudential reasoning）作为一种个人自律的表达方式。因为这一概念能够将拉兹的自我主导以及罗尔斯审议的目标结合起来，其同样可以与康德的幸福概念产生关联："一些慎思的建议，比如养生、

---

① Immanuel Kant, *Practical Philosophy,* Cambridge University Press, 1996, p.189.
② Robert Taylor, "Kantian Personal Autonomy", *Political Theory,* Vol. 33, No.5, 2005.

节俭、彬彬有礼等经验的指导可以让人更加幸福；对幸福的成功追求也需要生活的经验加上与之相关的判断和洞察。"① 因此，这种对于慎思理性的设定能力其实是值得我们尊重的，我们自我的概念以及对自身意义的追求也部分来自于这种深思熟虑的慎思能力。但是，泰勒却自己否定了这个概念。因为在他看来，慎思理性虽然具有个人自律的特征，也满足了一定的道德相关性，但它的规约形式终归而言是他律的，因为它的根本来源是外在于自我的。康德自己也明确地将它归为有条件的善，而这种善不具备无条件和永恒的基础。

因此，虽然这是一个个人自律的概念，能够被个人自律的理论家所承认和接纳，也能够在康德的实践哲学中被发现。但是，康德自己并没有将其视为自律的一个种类，如果没有这样的认知，个人自律与道德自律的鸿沟将会继续延续下去。正如施尼温德所指出的那样："我们生活的质料，即我们对幸福的实质追求，来源于我们既不能创造也不能根除的那种力量。道德性的力量为我们带来了生活的统一，那是慎思理性的行动所不能单独达成的。"②

接下来，泰勒又通过《道德形而上学》"德性论"中的两个非完全义务：自我完善和对他人的关爱——来完成康德式个人自律的构建。在他看来："首先，它们同时是受到客观理由驱动的，因为自我完善的义务和对他人的关爱都是源于对人性目的本身的尊重，其提供了德性生活的建构原则，该生活起因于我们自身的自律能力，因此能够帮助我们纠正慎思理性他律的特征；其次，这两个义务都允许主观的理由来扮演实

---

① Robert Taylor, "Kantian Personal Autonomy", *Political Theory*, Vol. 33, No.5, 2005.
② J. B. Schneewind, "Kant and Stoic Ethics", in *Aristotle, Kant and Stoic: Rethinking Happiness and Duty*, ed. by Stephen Engstrom and Jennifer Whiting, Cambridge University Press, 1996, p.290.

质的角色。这就为自我主导创造了大量的空间。"① 一个具有康德式德性的行动者可以自由地塑造其自身的生活计划，在这一计划中他可以通过自身的完善来反映自己的品位、观点、理想以及价值目标。因而，正如伍德所言："如果我是一个有德性的人，我将追求某些目的来赋予生活的意义，这些目的即是我自身的完善和对他人的关爱。在这种情况下，道德承担了我们基本的计划，我们可以视之为道德上的奖赏。"②

因此，泰勒所提出的这两个非完全义务实质上是将当代个人自律的目标和康德式道德自律的要求融合了起来。个人自律所受到的道德约束其实是自我立法的产物。在康德式的个人自律事例中，这种自我立法分为两个部分："第一，自我完善和对他人关爱的是由我们自身的纯粹实践理性所创造的：不与这两个义务相一致的准则是不能被普遍化的，它服从于我们自律的意志；第二，虽然我们在关于如何实行这些义务，且在多大程度上实行它时，有自由决定权，但是我们必须创造自己的生活计划，而且这些计划还应该具有自我立法的特殊性。"③ 因而，这一多重的自我立法就将道德自律和个人自律的要素整合了起来。

不过，上述两种康德式个人自律在福尔摩沙看来仍是不完善的。他认为，无论是幸福还是非完全的义务其实也还是属于他律的范畴，至多算作一种个人自律的他律状态。因此，他从康德那里得出一个单一的自律性意愿概念（autonomous willing），以此作为康德式的个人自律。自律性意愿与意志自律（autonomy of the will）不同，后者能够让我们将自己视为自律原则的立法者。更进一步地讲，它代表了意志在其立法功能层面的应用，即意志（Wille）；而自律性的意愿则代表的是意志在其

---

① Robert Taylor, "Kantian Personal Autonomy", *Political Theory*, Vol. 33, No.5, 2005.
② Allen Wood. *Kant's Ethical Thought*, Cambridge University Press, 1999, p.328-9.
③ Robert Taylor, "Kantian Personal Autonomy", *Political Theory*, Vol. 33, No.5, 2005, p.615.

实施功能的层面的应用，即任性（Willkür）。① 因此，福尔摩沙认为，"自律性的意愿是一种只能通过理性存在者所达成的理想，他们实际上根据自律的原则成功地管控了自身。如果我们从康德的文本中能够描绘出个人自律的概念，那么我们更需要关注的是自律性的意愿，而不是意志自律。"② 因而，它通常被理解为通过某种方式作出选择，而不是作为每一个理性存在者的意志属性。

接下来，福尔摩沙为证明这一概念并非是他律的，进一步比较和区分了自律性意愿和他律性意愿。他认为，在这两种情形中，我们任性的规定性根据都是来源于理性的。只不过，他律性的意愿是一种"有条件的经验理性"；而自律性的意愿是决定意志的"实践理性"。在他律的意愿中，我们使自己服从于欲望，而在自律性的意愿中，我们自身的理性设定了我们欲望所须遵守的法则。③ 因而，理性行动者所进行的选择其实并不是在理性与激情之中衡量，也不是在冷静和激动之间取舍，而是两种不同类型的理性之间的博弈（自律性的和他律性的）。

自律性意愿由此就不是他律的，因而能够成为康德式的个人自律。不过，当我们进行意志自律时，这一意志在实施功能层面上的概念必须是独立于所有意志的对象的吗？为了回答这一问题，福尔摩沙认为，我们需要在《纯然理性限度内的宗教》（以下简称《宗教》）中关于动机的"层级性"阐释那里寻找答案。在那里，康德认为，我们兼具关心自身

---

① 对于此二者的翻译以及区别，国内外学者也有很多有关于此的论述。综合考虑，我们仍将沿用英文版的翻译方法，将其译为"任性"。有关于此的更多解释，参见张荣《"决断"还是"任意"（抑或其他）？——从中世纪的 liberrum arbitrium 看康德 Willkür 概念的汉译》，《江苏社会科学》2007 年第 3 期。

② Paul Formosa, "Kant's Conception of Personal Autonomy", *Journal of Social Philosophy*, Vol. 44, No. 3, 2013, p.195.

③ Paul Formosa, "Kant's Conception of Personal Autonomy", *Journal of Social Philosophy*, Vol. 44, No. 3, 2013, p.198.

幸福以及道德性的倾向，并且一直受到这两种动机的影响。不过，决定我们善恶的并不是这些原则的质料，而是行动者能否在遵守道德法则的条件下意愿他们的幸福，或者说"不管人类是善的还是恶的，他们的区别必然不是在于他在自己准则中的动机（不是准则的质料）的区别，而是在于他们的服从关系（准则的形式）：这即是说他把这两者作为相互之间的条件。因此，人类（即使是最好的人）也是邪恶的，因为他将动机采纳进其准则的时候，他将那些动机的道德顺序颠倒了。"①（RGV6：36）由此，福尔摩沙指出，康德的意志自律（道德自律）与其自律性意愿真正的区分乃是存在者对这些根本理由的选择秩序。因而，康德式的自律性意愿概念其实没有必要成为我们最高阶的一种承诺，它可以独立于意志的自我立法，并且不用受到意志对象的影响。它只需构成一种我们对于自身幸福的承诺。

总而言之，福尔摩沙实质上用自律性的意愿这一概念，将康德式的自律概念理解为了一个道德自律和个人自律相结合的层级性系统理论。我们首要的动机——即道德自律，是在我们基于尊重其他人的条件下，履行自己的道德义务时所践行的自律；而次要的动机则来源于我们自身幸福的个人自律概念，我们也可以此拥有对其他理性行动者规范性的权威。

三、自律观念的层级性结构

通过如上阐释，我们已经大致明晰了道德自律和个人自律的所指，并通过探索康德式个人自律来搭建二者之间连接的桥梁。虽然，康德式

---

① Immanuel Kant, *Religion and Rational Theology*, Cambridge University Press, 1996, pp.82-83.

的个人自律还未在学界形成一个完整而统一的概念，但在我们看来，相较于沃尔德伦和泰勒，福尔摩沙将我们对此概念的理解向前推进了。他通过引入"自律性意愿"这一概念来对康德式的个人自律进行定义，并认为道德自律和个人自律能够通过层级性的联结更进一步在实践哲学中结合起来。

将康德式自律概念进行层级性的解读，我们对此并不特别陌生。赫尔曼（Barbara Herman）曾指出，出于义务而行动具有两种解释模型。一种是平级的，另一种是统治关系或者等级关系。罗尔斯在《正义论》中即依照康德的自由概念提出过如下三种自由的层级性区分：(1) 权利的优先性和政治自由；(2) 公民自由；(3) 个人的发展。在《正义论》的第 31 节，他更进一步提出了一种"四阶段的序列"[①]，并将其应用于社会结构之中。泰勒因而受到此启发，将其所提出的康德式道德自律，康德式个人自律以及康德式自我实现整合到了一个层级性结构之中。在他看来，"道德自律占据着最高地位，个人自律其次，而自我实现则在末尾。道德自律产生道德法则，这将普遍性和无条件性的约束所有理性存在者，而且将同时涉及到法权和德性义务。个人自律则会产生一个生活计划，其必须服从于道德法则，当这二者之间发生冲突时，生活计划将会服务于道德法则。而自我实现则是与有价值的技能和能力发展相关，不管是何种发展计划都必须要在与生活计划或者道德法则相矛盾的情况下让路"[②]。

不过，虽然泰勒提出了这种层级性的结构，但我们之前已经明确了其所秉持的康德式个人自律概念是不完善的。因而，我们首先需要

---

① 即原初状态、立宪会议、立法机关（代表者）、法官和行政官员四个阶段。参见 John Rawls, *A Theory of Justice*, pp.171-175。

② Robert Taylor, *Reconstructing Rawls: The Kantian Foundations of Justice as Fairness*, Pennsylvania State University Press, 2011, p.74.

在这里提出一种更为丰富和完善的个人自律概念。我们曾在对福尔摩沙的分析中提出过康德哲学中有关于意志（Wille）和任性（Willkür）的区分。不过，他没有更为详细阐释这二者更为具体的差别。而康德本人对于这二者之间的区分是非常具体的，并值得我们讨论。故而在我们看来，此二者的关联正是康德式道德自律和个人自律结合的关键所在。

我们首先来看看，康德是如何对这两个概念进行定义的。康德首先在其《纯粹理性批判》中指出，自由的任性（Willkür）即是实践的自由，"这种实践的自由概念是被建立在先验自由概念之上的，先验自由构建起了实践自由中所存在的困难的真实瞬间，即那些长期围绕着它可能性的问题。**自由在实践的层面上**是一种任性力量的独立性，其来源于感官冲动的强制。因为任性的力量，就它受到病理性的影响（通过感性的动因）而言是感性的；它被称作动物性的人性力量（arbitrium brutum），如果它能够成为病理上必要的话。人类任性的力量则是一种任性的感性力量（arbitrium sensitivum），不是动物性的而是自由的，因为感性并没有臣服于其行动的必要性，而是在人类那里成为了决定自身的官能，从而通过感官冲动而独立于强制"①（KrVB562）。在"纯粹理性的法规"这一节中，康德更进一步认为："有一种任性的能力，是动物性的，它只能通过感官的冲动来决定，换句话说，即是病理性的。然而，那种不依赖于感官冲动而规定的，因此通过被理性所表现的动机的任性，被称为自由的任性，而与此相关联的任何事，不管是根据还是结果都被称为实践的"②（KrVB829—830）。在《实践理性批判》中，康德对这二者作出了更为精确的判断，即我们之前所提到过的，在最初的意义上，康德

---

① Immanuel Kant, *Critique of Pure Reason,* Cambridge University Press, 1998, p.533.

② Immanuel Kant, *Critique of Pure Reason,* Cambridge University Press, 1998, p.675.

认为意志是自律的，由理性规定；而任性是他律的，由感性欲望支配。不过，道德性的原则却可以在一定的程度上由纯粹的普遍立法来规定任性。

而接下来在《宗教》中，康德更有意识地强调了任性（Willkür）这个概念。在他眼中，意志这个概念更多代表的是纯粹的实践理性，其因自身的善良意志而发挥作用，因而就它本身来说是不具备善和恶的。与之相反，任性则具备自由选择的能力，它可以通过如下两种方式来展现自己的选择：当其作出符合道德法则的判断时，它就体现了善的原则；当其作出违背道德法则的判断时，它就体现了恶的原则。因而，任性的这种选择功能就为我们判断人性的善恶提供了依据。人性是在任性的选择和权衡中才变成善的或者是恶的。人类恶的本性在于将道德次序颠倒，即人们虽然意识到道德法则的存在，但却将道德法则从属于感性动机之下。

至此，我们可以看出，康德的任性概念并非完全是他律的，其只有在道德次序颠倒的情况下，才是遵从感官欲望等他律性动机的。在《道德形而上学》中，康德借助于一个愿望（Wünsch）概念更为明确地定义了这二者之间的关系，即意志能够决定任性："如果它与自己产生客体的行为能力的意识相结合，那它就是任性。但是，如果它不与这种意识相结合，那么这种行为就被称为愿望。"①（MS 6:213）因而，在我们看来，意志是行动者活动时完全自发产生的，是纯粹实践理性自身，直接为我们的行动提供道德法则。而任性则是一种欲望能力，不过其与单纯的愿望相比，又能与引发该行为对象能力的意识结合在一起。因此，道德法则来源于意志，而一些与行为相关的准则来源于任性。任性的自由是指这样的独立性，即独立于感性冲动的规定根据，这是任性的消极

---

① Immanuel Kant, *Practical Philosophy,* Cambridge University Press, 1996, p.374.

自由。其积极的概念是：纯粹理性有能力自身就是实践的。①（MS6:213）因而，任性即是实践理性提供的准则中进行选择的能力。而我们所谓的康德式个人自律，其实就可以看作是任性（Willkür）的某种活动。

因而，康德式道德自律、个人自律以及个人愿望的层级性结构在这里就非常明显地显露了出来。在这种层级性关系中，位于第一阶段的是与我们意志能力直接相关联的道德自律。在这一阶段，我们需要按照在之前的章节中已经强调过的定言命令式的步骤完成自我立法。因而，这种自律是不能为我们所选择，其亦具有强烈的普遍性和权威性。

而位于次一级阶段的是康德的个人自律，即通过我们分析而得出的"任性"这一概念。在这一阶段中，我们是由上一阶段的意志自由过渡而来，进行自由选择，因而具备拉兹所强调的"自我主导"的特征。康德的自律概念也因任性概念的出现而变得更加丰富和完善。比如，这一概念就很好地解决了道德的至善性和纯粹性与实际生活中我们人性中所存在的恶之间的悖论。现实中的人性善恶其实与我们一阶的道德自律无关，其仅与二阶的任性选择有关。"道德自律属于纯粹实践理性的意志，永远是一种善良意志，不存在善恶的选择。任性则属于一般实践理性，既可以遵从道德法则也可能违背道德法则。与道德自律的意志相比，个人自律的任性既能够被视为身处本体界，又能够被视为身处现象界。"②从本体界看，这二者没有区别。而在现象界，我们就需要在多种感官冲动中作出抉择。因此，以"自我主导"为核心的个人自律就要求我们从本体界过渡到现象界，然后在现实中进行自由选择，并为此承担责任。而且，从这一层面上来说，只有与纯然愿望相关的任性才是他律的，进行自我主导的个人自由选择，是自律的。只不过，在与更为高阶的道德

---

① Immanuel Kant, *Practical Philosophy*, Cambridge University Press, 1996, p.374.
② 胡万年：《康德文本中 Willkür 概念的诠释及启示》，《安徽师范大学学报》（人文社会科学版）2012 年第 4 期。

自律发生矛盾时，高阶的自律更具备优先性。不过，它却在一定程度上为高阶的自律提供帮助。

位于最后一阶的是与动物性冲动相结合的愿望（Wünsch）。康德在《道德形而上学》中指明了这一概念的作用范围："从概念上看，如果使欲求能力去行动的规定根据是在自身之中，而不是在客体里面发现的，那么，这种欲求能力就叫作一种根据喜好有所作为或者有所不为的能力。如果它与自己产生客体的行为能力的意识相结合，那它就叫作任性。如果它不与这种意识相结合，那么，它的行为就叫作一种愿望。"①（MS6:213）我们也可以从一定的角度将其理解为各种"技巧的命令"，它由豁然的实践原则，或者"由说明某个目的对我们来说有可能的一些课题和说明该目的如何能够被达成的一些命令式组成"②（GMS 4:415）。这种技巧虽然能够促使我们个人的发展，但却忽视了对自己可能当作目的的事物的价值作出判断。因此，虽然这种类型的概念对我们自身生活也比较重要，但却是位于末尾，必须要为道德自律和个人自律让路。

通过这种层级性的结构，我们可以将康德式道德自律与个人自律进行整合。当二者出现矛盾时，高阶概念是优先的，为低阶概念提供指引和规定。低阶概念也会在一些情形下为高阶概念提供质料和帮助，可以作为执行目的的手段为高阶概念服务。因而，通过引入康德式个人自律概念，并将它与任性自由相关联，我们能从一种层级性的结构中解决围绕此二者所产生的极端争论。

当代政治自由主义者将个人自律视为其理论构建的基础性价值，它对自我控制和自我主导的强调定义了我们生活的基本特征，决定了未来生活的走向。然而，这样会导致一个很重要的问题：什么时候我们根据

---

① Immanuel Kant, *Practical Philosophy,* Cambridge University Press, 1996, p.374.

② Immanuel Kant, *Practical Philosophy,* Cambridge University Press, 1996, p.68.

个人选择所进行的行动才是正当的？康德式道德自律虽然可以为我们行动的正当性提供一定标准，但它过于义务化和命令性的方式会让人们感觉失去自我。若我们单一地采用某种自律观念进行自由主义基础性价值建构，那么，这一价值将是不完善的。而本书所提出的层级性结构可以提供一种更深入思考的方式。在行为正当性方面，我们受到道德自律的约束，这是具有普遍性的一阶价值；而在自我选择方面，个人自律则提供了多元的标准和准则，可以使人们自行选择是否依照道德法则行动，但它的责任与后果需要自行承担。通过对此理论的进一步发展，我们或许可以弥补当代实践哲学中正当与善之间的二元对立，并为调和当代政治哲学和道德哲学之间的分离与冲突提供一种解决思路。

第二节　走向公共自律

正如我们之前所强调的，在其生涯的后期，罗尔斯为了将正义原则更好地建立和应用在文化传统之中，其不再坚持以"善"概念为核心的整全式自由主义，而是要在不同的文化、宗教和传统习俗中去寻找"重叠共识"。因而他的自由主义就开始转变为政治自由主义。这种自由主义的核心在于对个人自律（合理自律）的强调，正如他在《政治自由主义》中所认为的那样："合理自律表现在个人形成、修正和追求一种善的观念以及按照这一善的观念来思考的能力之中，以及个人与他人达成一致契约（当他人也服从理性约束时）的能力之中。"[1] 按照此种方式，政治自由主义为国家的建构规定了价值的规范性原则以及重叠共识

---

[1]　John Rawls, *Political Liberalism*, Columbia University Press, 1993, pp.66−67.

(overlapping consensus)的基本底线,这也是"正当优先于善"的基本内涵。

然而,对于身处多元文化背景之下的我们来说,具有整全意义的自由主义已经不再重要了吗?我想答案应该是否定的。虽然通过个人自律的强调,政治自由主义能够确定其规范性的价值预设,即以自我主导为核心的个人自由。但是,这种自由主义的模式却没有将更高层级的伦理目的作为国家政治合法性建构的适宜标准。在伍德看来,"这种传统更为重要的一个组成部分只是将国家的合法性建立在了对个人正当的自由的强制性保护上"[①]。在我们看来,这种政治制度的基础由于过于强调对个人外在自由的保护,从而丢失掉了人类所具有共通性和普遍性的伦理价值,它的公共性维度是不够充分的。

那么,政治制度的合法性应该具有怎么样的基础呢?我想,康德式道德自律观念正好可以为我们提供一种公共性政治的制度基础,它不仅以其强烈的道德人格力量保证着个人的道德禀赋,更以规范性的向度让我们以一种联合的意志走向共同体生活。在此意义上,个人自律是要服从于更为高阶的道德自律的。因而,在本节中,我将尝试以康德式道德自律观念为基础,发展出一种整全式自由主义,并以此证明:自由主义并非只是单纯的法律和制度性的安排以及公正和理性的程序,它同时是具有强烈的文化精神和道德意向的,并且该意向还能以彼此间相互负责的方式让我们进入公共法权状态。

正如泰勒所强调的那样:"我们能够轻易地看出康德式的自律是如何提供了一种不同且更为引人注目的方式来弥补正当和善之间的裂痕的。尊重人性目的本身要求我们同时履行法权和德性的义务,并且正如

[①] Allen Wood, "Kant's Political Philosophy", *The Palgrave Handbook of German Idealism*, Matthew C. Altman (ed.), Palgrave Macmillan, 2014, p.165.

我们所见，当我们将客观的目的纳入到我们善的概念以及实现它们的生活计划之中时，我们则通过使我们正当的义务完善来表达出了对于人性的尊重。"①

一、自由法权：从私人到公共

我们知道，不管是哪种类型的自由主义，其核心要义是个人的基本权利（right）。如若想从康德的自律观念中发现公共性的向度，那么我们首先要做的是从其法权的概念中寻找出联合的（或者共有性）法权的可能性。在《道德形而上学》的"法权论"部分，康德即很明晰地提出了两种不同的法权：私人法权（private right）和公共法权（public right）。这两种法权看似不同，但在康德那里，这二者其实都是源自于同一个，具有基础性意义的自由法权。用他自己的话来说，这是一种人们"生而俱有"的法权（innate right），即"自由（由他人的任性而被强制来的独立性），就它与每一个其他人按照普遍法则的自由所共存而言，是唯一的原始法权，其属于凭借其人性的每一个人"②（MS 6: 237）。

这一法权就其可以与他人的自由共存而言，其是生而俱有的。它同样建立在了人性目的论的基础上，具有可以为自身设定目的的能力，这在每个人中都是如此。盖耶对此也指出过，"从某种意义上来说，这种法权是源始的，它不依赖于任何进一步的行动，例如订立契约。通过道德的基本原则，每个人都有责任将其他人的人性视为目的本身，只要它的存在是与所有人（包括他自己）的自由在同一种状态下兼容，所以每个人都具有一个不依赖于任何特殊的协议来使其他所有人

---

① Robert Taylor, "Kantian Personal Autonomy", *Political Theory*, Vol. 33, No. 5, 2005.

② Immanuel Kant, *Practical Philosophy,* Cambridge University Press, 1996, p.393.

履行义务的权利。"①

接下来，康德根据三种"权能（Befugnisse）"阐释了自由法权的基本内容：(1)"生而具有的平等；亦即不受他人约束的这种独立性可以反过来约束自身，从而自己成为自己的主人（own master）；(2) 成为无可指责的；因为在他做任何事情之前，他不会对任何人做出错误的事情；(3) 这类事情只是向他人传达自己的思想，给他人讲述或者许诺什么，无论是真实的和诚实的，还是不真实和不诚实的（veriloquium aut falsiloquium [真话还是假话]），因为他们是否愿意相信他，仅仅取决于他们自己。"②（MS6:237—238）

对此，我们可以看出，第一，康德所强调的生而俱有的平等，其实表达的是每个人相互承担责任。每一个人在法则面前都是平等的，不依赖于任何先行的协议，不会有人享有任何特权。并且，自己给自己做主，表达了当代自由主义者对于"个人自律"概念的定义。我是自己的主人，意味着可以自我决定，没人能够对我进行命令。这其实带有一种相比较而言的人际间的性质。如瑞普斯坦（Author Ripstein）就认为："成为你自己的主人就是没有其他任何主人。它说的不是你与自身的关系，而是你与其他人的关系。那么，平等的自由法权只是任何人都不是他人主人的法权。成为你自己主人的理念与平等的理念也是等同的，因为没有人只由于他的出生就拥有命令其他人的法权或者服从其他人的责任。"③

第二，没有做过无损于他人的事，这意味着在德性上并没有获得奖励的个人，在法权的意义上是没有过错的。只要这一行为还仅仅只是停

---

① Paul Guyer, "Principles of Justice, Primary Goods and Categories of Right: Rawls and Kant", *Kantian Review*, Vol. 23 (4), 2018.

② Immanuel Kant, *Practical Philosophy*, Cambridge University Press, 1996, p.393.

③ Author Ripstein, *Force and Freedom: Kant's Legal and Political Philosophy*, Harvard University Press, 2009, pp.36-37.

留在设想阶段，或者是受到德性指引的，那么就没有人能够限制我在这些方面的自主性。

第三，康德还进一步强调了言论意义上的自由。在他看来，只要公共场合中的演说没有强制和被操控，那么每个人就都是完全自由的。并且，只要我们没有操控他人去被迫接受承诺，就算这种导向是错误的，但只要无损于他人的所有权，这也不是他对他们自由的直接伤害。

在完成了对原初自由法权的解读以后，康德才开始进入到其关于私人法权（获得性法权）和公共法权的区分之中。在他看来，前者是通过与其他人达成协议而获得的，而这些人并没有简单地凭借自身的自由和他人的义务来将自由作为目的而不仅仅只是将其视为实现自己目的的手段。在此基础上，康德将私人法权进一步分为"物的法权""人身法权"以及"用物的方式所形成的人身法权"。接下来，他进一步强调，私人法权也需要我们采用"非经验性"的实践理性概念或者具有个人财产的原初共有的观念来进一步规定自由平等的法权制度的条件。其中，最为关键的假设是最初拥有全部不可分割权利的人是不会自由地同意将任何个人的权利分配给集体，除非他们认为这种分配对自己是公平的。虽然这种方法需要具体从每个人与生俱来的权利到罗尔斯的"差别原则"的普遍性要求中得到进一步论证，不过一些公平的原则就是通过作为理知占有的财产的本体论与先天的自由权利相结合而建立在康德关于法权占有的基本观念之上的。

而公共法权则被进一步区分为"国家法权""国际法权"以及"世界公民法权"。在康德看来："公共法权是对于一个族群而言的法则体系，亦即，一个人类的人群，或者是民族的群体，他们处于相互的影响之中，故而需要一个在联合他们意志之下的法权条件。"[1]（MS6∶311）

---

[1] Immanuel Kant, *Practical Philosophy,* Cambridge University Press, 1996, p.455.

作为在这样一个联合体之中的成员,我们可以称其为国家的公民,其与共同体之间具有不可分离的法律属性。他们都是自由、平等且独立的。共同体只有在阻碍对自由的阻抗时才能对这些公民合法地使用强制,因此共同体的每项功能,包括具有决定性的财产权都始终受到法权的普遍原则和人人所享有的平等人格自由的先天权利的约束。从中我们可以看出,康德的公共法权体系仍然是受到一种词典性顺序制约的:只有共同体的建立才能使法权在确定性和安全性上具有决定性,但是共同体的公共法权却首先被先天的自由法权所制约。

由此可见,康德这三个法权之间的关联其实是与我们之前所提及的道德自律与个人自律的层级性结构相类似的。处于基础性地位,或者最高阶的是自由法权,它的基本法则为"每个人所凭借自己的人性而具有的法权"。这其实就与康德式道德自律观念产生了关联,因为根据我们之前的规范性论证方式,道德自律的基础价值就是来源于人们的道德本性。而私人法权和公共法权则处于较低一级的地位,虽然它们各有其功能,但与自由法权相比较却并不是主导性的。而在后两者中,公共的法权需要在保证私人法权的自由、平等和独立的条件下方才得以完成。

瑞普斯坦同样也做过类似的判断,他认为康德是用三个阶段来展开独立性概念的。"首先,他按照最简单形式把独立性关系描述为对个人之间的互动的约束。他称其为某人自身人格的'人性中的内在法权',因为它不需要建构它的任何行动。相反,人们只是由于能够为自身设定目标才有权享有独立性。独立性的这个形式是不完整的,因而需要扩展,如此方能考虑如下可能性,即人们本来享有对物的权利,而非对自己人身力量的权利。康德把这些权利放在私人法权之下来论述,它们覆盖了罗马私法的传统范畴,所有权关系、契约关系和身份关系,这些范畴和关系支配着物权、对其他人履行行为的法权,以及在特殊情况下对其他人的法权。这些范畴完整地阐释了互动个人之间的独立性,但只有在设有立法部门、行政部门和司法部分的公共法权状态下，人们才协调地享有上述法权。"①

因此，康德所刻画的从道德到法权的完备性进程是这样来完成的：人的道德本质（自由—法则或命令）——自由法权（内在的所有物）——获得的法权（外在的所有物）——公共法权。因而，按照我们上一节所展现的层级性结构，这种完备性进程的基础亦是建立在道德自律的基础之上的。这种奠基性的关系，我们可以在这三种法权的相互关系中得到验证："固有的自由这个内在法权支配着自由个体进行互动的私人法权，并引向要求建立宪政国家的公共法权。各种获得的法权，如财产法权、国家法权等等均以自由法权为依据。而获得法权本身是否正当，也完全取决于能否得到固有的自由法权的支持。"② 我们可以看出，经过公共理性的标准再加之自由法权的基础性价值保障，我们方才能够进入到公共状态之中，这二者并不是通过个人自律的个体性自由作为其价值基础的，它们二者同时暗含了一种理性人共同联合的标准。那么，这一标准的建立还需要什么样的条件呢？

二、公共理性：道德的政治家

在上一部分中，我们探讨了生而俱有的法权（自由法权）、私人法权以及公共法权这三者之间的关系和定位。自由法权作为这三者中的基础，对我们如何在共同体（国家）中保障所有人的权益作出了规定。我们每个人也需要"不违背自由和所有在人民中与这种自由相适应的平

---

① Author Ripstein, *Force and Freedom: Kant's Legal and Political Philosophy*, Harvard University Press, 2009, p.17.
② 杨云飞：《康德政治哲学中固有自由法权之含义和功能》，《云南师范大学学报》（哲学社会科学版）2019 年第 5 期。

等的自然法则，以此使自身从消极状态提升到积极状态"① (MS6:315)。然而，这样的要求和规范在实际的执行过程中却不一定总是完美的，或者说是存在一定偏差的。

在康德那里，一个共同体中总是包含着命令者（imperans）和服从者（subditus）。在这个共同体中的所有公民都按照正当性观念与国家和共同体签订一种源初的契约。他们要按此种契约的规定来放弃自己外在的自由，然后以共同体成员的身份接受另一种自由。而在这种情况下，共同体中必然存在一个总的元首，"按照自由的法则来看，他是联合起来的人民本身（MS 6:315）。"② 因此，在自由法权的实际执行过程中其实是有最高立法者的情况存在的。虽然，按照在《走向永久和平》中的理想情况，"作为执行的法权学说的政治与作为这样一种法权学说，但却是实践的法权学说的道德不可能有冲突"③（ZF8: 370）。不过，由于理性具有偏差，有时在实践过程中不够清晰等原因，在现实生活中政治的实施过程与道德原则之间的规定的确也会存在着一定的冲突和张力。

在伍德看来，这样的一种冲突是"政治的政治家"与"道德的政治家"的一种冲突。他指出："当康德在论述把道德原则应用在政治学中的时候，他并不是在讨论人格性道德或者德性的标准，而仅仅指代的是那些在政治国家中属于权威机构的强制性权力的公正实施的原则和义务。"④ 这即是说，只要有哪位当权者掌握了"暴力"，他就不会再让人民来制定法律。国家也同样如此。一旦一个国家能够可以不服从任何外在的法律，那么其他国家在对自身法权方式上的裁判也就是无效的了。如此一

---

① Immanuel Kant, *Practical Philosophy,* Cambridge University Press, 1996, p.459.
② Immanuel Kant, *Practical Philosophy,* Cambridge University Press, 1996, p.459.
③ Immanuel Kant, *Practical Philosophy,* Cambridge University Press, 1996, p.339.
④ Allen Wood, *The Free Development of Each: Studies on Freedom, Right, and Ethics in Classical German Philosophy*, Oxford University Press, 2014, p.94.

来，公共法权之中的国家法权、国际法权甚至是世界公民法权都将会是无法实现的乌托邦。为解决此问题，康德在《走向永久和平》的附录中提出了"道德的政治家"这一概念。在他看来，要使这一概念得以成形，国家元首需要以身作则去尽可能地改善国家宪政中所无法防止的缺陷，即便是要他们牺牲掉自身的利益。

除了让立法者变得"完美"之外，共同体中的所有成员还需要通过自由的启蒙，使所有人形成联合的意志，以此更好地让自由法权在公共领域发挥出应有的效用。为了更好地说明此观念，康德还在《回答一个问题：什么是启蒙》中提出了理性的公共使用的观点。在他看来："对某人理性的公共使用必须永远是自由的，它自己就能够单独为人类带来启蒙；而某人理性的私人使用就时常会被很狭隘地限制，而不会很强烈地阻碍启蒙的过程。不过，通过某人自身理性的公共使用，我认识到它应该被理解为某人作为学者在读者世界中全体公众面前所做的那种运用。而我称之为理性私人使用的事物则是某人可能在其被委托的公民工作岗位中的应用。"[①]（WA 8:37）值得注意的是，康德在这里用学者的学术交流来引出公共理性并不是为了自我夸耀和强调学者的价值，而是要通过它与理性的私人运用——即在自身职位上对理性的使用作出比较，以此来提供一种不受限制的交流方式的隐喻，并且其能够令人在原则上信服。

这一理念还在 20 世纪得到了进一步发展和传承，很多政治哲学家都在其关于公共交流的思想中应用了这一观念，并成为其各自政治哲学的基础性理念。他们也将此概念作为各自社会公共领域的沟通和交流的基础。在这其中，哈贝马斯就是最为著名的代表。他的关注点主要集中在资产阶级的公共领域，他将其视为是在公共成员之间所发生的对

[①] Immanuel Kant, *Practical Philosophy,* Cambridge University Press, 1996, p.18.

话、讨论、沟通和交流。在《公共领域的结构转型》中他认为，在日常的咖啡馆、音乐厅、博物馆和各种沙龙中，我们就具有一种公共交流的空间。但这种公共的空间并非是民主的，它只是对受过良好教育以及有财富的人开放，不过这种形式却在政治上具有一定的意义。因为它不会严格地服从于教会、国家以及其他的权威性机构，人们可以在此进行自由的交谈，更多种类的问题能够以更多的方式被更多的人所讨论。

不过，哈贝马斯的理性原则仅仅只是个人性的，在他看来，只要人们之间的对话能够符合一种自由的、非强制的交流的最基本的条件，那么这样的对话就能够被视为是理性的。理性的原则只是和公共舆论联系在一起，是各成员相互交流的前提条件，它只是要求：所有参与的主体可以自由加入到对话中来，介绍自己的主张，质疑和反对他人的主张，并表明自身的态度、欲求和需要。因此，这种参与对话的条件性解释并没有对理性的推证过程涉及太多。哈贝马斯更为关注的也只是参与对话的条件和要求，这种条件支撑着其关于公共理性和民主审议之间的密切关联。因而其在对公共领域的"两次转型"中，论述较多的也是民主社会的政治参与公共审议。这就缺乏了一种对理性进行推证的规范性阐释，即为什么它应该被视为是公正和合法的。因此，哈贝马斯的公共理性启示并没有涉及到康德所谓的理性与自律之间的关联。

而康德所强调的公共理性与哈贝马斯相比还有一定的不同。他需要将此理性作为道德生活的基础，以便于我们在公共领域中也要恪守约定和协议。在奥妮尔看来："不同于将公共理性在与沟通和对话中的实际包容性等同起来，康德把它视为不排除与其他人共同理性论证的可能性的一种承诺。公共理性，在康德看来，可能并不依靠其他人所不能遵循的原则。其公共理性的概念是规范的和模式化的，并且作为伦理证明的基础而不是为民主合法性（需要实际的审议和协定）而提出的。"① 正如康德所指出的那样，担任国家公职的人员（军官、牧师、公务员等）的理性交流是属于私人理性的范畴。他们从国家机构中获取权威，因而他们的沟通和交流并不是完全的理性的推证。

故而，康德所认为的公共理性不是通过公民的普遍参与而达成的那种理性，而是一种能够被所有人理解和评估的具有规范性的事物。"他关注的是什么是可能的，而非实际做了什么，这即是说公共理性的阐释并不关注实际对话的内容和条件，而关注的是不受限制的受众们在沟通上所需要达成的规范性条件。他的观点是大量行动者之间的理性推证能够达成，只有在参与者能够提供其他理由的情况下，并且那些被提供理由的人，可以接受、质疑以及拒绝这些理由，他们同时也可以反过来给他人提供理由。如果这些接受或者拒绝他人主张的条件被忽视、破坏和蔑视，那么公共理性就宣告失败。所有类型的理性对话必须是建构性的，以至于其他人能够在思想上跟随它，实践理性同时也需要被构成，以至于其他人能够采纳它的建议，并且在适当的环境中，基于它来行动。"②

在我们看来，康德所说的公共理性需要的是每个人都具有对理性进行推证的能力。在其《什么叫作在思维中确定方向》一文中，他明确地表达了这种能力："如果理性没有服从自己给自己制定的法则，它必须屈从于由另一个人所赋予的法则的约束。因为，没有任意的法则，就没有任何东西能够在这个游戏中继续进行下去，即使是愚蠢的行为也不行。因此，在思维中宣称无法则的一个不可避免的后果（从理性的限制

---

① Onora O'Neill, *Constructing Authorities: Reason, Politics and Interpretation in Kant's Philosophy*, Cambridge University Press, 2015, p.144.

② Onora O'Neill, *Constructing Authorities: Reason, Politics and Interpretation in Kant's Philosophy*, Cambridge University Press, 2015, p. 144.

中所得来的自由）是自由的思考最终会受到损害，并且——因为它不是由于不幸，而是要对此进行归责——并将在这个词语的合宜感上走得很远。"①（WH 8:145）因此，具备此种能力的个体才能真正走向公共领域，并与道德自律的观念相结合，成为一种公共自律的基础性理念。在此基础上，我们才能克服自由法权在实际运用过程中所产生的张力和冲突。正如康德自己所言，"使用自己的理性，所要说的无非是：对于人们应当接受的一切来说，都问一问自己是否认为，使为何接受某种东西的根据或者从所接受的东西所产生的规则成为其理性应用的普遍原理，是可行的。"②（WH 8:146n）

三、集体的自我立法：公共自律的价值向度

通过如上两部分的分析，我们可以看出，要使共同体的所有成员进入到公共的法权状态，我们需要其自由法权和公共理性的指引。那么，在这一状态中，共同体成员应该具有什么样的价值取向呢？在我们前面的分析中，我们已经看到，当代自由主义者所提出的个人自律概念仅仅只能确立起单独性的而非普遍性价值取向，他们只能通过诉诸个体自由来保证自身权益不受侵犯。然而，这在公共法权状态中，是不具备任何意义的。如果一个人认为，一个行动是否道德仅仅只是在很大的程度上与他和其他人的关系相关，这就会错误地解决问题。我们应该承认，我们自身的所有行动计划都需要去适应我们与他人之间的道德关联。反之，他人的行动也需要考虑到我们的道德关系。因此，在公共法权状态

---

① Immanuel Kant, *Religion and Rational Theology*, Cambridge University Press, 1996, p.16.

② Immanuel Kant, *Religion and Rational Theology*, Cambridge University Press, 1996, p.18.

下，仅仅依靠个人自律所提供的价值标准是不能为我们提供基本的行动法则的，我们需要通过康德式的道德自律来真正走向集体的自我立法，以此来创造出具有公共自律特征的价值向度。

在《道德形而上学》中，康德亦对此"公共自律"的观念作出过一定的说明。在他看来，人们把自己构建成国家的这种行为其实也是一种国家的理念，也是初始契约的一种方式。"根据这个初始的契约，一个民族中的每个人都会放弃自己的外在自由来接受作为共同体成员的自由，亦即被认为是一个国家的人民的成员。因此，人们不能说：人类在一个国家中是为了一个目的而牺牲了其先天固有的自由的一个部分，而是他完全舍弃了自身狂野的、无法无天的自由，以便在一个对法则的依赖中，亦即在一个法权状态下获得其自身立法意志的独立性。"[1]（MS 6:315—316）

在这种集体性的自我立法意志（collective self-legislation）的指导下，没有任何强制性施加的公共法则有资格作为一种任何服从它的人都不能被视为自我施加的立法依据。这即是说，集体的自我立法与相互的、共同的立法不同，前者可以给予每一个否决的权利，让其有资格基于这样的一个基础来阻止立法：即这项所提议的法则并不是他自己可以制定的。而后者则不具备这种否决权，他们能够在立法的过程中保证每个人都可以自由平等地发声，但是集体选举的结果却可以对个人的选择造成强迫。卢梭式的具有"普遍意志"的立法其实就是共同立法的一种形式，而集体的自我立法则表示，只要通过了道德自律的检验，在自由法权的要求之下，任何成员具有理性的要求都不能被拒绝。

但是，在《道德形而上学奠基》中，通过定言命令式的程序，康德仅仅只是告诉了我们个人道德自律（自我立法）的生成方式，而对于集

---

[1] Immanuel Kant, *Practical Philosophy,* Cambridge University Press, 1996, p.459.

体的自我立法却并没有太多的涉及。因为我们不能规定其他人必须要采纳什么样的意愿原则,我们只能问我们自己,是否我们所认为的主观方面的准则能够被他人所采纳。那么,这种集体式的立法应该如何成为可能呢?

在一些学者看来,我们可以直接从康德作用于个人身上的道德自律直接过渡到作用于集体的公共自律。里斯指出,被理解为对自身制定普遍性准则的能力的康德式自律其实暗含了一种能够被扩展为社会内容的理性立法能力。在他看来:"当自律被视为一种制定法则的能力时,有关于自律的问题就变成了关于权威本质的问题。在一个政治王国中,立法性权威的标志即使通过某人意志的实践来为其他人创造理性的能力。"① 这即是说,任何能够为其自身成功意欲普遍有效的实践法则的自律的行动者也能够同时被其他自律的行动者视为是在与其的关系中拥有立法性权威的。科斯嘉则诉诸了一种政治上的共同立法概念来阐明共享的伦理秩序理念,在她看来,"作为目的王国中的一个公民,我必须使你的目的和理由成为我的,因而我也必须用一种它们能够成为你的方式来选择我的目的和理由"②。

虽然这样的论证方式可以从某种程度上说明自律公共性的维度,但是对于集体的自我立法是如何产生的,仍然是有些不明晰的。不过在《道德形而上学》关于如何从自然状态进入到法权状态的那一节中,康德曾对公共的权威如何形成作出过一种设想。在他看来,公民之间的联合不能是合理社会的一种形式,"因为在统治者和臣民之间是没有合作关系的;他们不是伙伴,而是彼此隶属的,不是并列的,而彼此并列

---

① Andrew Reath, "Legislating for a Realm of Ends: The Social Dimension of Autonomy", in Reath *et al.* (eds.), 1997, p.228.

② Christine Korsgaard, *Creating the Kingdom of Ends,* Cambridge University Press, 1996, p.192.

的人，必须因此而相互视为平等的，只要他们是处在共同的法律之下的"①（MS6:307）。只有在并列这种意义上，公民间的平等才能从一定意义上表现集体的自我立法。

在1793年出版的《论俗语：这在理论上可能是正确的，但不适合于实践》中，康德才更为详细地阐释了集体的自我立法。他认为："因为所有法权都仅仅包含了每个其他对这样一种条件的自由的限制之下，即它能够按照一个普遍法则与我的自由共存，并且公共法权（在一个共同体中）是与这一原则相符合的，并且具有权力让其相联结的一个实际立法的状态，凭借这一状态，所有属于人民的人都是作为主体在一个法权的状态中，亦即一个行动的平等的状态亦即一种限制人与他人与自由的普遍法则相一致的任性的反映；因此，每个人所固有的法权在这一条件下（他的法权优先于任何正当的行动）是在有关于强制他人来永远保持自由的运用与我的自由的运用相一致方面是平等的"②（TP 8:292—293）。从此之中，我们方才可以看出要想进入具有"普遍立法意志"的公共法权状态，并完成集体的自我立法，我们必须首先要按照一个共通的平等自由法则共存，其次要履行同等的责任，才能使自由法则的"作用力"相等。而这也正是作为纯粹理性的初始契约的根本价值。

因而，与政治自由主义所强调的个人自由的理念不同，康德公共法权状态的根本要旨乃是要确证不同人格关系之间的相互责任。这种公共性的意志就具有与私人意志所不同的特征。首先，私人意志是单边的而公共意志是多极的：前者仅仅涉及个人，而后者则是针对所有人。其次，私人意志没有对他人进行合法强制性的权威，而公共意志则可以拥

---

① Immanuel Kant, *Practical Philosophy*, Cambridge University Press, 1996, p.451.
② Immanuel Kant, *Practical Philosophy*, Cambridge University Press, 1996, p.293.

有。后者的权威主要存在于它有不依赖于每个人同意而能够约束个人意志的权威性能力。正如道德自律对我们进行普遍的法则约束一样，集体的自我立法作为公共自律规范性的前提，其目的不仅仅在于要个体或者社会总量的福利最大化，而是要让权利各方的责任义务受到合理的约束。

故而，在康德那里，公共自律所呈现出的特征其实在于一个外在法权的承责概念。只有共同体中的所有公民因为共通的自由法权而包含在交互性的责任之中，我们的集体自我立法才能真正得以完成。与政治自由主义者所提倡的个体自律不同，康德式自由主义的价值唯有在公共自律的情况下才能够得以展现。正如他所强调的那样："使自由成为原则以及对所有的强制的实践而言成为条件的那种唯一的形式是通过在严格的字面意义上的国家的正当性构建才被需要的。只有它将最终导致字面上的国家概念。这是唯一持续的国家宪政，在其之中的法则是自己控制的，并不依赖于特殊的人格。这是所有公共法权的最终目的，只有在这种状态中，每一个人才能够确定他自身的身份。"① （MS 6:340—341）

因而，归根结底，并非个体的幸福而是公共正义才是康德法权的根本切入点。正如康德在《政治哲学笔记》中所认为的那样："公共法权所确立的基本规范并非立足于全体人的实际同意，亦非建立在臣民的福祉上，而是基于理性的理念的源初契约。这一理性理念表达的是一种理想而非确定的事态，亦即确立评判政治正当性的基本价值尺度。"② （R19:503）由此，康德式整全性的自由主义需要以道德自律的观念作为其法权和政治学说的根本性价值。这也是一直以来康德对于普遍立法意

---

① Immanuel Kant, *Practical Philosophy*, Cambridge University Press, 1996, p.480.

② Immanuel Kant, *Lectures and Drafts on Political Philosophy*, Cambridge University Press, 2016, p.36.

志的强调的缘由，在公共法权的状态下自律观念仍然是十分重要的一个要素。而其道德责任、立法意志和平等的自由也更为鲜明地呈现了公共自律的终极价值。

第三节　至善、目的王国与永久和平：
　　　　　康德的共同体理想 ①

那么，以道德自律观念为核心的思想能够塑造出什么形式的共同体呢？近年来，康德对于共同体的设想时常也在学界引起争议。有学者认为，康德共同体理论的实现还需要以神学和宗教为依托，这或多或少是一种经过批判修正后的上帝之国。因为在《宗教》中，康德明确认为在**伦理共同体**中，只有把"上帝"视为公共伦理法则的制定者和颁布者，才能使得所有人配享其所得，方能达至公共善。但在另一些学者看来，康德共同体理论只需满足纯粹理性范围内法权学说的最终目的，不用刻意追求内在的道德理性要求。康德在较晚出版的《道德形而上学》中所提出的**政治共同体**正是基于此种设想。在他看来："尘世所有彼此之间能够发生实际关系的各民族的一个和平的、尽管还不是友好的、普遍的共联性，这一理性理念绝不是博爱的（伦理的），而是一个法权的原则。"②（MS6:352）而且，实现政治共同体间的永久和平是一种最高的政治善，仅需通过渐进的改革来完成。因此，在这些学者眼中，"康德成功地使至善观念成为人类生活的内在部分……人类所承担的这种善，已

---

① 本节大部分内容已发表。参见黄各：《至善、目的王国与永久和平——康德共同体理论可实现性的三重维度》，《四川师范大学学报》（社会科学版）2024年第3期。

② Immanuel Kant, *Practical Philosophy*, Cambridge University Press, p.489.

经处于他们的能力范围之内，不再是完全先验的、与他们作为有限存在者无关的东西"①。

这两种共同体理论的分野还延续至学界关于康德至善理念的讨论中。里斯就认为，同共同体理论一样，康德至善理论同样存在着神学（theological）和世俗（secular）两个维度："世俗的版本是一个指导我们行动的理想。它告诉我们要致力于实现一个世界，在这个世界里，个人可以发展出道德上的良好品格，并有能力和手段来实现目的……神学的至善支持对个人道德行为的承诺，因为它提供了保证，即我们自己无法实现的东西将得到上帝的补充，这个世界的不完美和不公正将在另一个世界得到改变"②。里斯还强调，如果这一区分导致了康德实践哲学体系的不融贯，我们应该重点关注的是康德更晚期作品中出现的世俗至善。正是在这些争论的基础上，本节将着重对康德至善与共同体之间的关系，以及其可实现性进行研究，力争对学界涉及到它们的争议性话题进行澄清。在我们看来，鉴于康德整个实践哲学体系的完整和系统性，将康德至善与共同体理论进行截然二分与非此即彼的解读并不能完整体现康德的原意。在这二者之间，还存在一种道德世界中的至善，它通过个人的道德自律建立起交互责任，使所有人脱离伦理自然状态，走向目的王国的共同体。这一共同体既是对具有"历史性"特征的政治共同体的一种接续，又体现出对具有"神学性"特征的伦理共同体的一种向往。正是在至善、目的王国与永久和平三种理念的共同作用下，康德的共同体理论才具备一定的可实现性。

---

① John. R. Silber, "Kant's Conception of the Highest Good as Immanent and Transcendent," *The Philosophical Review*, no. 4, 1959.

② Andrews Reath, "Two Conceptions of the Highest Good in Kant," *Journal of the History of Philosophy*, no.4, 1988.

一、康德的神学至善与伦理共同体

在《实践理性批判》中，康德曾对至善有过详尽的论述。在他看来："如果德性和幸福在一个人格中共同构成对至善的拥有，但此处完全精确地与道德（作为人格的价值及其对幸福的配享）成正比来分配的幸福也构成一个可能世界的**至善**，那么，这种至善就意味着整体，意味着完满的善。"①（KpV 5:110—111）不过，他同时指出，幸福与德性是至善理念中不同的种类与要素，因而并不能直接分析地认识，只能被综合地、被当作原因和结果的联结来设想。再加之，这种联结涉及到的是行动的和实践的善，因而会陷入到实践理性的"二论背反"中。那么，如何消除这个"背反"呢？在康德看来，如果行动者有权把自身假设为智性世界中的存在者，并让他在道德法则的因果性上拥有纯粹理智的根据，那么德性就能够与感官世界中的幸福产生间接的关联。只不过，这种关联是超感性的。接下来，康德进一步指出了理性在至善可能性的根据，并肯定了实践理性的优先性（primacy）地位。

正基于此，康德方才认为在尘世中（in the world）造就至善是可能的，只不过它需要借助某种神圣性（holiness）的帮助，并在一种"无限进展的进步中"被发现。不过，这只能在预设理性存在者拥有一种完整的人格性，且这种人格性还具有无限性的条件下才得以可能。至此，康德引出了他著名的两个实践理性公设：**上帝存在与灵魂不朽**。他还进一步强调了基督教的学说也提供了一个至善的概念，只是他是用上帝之国的概念来表示。"只有这个概念才使实践理性最严格的要求得到满足。"②（KpV5:127—128）从这些表述中很多学者意识到，康德至善理

---

① Immanuel Kant, *Practical Philosophy*, Cambridge University Press, 1996, p.229.
② Immanuel Kant, *Practical Philosophy*, Cambridge University Press, 1996, p.242-243.

念的实现必须要依靠宗教的帮助。比如，泰勒（Robert Taylor）在他《康德的政治宗教》一文中就强调："鉴于我们动机的不透明性，对上帝存在的实践理性公设的需要是显而易见的……如果不允许上帝的存在，我们就无法想象（今生或来生的）幸福与德性是如何相符的。简而言之，虽然我们无法自己观察到德性，但我们可以通过纯粹实践理性，去相信一个能够发现我们动机的上帝。"①

同时，康德在《宗教》中也明确认为，构造一个所有人都具备公共善及正义的伦理共同体需要借助最高的立法者。毕竟，由于人性的复杂，人们会在社会中相互败坏，哪怕已经尽其所能地追求向善，但人类共同体作为一个整体，一致向善却还十分困难。因此，人们必须要进行一种以至善为目的的、系统的联合，并在此基础上寻求到公共的立法者。故而，在康德那里，只有上帝的介入，才能使每个人都能得到他理应得到的东西。毕竟，要使伦理共同体得以可能，只能是在遵循上帝的诫命以及遵循德性法则的基础上。

由此，康德提出了他对伦理共同体的设想，以此与伦理的自然状态加以区分。只不过，在伦理共同体最终的呈现形态上，存在着可见和不可见的分别。可见的教会是在现实生活中人们实际上联合为一个整体；而不可见的教会则是关于所有具备德性之人的，在道德世界中由上帝直接统治的一种纯粹的理念。按照康德的说法，"这种世界统治是每一种由人所建立的世界统治的原型"②（Rel 6:101）。这种不可见的教会也是康德所强调的"道德不可避免地导致宗教"的根本所在。在这里，康德其实很清楚地向我们展示了伦理共同体中的最高立法者其实并不需要借

---

① Robert Taylor, "Kant's Political Religion: The Transparency of Perpetual Peace and the Highest Good," *The Review of Politics*, no. 1, 2010.

② Immanuel Kant, *Religion and Rational Theology*, Cambridge University Press, 1996, p.135.

助实质上的上帝，只是在它所导致的结果方面才让宗教有存在的可能。因而，在伦理共同体中，并不需要每个人都实实在在地预设上帝，在至善理念中作为实践理性公设的上帝存在以及灵魂不朽也只是要让共同体中的每个人明确纯粹实践理性的优先性地位。对此，维拉切克就曾谈道："公设的实践必要性的条件是由构成公设的信念与具有道德必要性的实践理性的要求共同制定的。如果我们能够确定诸如上帝存在和灵魂不朽这样的公设具有实践上的必要性，纵使它们不能满足所有理论认知的规定，那么至善仍然具备可实现性。"①

因此，维拉切克的解读其实也从一定的角度论证了康德的上帝存在公设虽然无法完全避免"自然和不可避免的幻相"，但它却可以通过实践理性的优先性地位，使人们可以通过努力去缓慢地靠近，达到一种接近（approximation）的状态。这也是康德为什么一直要将至善辩护为一个"真正的对象"，其现实性需要通过先验演绎的方式来进行证明的原因。在《纯粹理性批判》的"先验辩证论的附录"中，康德将这种应用称为**范导性**的。范导性在康德那里是一个非常重要的概念，在他看来，如果要使知性指向某一个目标或者节点，那么就要让知性的一切原则都向这个点聚焦。尽管可能这个点只是一个想象的理念，知性概念并不一定从其出发，"但它仍然被用来给知性概念带来一种与最大的扩展相伴的最大统一"②（KrV B672）。

由此我们可以看出，不管是在至善理念还是在伦理共同体的设想中，康德对于上帝的使用更多暗含的是一种期望人们去达至的理想，它的终极目标是引领人们走向德性和幸福彼此完全统一的境界，也使每个

---

① Marcus Willaschek, "Must We Believe in the Realizability of Our Ends? On a Premise of Kant's Argument for the Postulates of Pure Practical Reason", in *The Highest Good in Kant's Philosophy*, ed. Thomas Höwing, De Gruyter, 2016.

② Immanuel Kant, *Critique of Pure Reason,* Cambridge University Press, 1998, p.591.

人真正配享其所得。对此,柏亚苏强调:"德性与幸福之间必然的联结并非用于认识经验对象,而是用来引领我们走向至善。这一理念或许永远不能完全实现,但并不意味着我们不能将其作为自己的目标。"① 孙小玲教授亦指出:"要将至善视为一种实践理性可能的对象,我们就必须预设灵魂不灭与上帝存在,后者使得我们可以指望一个上帝为首的国度,在这个国度里幸福能够与德性严格匹配。"② 因此,虽然人实现道德完善的需要是实践理性的要求,但在事实上无法做到时,他只能寄托于希望,这才是康德提出上帝存在于灵魂不朽的真正目的。同样,伦理共同体的最高立法者也表达的是这种期望。因而,在我们的理解下,康德这种具有神学意味的至善在现实领域虽不能完全实现,但实践理性的优先性能够让人们坚定自身的行动决心、道德定力与奋斗勇气,从而不断向这个终点迈进。

二、康德的永久和平与政治共同体

那么,康德在其后期著作中所提到的政治共同体的实现是否也需要借助于这种"假想"的伦理共同体或者说神学层面的至善呢?在一些学者看来,这二者之间是有一定关联的。毕竟,康德曾在对政治共同体的设想中提到了永久和平是一种最高的政治善。而且,他在《道德形而上学》的法权论部分还曾明确表达过,永久和平是无法实现的,只能通过渐进的改革,在一种不断地"接近(approximation)"中去达成。这

---

① Sorin Baiasu, "The Realisability of Kant's Cosmopolitan Values", in *Kant's Cosmopolitics: Contemporary Issues and Global Debates*, ed. G. Brown, Edinburgh University Press, 2019.

② 孙小玲:《至善与道德世界——康德至善概念的现象学诠释》,《世界哲学》2016年第5期。

种"接近"其实就与上文中上帝的作用相似,它们同为"范导性"的。在《论永久和平》中,康德还强调了宇宙进程中更高原因和深邃智慧的"天意(Vorsehung)"。在他看来,我们虽然无法在自然中直接认识天意,而是"只能并且必须**想到**天意,以便与人类的艺术活动相类比,对其可能性形成一个概念;但是,表现天意与理性直接为我们规定的目的(道德目的)的关系和协调一致,是一个虽然在理论方面越界,但在实践方面(例如就永久和平的义务概念而言,以便利用自然的那种机械作用达到永久和平)却是独断的,而且在其实在性上是大有根据的"①(PP 8:361—362)。

因而,在持有神学立场的学者看来,作为最高政治善实现基础的政治共同体间的永久和平必须依赖于神学至善。泰勒即指出,"永久和平与至善基本相似,这种关系如此密切,以至于后者能够包含前者,并作为其先决条件。"② 只不过这二者之间是一种充分非必要的关系,因为最高的政治善的实现并不能完全意味至善的实现,因为几乎没有人相信,只要是在一个和平世界中,德性就能够与幸福完全成正比的分配。同时,自然同时都阻碍了两者的实现。语言和宗教的自然差异阻碍了能够带来永久和平的民族国家的形成。只有宽松的和平联邦才有希望减少国际冲突,但每个国家都有保留其发动战争的权利,这就使得由此产生的和平并不稳定。而我们有限的自然寿命和我们并不能对自然完全控制,使得在没有上帝的参与下就不可能实现政治共同体间的永久和平。

对此,泰勒进一步认为,至善是纯粹实践理性的全部目的,也就是说,它必须包含所有其他的客观目的。而永久和平是一个客观的目的,是法权学说的全部最终目的,这是由我们纯粹实践理性所产生的道德学

---

① Immanuel Kant, *Practical Philosophy*, Cambridge University Press, 1996, p.332.

② Robert Taylor, "Kant's Political Religion: The Transparency of Perpetual Peace and the Highest Good", *The Review of Politics*, Vol. 72, 2010.

说的一个分支。因此，至善包含着永久和平。① 这样一来，康德最高的政治善是可以实现的，上帝这种理想的视角提供了对它的确切保证。此外，一旦我们假设，只有当我们有理由相信最高的政治善是可以实现的目标时，我们才有理由追求最高的政治善，我们就可以通过参照上帝展示永久和平是如何实现的。这里的论证策略与《实践理性批判》中至善的论证相似，康德必须引入上帝存在的实践理性公设才能说明最高政治善的可能性。但是，这种观点也很容易引起争议。

首先，两种共同体的立法主体是不同的。政治共同体的主体在于公民，他们的普遍意志可以直接建立合法的外部强制；而伦理共同体的立法主体必须是具备公共善理念的道德存在者。在此基础上，两种共同体所对应的至善理念也是完全不同的。神学层面的至善之所以需要预设上帝，其根源在于它的动机是"不透明"的，我们无法对幸福与德性成比例分配进行观察和检验，或者说明确地注意到这种分配的进程。而最高政治善中永久和平的设想并不是人类永远无法抵达的一个目的地，它是有可能通过一代又一代的努力，在一定的历史条件下以及愿景中逐渐显露的。我们可以去了解或者探寻，世界是否会因为我们在现实世界中按照公共法权原则作出的政治努力，而变得更好，变得正在接近永久和平。

其次，这二者的最终诉求也不尽相同。在康德那里，最高的政治善是一种理念，而不是一种理想。虽然康德会借用神性、天意等概念，但其目的只是为了说明这个世界存在着更为深邃的智慧。而神学层面的至善则是一种理想，正如宫睿教授所言："实践理性公设的意义是在于使

---

① 泰勒同时还认为，把永久和平看作是达到至善的条件，也就是达到与德性成正比分配的幸福这一条件。他认为，永久和平能够消除阻碍实现幸福的事物来促成幸福。只不过，永久和平并不是达到至善的充分条件。比如，我们就没有理由完全相信，在一个没有战乱的世界里，德性与幸福的分配比例能够更为恰当。

实践理性本身成为可能,如若缺失,实践理性就会显得荒谬无根。因此,上帝的'公设'虽蕴含难以实现的含义,但并未要求实现,恰因为难以实现才作为'公设'为实践理性提供支持。"① 在《纯粹理性批判》中,康德还明确地将上帝表述为一种终极理想和终极目的,它们并不像柏拉图所谓的理念具有创造性的力量,而是具有一定的实践力量,运用范导性原则为行动的完善奠定基础。在《判断力批判》中,康德还进一步指出,上帝这种"信念之事"还是要以道德确信为依据,并是由"实践的纯粹理性命令的,因而必须只能被假定为可能的"②(KU 5:469)。

再者,康德的政治—历史哲学与宗教哲学的论证策略是不一致的。在康德看来,"我们不能要求地上的宗教(在这个词的最狭隘的意义上)有一部人类的**普遍历史**;因为它如果是建立在纯粹的道德信仰之上的,就不是公共的状态,而是每一个人都只能独自地意识到他在纯粹的道德信仰方面取得的进步。"③(Rel 6:124)这即是说,就行为的外部表现而言:"我们人类永远分不清遵纪守法的那种合法性(legality)与根据精神的指引来服从的那种道德性(morality)。前者是'一个具有好的道德的人'(a human being of good morals),而后者则是'一个在道德上良善的人'(a morally good human being)。政治—历史哲学只关心前者,即在合法性领域所取得的进步,宗教则关注后者,即道德上的进步。这超出了人类的一般认知,只是一个道德上希望的问题。"④ 所以,当康德提及上帝时,他需要我们人类必须假设一个知性世界,在那里,至善作

---

① 宫睿:《康德的目的王国公式译解》,《中国高校社会科学》2018 年第 5 期。
② Immanuel Kant, *Critique of the Power of Judgment*, Cambridge University Press, 2002, p.333.
③ Immanuel Kant, *Religion and Rational Theology*, Cambridge University Press, 1996, p.153.
④ Georg Cavallar, "Cosmopolitanisms in Kant's Philosophy", *Ethics & Global Politics*, 5, No. 2, 2012.

为一个无条件的整体是可能的，或者是可以思考的。当然，这样一个全知全能的道德存在以幸福和德性的完美统一作为终极目的是完全超出人类可能经验的。

因而，在里斯等人眼中，康德所谓的神学至善与政治至善完全是两个不同的事物。"神学至善支持个人道德行为的承诺，因为它提供了保证，即我们自己无法实现的东西将得到上帝的补充，这个世界的不完美和不公正将在另一个世界得到纠正（在那里德性能够导向幸福）。世俗的至善则告诉我们要致力于现实的世界，在这里，个人可以发展出道德上良好的品格，并有能力和手段来实现其可允许的目的。但是，当这二者同时出现时，不连贯性就开始显露。个人会在这个世界上为一个他们没有理由认为是可能的目的而努力，同时希望在另一个世界上有一个能够弥补他们努力的不足的状态。道德现在跨越了两个世界。虽然我们的行动发生在这个世界，但其具有意义的后果却被延迟到了另一个世界。"①

盖耶虽然在一定程度上承认政治共同中的永久和平需要以宗教神学作为依托，但他同时也指出了康德在不同时期思路上的变化。在他看来，"尽管原因略有不同，但在《纯粹理性批判》和《实践理性批判》中，康德认为，我们需要设想至善是在来世生活中才能实现的；而在1790年以后的所有著作中，康德则认为至善可以在感性世界中被人类完全实现。"② 这两种不同维度的至善还进一步造成了康德共同体理论的"断裂"。一方面，他希望能够通过自由民族联合体的间接方式促成政治共同体的建立，以实现永久和平；但另一方面，其神学意义上的伦理共同

---

① Andrews Reath, "Two Conceptions of the Highest Good in Kant", *Journal of the History of Philosophy*, 26, no.4, 1988.

② Paul Guyer, *Virtues of Freedom: Selected Essays on Kant*, Oxford University Press, 2016, p.301.

体又似乎不能对其提供帮助，甚至还无法实现。因为我们并不能满足这种脱离于人类生活本身的至善论。对此，邓安庆教授在谈到"康德意义上的伦理共同体为什么不能达成"的时候也强调，如果我们一味强调观念论上的"止于至善"，那么伦理共同体并不能满足实践的要求；如果我们坚持的是现实的、历史的原则，那么我们就有可能在人类自身并非完美的情况下，去探寻共同体的完整性。因而，"既然至善的伦理共同体无法实现，那么伦理学就必须承认这一先天的局限而转向将伦理的至善联合仅仅作为范导的理想，在现实的伦理生活中不把至善作为前提，去追求相对的、与历史发展相一致的伦理善的共识，这可能才是更加符合人性本性的做法"①。

三、康德的目的王国与道德世界共同体

那么，在康德那里，这两个共同体与其所依托的至善理念之间就真的无法通融了么？在众多学者对于至善和共同体的描述中，我们可以发现其中的一个疑难是：他们似乎都认为共同体的核心要义是要把单个人或者道德主体联合起来，以此来达成公共善。但是，在《论俗语所谓：这在理论上可能是正确的，但不适于实践》中，康德曾非常明确地表示他的社会契约理论是非常独特的。他认为，所有现存的契约论，一般的情况都是许多人为了一个共同的目的走进共同体。而很少见所有人把这一结合当作是目的。所以，这是在"彼此无法不相互影响的人的每一种一般而言的外在关系中无条件的首要的义务，则这样一种结合只能见诸一个处于公民状态，亦即形成一个共同体的社会之中。"②

---

① 邓安庆：《康德意义上的伦理共同体为何不能达成》，《宗教与哲学》2018年第7辑。
② 康德：《论俗语所谓：这在理论上可能是正确的，但不适于实践》，《康德历史哲学论文集》，李明辉译注，广西师范大学出版社2020年版，第102页。

这种基于自身目的的结合也是康德从个人道德自律达至公共自律的关键所在。在上文中，虽然盖耶指出了康德前后两个时期至善理念的不连贯，但他也同时注意到康德共同体及至善理念彰显了一种目的王国的理想。在他看来，"目的王国以最抽象的术语描述了我们道德选择的目标，它要求我们将所有与我们互动的理性存在者视为目的本身，并寻求所有这些理性存在（当然包括我们自己）自由选择的特定目的的系统联合，以此作为选择这些目的的人的道德地位的结果。"①

因而，在对共同体和至善理念进行分析时，一个不可或缺的维度还在于要与我们所有人道德选择的目的相一致。这就要求在伦理共同体与世界公民共同体之间，有一个基于所有人目的联合的道德世界。在《纯粹理性批判》中，康德曾对道德世界中的自由联合进行过描述："一部按照使得**每一个人的自由能够与其他人的自由共存**的法律而具有**最大的人类自由**（不是具有最大的幸福，因为最大的幸福已经自行接踵而至）的宪法，毕竟至少是一个必要的理念，人们不仅在一部国家宪法的最初制定中，而且就所有的法律而言都必须以这一理念为基础。"② 而后，康德还对道德世界专门进行了规定和阐释。认为它是"符合一切道德法则的世界（如同它按照有理性的存在者的**自由**所**能够**是的那样），亦即按照**道德性**的必然法则所应当是的那样"③（KrV B836）。

同时，康德还指出，在道德世界中还存有一种至善，只不过它是从作为至善理想的神学至善中派生而来。在他看来，幸福与道德性处于精

---

① Paul Guyer, *Virtues of Freedom: Selected Essays on Kant*, Oxford University Press, 2016, p.301.
② ［德］康德：《纯粹理性批判》（注释版），李秋零译注，中国人民大学出版社2011年版，第256页。
③ Immanuel Kant, *Critique of Pure Reason*, Cambridge University Press, 1998, p.678.

确比例之中是**至善的理想**，也被称为至高的源始的善（the highest original good）。而纯粹理性只有在这种理想中才能"发现至高的派生的善（the highest derived good）"①（KrV B838—839）。这种派生的善，才是道德世界中两个要素在实践上连接起来的必然依据。因而，道德世界中的至善能够依靠一个作为知识整体形式的理念，规定一般理性存在者对于自由的应用，并使之具备系统的统一性。这一方面可以使得人类的在世使命能在一个义务体系中得以完成；另一方面，它亦使得神学层面至善的应用是内在的，让人们可以不狂热地或者渎神地离开最高存在者，而使道德立法成为良善生活的导引。

在《判断力批判》中，康德同样提到了与目的王国和自由相关联的至善，他将其称为"**尘世中的**（in the world）**至善**"："道德法则作为应用我们的自由的形式上的理性条件，独自就使我们负有义务，无须依赖某个目的来作为质料上的条件；但是，它毕竟也为我们乃至先天地规定了一个终极目的，它使我们有义务追求这一目的，而这一目的就是通过自由而可能的**尘世中的至善**。"②（KU5:450）而在《宗教》中，康德更是直接使用了道德上的至善（the highest moral good）来表述。同时，他将其与最高的政治善作出了区分。在他看来，最高的政治善是要让人们走出每一个人对每一个人的战争状态，以便进入"政治的—公民的状态（a politico-civil state）"。而道德上的至善则是我们人类之间具有独特方式的义务。在他看来："因为有理性的存在者的每个物种在客观上，在理性的理念中，都注定要趋向一个共同的目的，即促进作为共同的善的一种至善。但是，由于道德上的至善并不能仅仅通过单个的人的目的联合成为一个整体，成为一个具有善良意念的人们的体系，只有在这

---

① Immanuel Kant, *Critique of Pure Reason,* Cambridge University Press, 1998, p.680.

② Immanuel Kant, *Critique of the Power of Judgment*, Cambridge University Press, 2002, p.315.

个体系中，并且凭借这个体系的统一，道德上的至善才能实现。"①（Rel 6:97—98）

因而，道德世界中的至善，一方面通过自由与道德目的论产生关联，直接在自己本身中寻找到至上法则的理性实存；另一方面也使所有人脱离原始的自然状态，走向具备共同价值要求与公共善的共同体之中。这其实就为政治共同体间的永久和平作了道德方面的规定。正如康德在对道德政治家的阐释中所认为的那样，必须要用一种对义务的承认状态来期望永久和平，并同时希望在人类不断地完善中发展其道德禀赋。"如果实现一种公共法权的状态，哪怕只是无穷进步地接近它，若同时使有根据的希望，则就是义务，那么，继迄今被如此误称的和约缔结而至的永久和平就不是一个空洞的理念，而是一项逐步得到解决而不断接近其目标的任务。"②（PP 8:386）

同样，在引领人类走向伦理共同体方面，道德世界的至善还发挥了"承接"的作用。它最终为神学层面的至善提供了一个自发的、非感性的伦理秩序目的。在这当中，每个理性存在者都会把理性本性作为自在目的来看待。在此基础上，探寻一个更高的道德存在者，以期保证德性与幸福的终极统一，并走向伦理共同体。所以，在康德那里，伦理共同体并非是不能达成或者无法实现的，而仅仅只是一种范导的理想来预设一个最高的存在，以此对共同体的最高秩序进行规定。对此，弗里克舒（Katrin Flikschuh）也认为，目的王国中的道德力量，亦可上升到道德信念的层面，并通过上帝作为联合体的首脑来作出决定。③

---

① Immanuel Kant, *Religion and Rational Theology*, Cambridge University Press, 1996, p.133.

② Immanuel Kant, *Practical Philosophy*, Cambridge University Press, 1996, p.351.

③ K. 福里克舒：《康德的目的王国：形而上学的，而非政治的》，刘凤娟译，《世界哲学》2015 年第 6 期。

至此，我们可以看到，直接将康德的至善理念进行神学与政治的二元区分其实并不十分准确。在这二者之间还存有一种道德世界中的至善作为连接的桥梁。它一方面能够用道德的政治家原则从一种对义务的承认状态来实现最高的政治善：永久和平。另一方面，也通过对整个人类的规定将共同体上升到整个族类的高度，并以普遍法则作为其基本保证。而最终，在从具有普遍目的的道德世界共同体向伦理共同体进行过渡时，才需要预设上帝的存在，并将它作为一种至善的理想。这样一来，至善理念通过不同的共同体呈现形式还显露出三重实现的维度：（1）与最高的政治善相关联的是一个政治共同体，致力于人们保障所有人基本的权利，使其脱离开伦理的自然状态。（2）与道德世界的至善相关联的是全球族类的共同体，它以族类的联合为目标，对共同体成员的道德提出更高要求，使每个人通过道德自律逐渐建立起交互责任、立法意志与平等自由的状态。这同时也要求人们要在不断地丰富和完善中发展自身的道德禀赋。（3）与神学至善相关联的是本体层面的伦理共同体，这是一种最为终极的理想，是为了提升人类整体道德境况的一种期望。

当然，这种解读并非就能呈现康德至善理念的全貌。毕竟德性与幸福的分配、目的自身的统一与永久和平之间到底如何联结还值得更为细致地研究和探索。但是本书所提供的这种至善的层级结构至少寻找到一种让人的理性能力去贯通自然与自由的可能。同时，作为"基石"的道德世界中的至善，通过目的王国理念为义务与目的在理性意志中的相互统一找到了方向。这不仅使得至善与以自律为核心的伦理体系更为契合，也使得德性与幸福尽可能地与所有人的道德要求相一致。因而，至善从最本质的特征上说，是一种有条件的概念，这种条件由道德世界的实现而产生，因而也是理想条件下的目的王国的实现，在此条件下德性不仅使拥有它的人幸福，而且所有人的德性将使所有人尽可能地得到与道德要求相一致的幸福。正如康德在《纯粹理性批判》中所言:"如今,在一个理知的世界里,也就是在一个道德世界,在一个我们从其概念抽掉了一切道德性的障碍(偏好)的世界里,这样一个与道德性相结合成正比的幸福的体系也可以被设想为必然的,因为部分地为道德法则所推动、部分地为其所限制的自由就会是普遍的幸福的原因,因而有理性的存在者在这些原则的指导下本身就会是其自己的、同时也是别人的持久福祉的创造者。"① (KrV B837)

---

① Immanuel Kant, *Critique of Pure Reason,* Cambridge University Press, 1998, p.679.

结语　共同体伦理规范性建构的可能性及其限度

在共同体中，个人的伦理生活是一定社会历史文化实践的体现。它不仅为我们的道德话语提供了共享的传统、记忆和场域，同时也内化为我们每个人的气质和禀赋，从而使得我们对生活的选择和计划具有了丰富的意义和价值。与此同时，这种伦理共同体也塑造了特殊的依存关系，并在社群之间获得认同和归属感，并以此形成整个共同体所认可的规范性目标和要求。

当今时代，人们伦理生活或者道德规范所呈现的样态具有复杂性、差异性以及多元性等特征。我们能够非常清晰地感受到：没有一种确切的、单一的伦理生活方式可以为我们的价值判断和目标抉择提供评判的依据。在这一过程中，很多传统的伦理生活方式及其背后所体现出来的价值观念不断地受到质疑、否定和冲击。但与此同时，人们参与到共同体中的自主性却又是在不断增强的，伦理共同体的稳定也需要人们自我能动性的积极发挥。因此，主体自我与共同体如何通过道德实践来完成对"共同目的"的追求就显得尤为重要。在此背景下，探究一种具有共通性的，并且还具有普遍规范性的伦理价值以及其所彰显出的道德精神就成为了我们想要探究的重大课题。

那么，我们如何才能够在共同体中确立一种可辩护的规范性基础呢？在我们看来，这种基础应当具备或者满足如下三个条件的要求：

首先，它应当建立在共通性的实践理由之上，而不是依赖于个人偶然性的偏好和境遇。这即是说，我们日常生活中特定的伦理情景、行为动机模式、具有特殊性的人格禀赋以及具体性的依赖关系都不能成为这种共通性的实践理由，其需要基于共同的道德视角来限制和规范，并且还需经受反思性的认可和确证。

其次，它所表征的并非是一般性地尊重每个人的自由选择、良心判断和其他具体化的美德，其必须体现出尊重基于原则的、彼此承担责任义务的道德人格价值。在制定一个普遍性规范时，我们所需考虑到的前提预设必须是坚信其他人也能够同时接受和承认这些原则、义务和规范。因而，道德判断、推理及其所确证的原则应该是普遍可传达的，从而特定社群中的个人不能明确拒绝这一规范性的约束。

最后，这种规范性基础虽然并不一定能够让我们接近更先在的道德真理和价值秩序，但却可以使我们更加彼此尊重、缩小分歧并团结一致。具备一定道德自律和实践理性能力的个人，能够通过这种基本原则来规范和修正道德上偶然的境遇，进而捍卫平等尊重的价值诉求。并且在此基础上，它能够使得我们在常规化的生活方式中去实现自我的伦理价值，把道德的追求融入到实践的体验中。在这种过程中，辨识和积累各种知识，以此参与到公共事务之中，运用自身的公共理性去关注和解决重要的公共性问题，在观念的碰撞和吸纳过程中达成理性的妥协。从而相互尊重和彼此欣赏，从主体走向主体间性，培养起公共精神。

而康德的道德自律观念正好为这一课题提供了不可或缺的思想资源。正如我们在正文中所提到的那样，这一观念通过探寻"自由何以可能"这一基础性问题，用道德法则（定言命令式）的形式保障了人们之间平等自由的积极取向，其显现的并不是每个人所特有的自由，而是要涵盖所有人，并促使人们在行动中与具有普遍规范性的道德法则相互契合一致。因而，以"自律"为主要特征的定言命令式通过确立普遍法则和义务体系捍卫每个人的平等尊严，基于道德法则行动同时也表征了每个人应该且能够具有的德性或者道德人格力量。这其实正是形成共同体伦理的基本规范性前提。

在具体表现形式上，道德自律观念通过自我立法来明确了道德法则的内容。它并不是由人们的意志所凭空创造或者自我构建的产物，它的基础建立在了一个客观的目的——即作为人性目的本身的理性基础之上，由此导向每个人与其他所有人的道德人格都能够得到平等的尊重，从而进入到目的王国之中。由此而带来的道德责任的归属也只能存在于这样的具有普遍规范性的自我立法之中。因此，自律实质上用自我立法体现出了一种主动去遵循道德义务和履行道德责任的能力。如此一来，要使每个人的平等自由都能得以实现，我们首先必须承担起属于自身的那一份道德责任，即以自律得自由。

而在具体的实施和应用层面，道德自律观念则通过自由法权的引领在私人和公共层面促进了自身的目的，使所有人形成联合且统一的意志。虽然在一些情况下，具体的法权规约需要一定的强制作为手段，但其基础仍然是实现以自律为核心的积极自由。同时，自由的根本价值其实也是对法权原则强制性的一种限制和保证。

因此，道德自律观念其实为共同体的规范性提供了价值基础，经由它所确立的所有人的平等自由在最大程度上实现了人类自由的价值，这是康德思想的根本价值旨趣所在。正如罗尔斯所言："政治哲学的真正的任务乃是去发现和阐明共识的更深层的基础，它是人们希望得到的、体现在常识中的；或者甚至通过一种新形式来表达我们在历史传统中找到的确信，通过把它们与人们更广范围的深思熟虑的确信（也就是经得起批判反思的信念）联系起来，以创造和塑造共同理解的起点。"[①]

在此种意义上，康德的整个实践哲学体系其实为我们当代社会完成

---

① John Rawls, "Kantian Constructivism in Moral Theory", *The Journal of Philosophy*, Vol. 77, No. 9, 1980.

公共法权机制的构建提供了规范性的原则和基础，并在此基础上对社会共同体的基本"善"予以了定位，以此体现出具有"道德自律""相互尊重"和"平等责任"的公共性向度。虽然，在本书中对于此观念的探讨还仅仅局限在理论层面。但我们仍然能够确信：自律的价值是可以在我们实际生活中，面对不同的传统和文化，发挥出其应有的价值的。因为，不管我们的社会处于何种发展阶段，实现每个人的平等自由价值都是值得憧憬和向往的人类未来理想图景。要想真正实现这种自由，我们需要规范，更需要肩负起道德法则所赋予我们的责任。归根结底，一种康德式的道德自律能够给我们带来诸多启迪与希望。

参考文献

一、康德原典

1.[德] 康德:《康德著作全集》第 1 卷,李秋零译,中国人民大学出版社 2003 年版。

2.[德] 康德:《康德著作全集》第 2 卷,李秋零译,中国人民大学出版社 2003 年版。

3.[德] 康德:《康德著作全集》第 3 卷,李秋零译,中国人民大学出版社 2004 年版。

4.[德] 康德:《康德著作全集》第 4 卷,李秋零译,中国人民大学出版社 2005 年版。

5.[德] 康德:《康德著作全集》第 5 卷,李秋零译,中国人民大学出版社 2006 年版。

6.[德] 康德:《康德著作全集》第 6 卷,李秋零译,中国人民大学出版社 2007 年版。

7.[德] 康德:《康德著作全集》第 7 卷,李秋零译,中国人民大学出版社 2008 年版。

8.[德] 康德:《康德著作全集》第 8 卷,李秋零译,中国人民大学出版社 2010 年版。

9.[德] 康德:《康德著作全集》第 9 卷,李秋零译,中国人民大学出版社 2010 年版。

10.[德] 康德:《纯粹理性批判》,邓晓芒译,人民出版社 2004 年版。

11.[德] 康德:《实践理性批判》,邓晓芒译,人民出版社 2004 年版。

12.[德] 康德:《判断力批判》,邓晓芒译,人民出版社 2004 年版。

13.[德] 康德:《实践理性批判》,韩水法译,商务印书馆1999年版。

14.[德] 康德:《道德形而上学奠基》,杨云飞译,中国人民大学出版社2013年版。

15.[德] 康德:《康德历史哲学论文集》,李明辉译,广西师范大学出版社2020年版。

16.[德] 康德:《逻辑学讲义》,许景行译,商务印书馆1991年版。

17.Kant, I. *Theoretical Philosophy 1755—1770*, Cambridge University Press, 1992.

18.Kant, I. *Lectures on Logic*, Cambridge University Press, 1992.

19.Kant, I. *Opus postumum*, Cambridge University Press, 1993.

20.Kant, I. *Practical Philosophy*, Cambridge University Press, 1996.

21.Kant, I. *Religion and Rational Theory*, Cambridge University Press, 1996.

22.Kant, I. *Lectures on Ethics*, Cambridge University Press, 1997.

23.Kant, I. *Critique of Pure Reason*, Cambridge University Press, 1998.

24.Kant, I. *Critique of the Power of Judgment*, Cambridge University Press, 2000.

25.Kant, I. *Theoretical Philosophy after 1781*, Cambridge University Press, 2002.

26.Kant, I. *Notes and Fragments*, Cambridge University Press, 2005.

27.Kant, I. *Anthropology, History, and Education*, Cambridge University Press, 2007.

28.Kant, I. *Observations on the Feeling of the Beautiful and Sublime and Other Writings*, Cambridge University Press, 2011.

29.Kant, I. *Lectures and Drafts on Political Philosophy*, Cambridge University Press, 2016.

二、专著类

1. 邓晓芒:《康德哲学诸问题》,生活·读书·新知三联书店2006年版。

2. 邓晓芒：《康德〈道德形而上学奠基〉句读》，人民出版社 2012 年版。

3. 傅永军：《绝对视域中的康德宗教哲学：从伦理神学到道德宗教》，社会科学文献出版社 2015 年版。

4. 韩水法：《批判的形而上学》，北京大学出版社 2009 年版。

5. 黄涛：《自由、权利与共同体：德国观念论的法权演绎学说》，商务印书馆 2020 年版。

6. 黄裕生：《权利的形而上学》，商务印书馆 2019 年版。

7. 刘静：《正当与德性：康德伦理学的反思与重构》，中国社会科学出版社 2015 年版。

8. 卢雪崑：《意志与自由——康德道德哲学研究》，文史哲出版社 1986 年版。

9. 卢雪崑：《康德的形而上学——物自身与智思物》，中国人民大学出版社 2016 年版。

10. 罗卫东：《情感·秩序·美德——亚当·斯密的伦理世界》，中国人民大学出版社 2006 年版。

11. 牟宗三：《心体与性体》，上海古籍出版社 1999 年版。

12. 王涛：《罗尔斯的政治自由主义转向》，社会科学文献出版社 2018 年版。

13. 吴彦：《法、自由与强制力：康德法哲学导论》，商务印书馆 2016 年版。

14. 徐向东：《道德哲学与实践理性》，商务印书馆 2006 年版。

15. 徐向东：《自我、他人与道德——道德哲学导论》，商务印书馆 2007 年版。

16. 叶秀山：《启蒙与自由》，江苏人民出版社 2013 年版。

17. 张志伟：《康德的道德世界观》，中国人民大学出版社 1995 年版。

18. 赵广明：《康德的信仰：康德的自由、自然和上帝理念批判》，江苏人民出版社 2008 年版。

19. [德] 费希特：《自然法权基础》，谢地坤译，商务印书馆 2004 年版。

20. [德] 费希特：《伦理学体系》，梁志学、李理译，中国社会科学出版社 1995 年版。

21. [德] 黑格尔：《法哲学原理》，范扬、张启泰译，商务印书馆 1961 年版。

22. [德] 黑格尔：《精神现象学》贺麟、王玖兴译，商务印书馆 1997 年版。

23. [德] 叔本华：《作为意志和表象的世界》，石冲白译，商务印书馆 1982 年版。

24. [德] 叔本华：《伦理学的两个基本问题》，石冲白译，商务印书馆 1994 年版。

25. [古希腊] 柏拉图：《理想国》，郭斌和、张竹明译，商务印书馆 1986 年版。

26. [古希腊] 亚里士多德：《尼各马可伦理学》，廖申白译，商务印书馆 2003 年版。

27. [古希腊] 亚里士多德：《政治学》，吴寿彭译，商务印书馆 1965 年版。

28. [法] 卢梭：《社会契约论》，李平沤译，商务印书馆 2011 年版。

29. [法] 卢梭：《论人与人之间不平等的起因和基础》，李平沤译，商务印书馆 2015 年版。

30. [加] 利普斯坦：《强力与自由——康德的法哲学与政治哲学》，毛安翼译，知识产权出版社 2016 年版。

31. [美] 赫尔曼：《道德判断的实践》，陈虎平译，东方出版社 2006 年版。

32. [美] 施尼温德：《自律的发明：近代道德哲学史》，张志平译，上海三联书店 2012 年版。

33. [美] 迈克尔·弗雷泽：《同情的启蒙：18 世纪与当代的正义和道德情感》，胡婧译，译林出版社 2016 年版，

34. [美] 保罗·盖耶：《康德》，宫睿译，人民出版社 2015 年版。

35. [美] 托马斯·博格：《康德、罗尔斯与全球正义》，刘莘、徐向东等译，上海译文出版社 2011 年版。

36. [美] 亨利·阿利森：《康德的自由理论》，陈虎平译，辽宁教育出版社 2001 年版。

37. [美] 亨利·阿利森：《康德的先验观念论：一种解读与辩护》，丁三东、

陈虎平译，商务印书馆 2014 年版。

38.[美] 克里斯蒂娜·科斯嘉：《规范性的来源》，杨顺利译，上海译文出版社 2010 年版。

39.[美] 莱斯利·马尔霍兰：《康德的权力体系》，赵明、黄涛译，商务印书馆 2011 年版。

40.[美] 刘易斯·贝克：《〈实践理性批判〉通释》，黄涛译，华东师范大学出版社 2011 年版。

41.[美] 约翰·罗尔斯：《正义论》，何怀宏等译，中国社会科学出版社 2010 年版。

42.[美] 约翰·罗尔斯：《政治哲学史讲义》，杨通进等译，中国社会科学出版社 2016 年版。

43.[美] 约翰·罗尔斯：《道德哲学史讲义》，顾肃等译，中国社会科学出版社 2012 年版。

44.[美] 阿伦·伍德：《每个人的自由发展》，李仙飞译，人民出版社 2022 年版。

45.[美] 阿伦·伍德：《康德的伦理思想》，黄涛译，商务印书馆 2023 年版。

46.[英] 大卫·休谟：《道德原则研究》，曾晓平，商务印书馆 2001 年版。

47.[英] 约翰·洛克：《政府论》（上下篇），翟菊农、叶启芳译，商务印书馆 1987 年版。

48.[英] 奥诺拉·奥尼尔：《理性的建构：康德实践哲学探究》，林晖、吴树博译，复旦大学出版社 2013 年版。

49.Allison, H. *Kant's Theory of Freedom*, Cambridge University Press, 1990.

50.Allison, H. *Kant's Theory of Taste: A Reading of the Critique of Aesthetic Judgment*, Cambridge University Press, 2001.

51.Allison, H. *Kant's Groundwork for the Metaphysics of Morals: A Commentary*, Oxford University Press, 2011.

52.Allison, H. *Essays on Kant*, Oxford University Press, 2012.

53.Ameriks, K. *Interpreting Kant's Critiques*, Oxford University Press, 2003.

54.Berlin, I. *Four Essays on Liberty*, Oxford University Press, 1969.

55.Berlin, I. *Liberty: Incorporating Four Essays on Liberty*, Oxford University Press, 2002.

56.Bruce, A. *Kant's Theory of Morals*, Princeton University Press, 1979.

57.Chirman, J. "Feminism and Autonomy", in Dana Bushnell (ed.), *Nagging Questions: Feminist Ethics in Everyday Life,* Rowman and Littlefield, 1995.

58.Darwall, S. *Impartial Reason*, Cornell University Press, 1983.

59.Darwall, S. *The Second—Person Standpoint: Morality, Respect, and Accountability*, Harvard University Press, 2006.

60.Deligiorgi, K. *The Scope of Autonomy: Kant and the Morality of Freedom*, Oxford University Press, 2012.

61.Dworkin, G. *The Theory and Practice of Autonomy*, Cambridge University Press, 1989.

62.Dwokin, G. A Matter of Principle, Harvard University Press, 1985.

63.Ekastrom, L. "Autonomy and Personal Integration" in *Personal Autonomy: New Essays on Personal Autonomy and Its Role in Contemporary Moral Philosophy*, Cambridge University Press, 2004.

64.Friedman, M. *Autonomy, Gender, Politics*, Oxford University Press, 2003.

65.Frazer, M. *The Enlightenment of Sympathy: Justice and the Moral Sentiments in the Eighteenth Century and Today,* Oxford University Press, 2010.

66.Gilligan, C. *In a Different Voice: Psychological Theory and Women's Development*, Cambridge University Press, 1982.

67.Gregor, M. *Laws of Freedom: A Study of Kant's Method of Applying the Categorical Imperative in the Metaphysik der Sitten*, Blackwell, 1963.

68.Guyer, P.*The Cambridge Companion to Kant*, Cambridge University Press, 1992.

69.Guyer, P.*Kant and the Experience of Freedom,* Cambridge University Press, 1993.

70.Guyer, P.*Kant's Groundwork of the Metaphysics of Morals: Critical Essays*, Rowman & Littlefield, 1998.

71.Guyer, P.*Kant on Freedom, Law and Happiness*, Cambridge University Press, 2000.

72.Guyer, P.*Kant's System of Nature and Freedom: Selected Essays*, Clarendon Press, 2005.

73.Guyer, P.*Kant*, Second edition, Routledge, 2014.

74.Guyer, P.*The Virtue of Freedom: Selected Essays on Kant*, Oxford University Press, 2016.

75.Guyer, P.*Kant on the Rationality of Morality*, Cambridge University Press, 2019. Habermas, J. *Between Facts and Norms: Contributions to a Discourse Theory of Law and Democracy,* MIT Press, 1996.

76.Herman, B. *The Practice of Moral Judgment*, Harvard University Press. 1993.

77.Hill, T. *Autonomy and Self-Respect*, Cambridge University Press, 1991.

78.Hill, T. *Dignity and Practical Reason in Kant's Moral Theory*, Cornell University Press, 1992.

79.Hill, T. *Respect, Pluralism, and Justice: Kantian Perspectives*, Oxford University Press, 2000.

80.Hill, T. *Virtue, Rules and Justice: Kantian Aspirations*, Oxford University Press, 2012.

81.Hume, D. *A Treatise of Human Nature*, Oxford University Press, 1978.

82.Johnson, D. *The Idea of Liberal Theory: A Critique and Reconstruction*, Princeton University Press, 1994.

83.Kenneth, B. *The Normative Grounds of Social Criticism*, State University of New York Press, 1992.

84.Korsgaard, C. *Creating the Kingdom of Ends*, Cambridge University Press, 1996.

85.Korsgaard. C. *The Source of Normativity,* Cambridge University Press, 1996.

86.Long, A. "Freedom and Determinism in the Stoic Theory of Human Action," in *Problems in Stoicism*. Duckworth, 1971.

87.Moran, K. *Community and Progress in Kant's Moral Philosophy,* The Catholic University of America Press, 2012.

88.Newhouse, M. E. "Juridical Law as a Categorical Imperative", in *Reason, Normativity and Law: New Essays in Kantian Philosophy*, University of Wales Press, 2020.

89.O'Neill, O. *Acting on Principle: An Essay on Kantian Ethics*, New York: Columbia University Press, 1975.

90.O'Neill, O. *Construction of Reason: Explorations of Kant's Practical Philosophy*, Cambridge University Press, 1989.

91.O'Neill, O. *Constructing Authorities: Reason, Politics and Interpretation in Kant's Philosophy,* Cambridge University Press, 2015.

92.O'Neill, O. *Towards Justice and Virtue: A Constructive Account of Practical Reasoning*, Cambridge University Press, 1996.

93.Otteson, J. "Adam Smith's Libertarian Paternalism", T*he Oxford Handbook of Freedom*, Oxford University Press, 2016.

94.Paton, H. J. *The Categorical Imperative: A Study in Kant's Moral Philosophy*, Hutchinson, 1947.

95.Payne, C. & Thorpe, L. *Kant and the Concept of Community,* University of Rochester Press, 2011.

96.Pinkard, T. *German Philosophy 1760—1860: The Legacy of Idealism,* Cambridge University Press, 1996.

97.Pippin, R. "Hegel's Practical Philosophy: The Realization of Freedom", in Karl Ameriks (ed), *The Cambridge Companion to German Idealism*, Cambridge University Press, 2000.

98.Pogge, T. "Is Kant's Rechtslehre a Comprehensive Liberalism", in Mark Timmons (ed.), *Kant's Metaphysics of Morals: Interpretative Essays*, Oxford University Press, 2002.

99.Raphael, D. *Adam Smith's Market of Life,* Cambridge University Press, 2007.

100.Rawls, J. *A Theory of Justice, revised edition*, Harvard University Press, 1999.

101.Rawls, J. *Collect Papers*, ed. S. Freeman, Harvard University Press, 1999.

102.Rawls, J. *The Law of Peoples*, Harvard University Press, 1999.

103.Rawls, J. *Lectures on the History of Moral Philosophy*, Harvard University Press, 2000.

104.Rawls, J. *Justice as Fairness: A restatement*. ed. E. Kelly, Cambridge, Harvard University Press, 2001.

105.Rawls, J. *Lectures on the History of Political Philosophy*, ed. S. Freeman, Harvard University Press, 2001.

106.Rawls, J. *Political Liberalism*, Columbia University Press, 2005.

107.Raz, J. *The Morality of Freedom*, Oxford University Press, 1986.

108.Reath, A. *Agency and Autonomy in Kant's Moral Theory*, Oxford University Press, 2006.

109.Riley, P.*Will and Political Legitimacy: A Critical Exposition of Social Contract Theory in Hobbes, Locke, Rousseau, Kant and Hegel*, Harvard University Press, 1982.

110.Ripstein, A. *Force and Freedom: Kant's Legal and Political Philosophy*, Harvard University Press, 2009.

111.Schneewind, J.B., *The Invention of Autonomy: A History of Modern Moral Philosophy*, Cambridge University Press, 1998.

112.Schwaiger, C. "Ethik", in *Hannolbuch Christian Wolff*, Springer book, 2018.

113.Sidgwick, H. *The Methods of Ethics*, Palgrave Macmillan Press, 1962.

114.Smith, A. *The Theory of Moral Sentiments*, Liberty Fund, 1984.

115.Taylor, R. *Reconstructing Rawls: The Kantian Foundations of Justice as Fairness*, Pennsylvania State University, 2011.

116.Timmermann, J. *Kant's Groundwork of the Metaphysics of Morals: A Commentary*, Cambridge University Press, 2007.

117.Waldron, J. "Moral Autonomy and Personal Autonomy", in *Autonomy and the Challenges to Liberalism,* Cambridge University Press, 2005.

118.Williams, B. *Making Sense of Humanity*, Cambridge University Press, 1995.

119.Wolff, C. "The Deutsche Metaphsik of Christian Wolff: Text and Transitions", in *History of Philosophy in the Making*, University Press of America, 1982.

120.Wood, A. *Kant's Ethical Theory,* Cambridge University Press, 1999.

121.Wood, A. "The Moral Law as a System of Formulas", in *Architetonik und System in der Philosophie Kants*, Felix Meiner, 2001.

122.Wood, A. *Kantian Ethics,* Cambridge University Press, 2008.

123.Wood, A. *The Development of Each: Studies on Freedom, Right, and Ethics in Classical German Philosophy,* Oxford University Press, 2014.

124.Wood, A. *Formulas of Moral Law (Elements in the Philosophy of Kant),* Cambridge University Press, 2017.

125.Yovel, Y. *Kant and the Philosophy of History*, Princeton University Press, 1981.

126.Zweig, A. *Kant: Philosophical Correspondence*, University of Chicago Press, 1967.

三、期刊类

1. [美]安东尼·朗：《斯多亚学派的幸福论》，刘玮译，《清华西方哲学研究》2018年第4期。

2. [美] 克里斯蒂娜·科斯嘉：《柏拉图与康德伦理学中的自我构成》，葛四友译，胡真圣校，《世界哲学》2011年第3期。

3. [美] K.福里克舒：《康德的目的王国：形而上学的，而非政治的》，刘凤娟译，《世界哲学》2015年第6期。

4. 卞绍斌：《强制与自由：康德法权学说的道德证成》，《学术月刊》2017年第5期。

5. 卞绍斌：《法则与自由：康德定言命令公式的规范性阐释》，《学术月刊》2018年第3期。

6. 卞绍斌：《走出自然状态：康德与公共法权的证成》，《学术月刊》2019年第6期。

7. 陈肖生：《洛克政治哲学中的自然法与政治义务的根基》，《学术月刊》2015年第2期。

8. 邓安庆：《再论康德关于伦理与道德的区分及其意义》，《北京大学学报》（哲学社会科学版）2019年第5期。

9. 邓安庆：《论康德的两个伦理学概念》，《伦理学研究》2019年第4期。

10. 邓安庆：《康德意义上的伦理共同体为何不能达成》，《宗教与哲学》2018年第第1辑。

11. 邓晓芒：《康德道德哲学的三个层次——〈道德形而上学基础〉述评》，《云南大学学报》（社会科学版）2004年第4期。

12. 郭大为：《政治的至善——康德的永久和平思想与当代世界》，《云南大学学报》2004年第4期。

13. 宫睿：《康德目的王国公式译解》，《中国高校社会科学》2018年第5期。

14. 傅永军：《康德道德归责论探赜》，《道德与文明》2018年第4期。

15. 傅永军、杨东东：《公共理性与公共阐释的有效性》，《江海学刊》2018

年第 2 期。

16. 黄各：《层级性与优先性：自律观念的当代分野与交融》，《东南学术》2022 年第 2 期。

17. 黄各：《康德的法权法则：悖论、调和与反驳》，《道德与文明》2022 年第 6 期。

18. 黄各：《自律与公共权威：康德政治证成的伦理向度》，《伦理学研究》2023 年第 5 期。

19. 黄裕生：《论意志与法则——卢梭在康德与道德领域的突破》，《哲学研究》2018 年第 8 期。

20. 胡万年：《康德文本中 Willkür 概念的诠释及启示》，《安徽师范大学学报》（人文社会科学版）2012 年第 4 期。

21. 舒远招：《超越康德伦理学的三条路径——黑格尔、叔本华和舍勒对康德伦理学的批判和超越》，《云南大学学报》（社会科学版）2018 年第 4 期。

22. 孙小玲：《法权论是否属于康德的道德形而上学？——兼论康德在政治与道德之间的区分》，《复旦大学学报》（社会科学版）2019 年第 3 期。

23. 孙小玲：《从方法论视角看罗尔斯的"政治转向"》，《现代哲学》2017 年第 4 期。

24. 孙小玲：《自律的悖论与罗尔斯的契约论解决》，《哲学研究》2016 年第 1 期。

25. 孙小玲：《至善与道德世界——康德至善概念的现象学诠释》，《世界哲学》2016 年第 5 期。

26. 王福玲、龚群：《自律：康德尊严思想的基石》，《思想战线》2013 年第 2 期。

27. 徐萍萍：《关于自律内涵的道德哲学辨析》，《道德与文明》2014 年第 3 期。

28. 许小亮：《从国家理性到公共理性：康德政治哲学的革命》，《学术月刊》2015 年第 3 期。

29. 杨云飞：《康德政治哲学中固有自由法权之含义和功能》，《云南师范大学学报》（哲学社会科学版）2019 年第 5 期。

30. 杨云飞：《康德目的王国理念新解》，《武汉大学学报》（社会科学版）2015 年第 4 期。

31. 杨云飞：《论康德对罗尔斯正义理论的影响——兼谈哲学史对于当代哲学研究的启发意义》，《武汉大学学报》（人文科学版）2013 年第 2 期。

32. 杨云飞：《康德的人性公式探微》，《武汉大学学报》（社会科学版）2010 年第 4 期。

33. 杨云飞：《目的王国与伦理共同体》，《现代哲学》2020 年第 1 期。

34. 应奇：《罗尔斯、拉兹与社群主义》，《道德与文明》2017 年第 4 期。

35. 张东辉：《Sitten 和 Moral 的含义及其演变——从康德、费希特到黑格尔》，《哲学研究》2016 年第 3 期。

36. 张东辉：《论康德哲学中道德与法治的关系》，《伦理学研究》2017 年第 2 期。

37. 张卫：《康德哲学中的自然法思想探析》，《科学·经济·社会》2013 年第 4 期。

38. 朱会晖：《道德法则究竟如何可能？——围绕〈道德形而上学奠基〉的文本解读》，《山东科技大学学报》2012 年第 5 期。

39. 朱会晖、刘梦遥：《康德哲学中先验自由与实践自由之关系新释》，《四川师范大学学报》（社会科学版）2019 年第 3 期。

40. 朱毅：《道德义务与完善性：沃尔夫与克鲁修斯对康德早期伦理学的影响》，《哲学评论》2023 年第 1 期。

41. Baiasu, S. "Right's Complex Relation to Ethics in Kant: The Limits of Independentism", *Kant-Studien*, Vol. 107(1), 2016.

42. Benson, J. "Who is the Autonomous Man?" *Philosophy*, Vol. 58, 1983.

43. Bielefeldt, H. "Autonomy and Republicanism: Immanuel Kant's Philosophy of Freedom", *Political Theory*, Vol. 25, 1997.

44. Bojanowski, J. "Kant on the Justification of Moral Principle", *Kant-Studien*,

Vol. 108, 2017.

45.Brown, V. "The Impartial Spectator and Moral Judgement", *Econ Journal Watch*, Vol. 13(2), 2016.

46.Chrisman, J. "Autonomy and Personal History", *Canadian Journal of Philosophy*, Vol. 21, 1991.

47.Darwall, S. "Kantian Practical Reason Defended", *Ethics,* Vol. 6, 1985.

48.Darwall, S. "The Value of Autonomy and Autonomy of the Will," *Ethics*, Vol. 116, 2006.

49.Fitzpatrick, W. "The Practical Turn in Ethical Theory: Korsgaard's Constructivism, Realism, and the Name of Normativity", *Ethics*, Vol. 115, 2005.

50.Formosa, P."Is Kant a Moral Constructivist or a Moral Realist", *European Journal of Philosophy*, Vol. 21, 2011.

51.Formosa, P."Kant's Concept of Personal Autonomy", *Journal of Social Philosophy*, Vol. 44, No. 3, 2013.

52.Frankfurt, H. "Freedom of the Will and the Concept of the Person", *The Journal of Philosophy*, Vol. 68, No. 1, 1971.

53.Galvin, R. "Rounding up Usual Suspect: Varieties of Kantian Constructivism in Ethics", *The Philosophical Quarterly*, Vol. 61, 2011.

54.Gillon, R. "Autonomy and the Principle of Respect for Autonomy", *British Medical Journal*, Vol. 290, 1985.

55.Guyer, P."The Twofold Morality of Recht: Once More Unto the Breach", *Kant-Studien*, Vol. 107(1), 2016.

56.Guyer, P."Principles of Justice, Primary Goods and Categories of Right: Rawls and Kant", *Kantian Review*, Vol. 23 (4), 2018.

57.Hanisch, C. "Kant on Democracy", *Kant-Studien*, Vol. 107(1), 2016.

58.Horn, C. "Kant's Political Philosophy as a Theory of Non-Ideal Normativity", *Kant-Studien*, Vol. 107(1), 2016.

59.Kitcher, P. "A Kantian Argument for the Formula of Humanity", *Kant-Studien*, Vol. 108(2), 2017.

60.Kleingeld, P. "Contradiction and Kant's Formula of Universal Law", *Kant-Studien,* Vol. 107(1), 2016.

61.Kleingeld, P.& Willaschek, P. "Autonomy Without Paradox: Kant, Self-Legislation and the Moral Law", *Philosopher's Imprint*, Vol. 19, No. 6, 2019.

62.Kain, P. "Realism and Anti-Realism in Kant's Second Critique", *Philosophy Compass*, Vol. 1, 2006.

63.Korsgaard, C. "Self-Constitution in the Ethics of Plato and Kant", *The Journal of Ethics*, Vol. 3, 1999.

64.O'Neill, O. "The Inaugural Address: Autonomy: The Emperor's New Clothes", *Proceedings of the Aristotelian Society*, Vol.77, 2003.

65.Rawls, J. "Kantian Constructivism in Moral Theory", *The Journal of Philosophy*, Vol. 77, No. 9, 1980.

66.Reich, K. "Kant and Greek Ethics", *Mind,* Vol.48, 1939.

67.Simmons J. "Justification and Legitimacy", *Ethics*, Vol. 109 (4), 1999.

68.Street, S. "What is Constructivism in Ethics and Metaethics", *Philosophy Compass,* Vol. 5, 2010.

69.Stern, R. "The Autonomy of Morality and the Morality of Autonomy", *Journal of Moral Philosophy*, Vol. 6, 2009.

70.Studer, H. "A Community of Rational Beings: Kant's Realm of Ends and the Distinction between Internal and External Freedom", *Kant-Studien*, Vol. 107, 2016.

71.Taylor, R. "Kantian Personal Autonomy", *Political Theory*, Vol.33, 2005.

72.Willaschek, M. "Right and Coercion: Can Kant's Conception of Right be Derived from his Moral Theory?", *International Journal of Philosophical Studies*, Vol. 17(1), 2009.

73.Wood, A. "The Final Form of Kant's Practical Philosophy", *The Southern*

Journal of Philosophy, Vol. XXXVI, 1997.

74.Wyrębska-Đermanović, E. "The Moral Source of Kant's Concept of Right", *Public Reason*, Vol. 10, 2019.

附 件

康德文本缩写索引

为方便注释和浏览，本书对引用的康德原著采用缩略语注释，在正文中括号内的页码采用的是德文科学院版的康德全集页码 (*Kants gesammelte Schriften*, Deutsche Akademie der Wissenschaften, Berlin：Walter de Gruyter, 1902)。其中，在对《纯粹理性批判》进行引用时，还分别用"A"和"B"来表示了第一版和第二版。英文译本参照的是由保罗·盖耶（Paul Guyer）教授和艾伦·伍德（Allen Wood）教授所主编的剑桥版康德全集（*The Cambridge Edition of the Works of Immanuel Kant*, Cambridge University Press）。中文译本参照的是李秋零教授主编的《康德著作全集》。文中所涉及引用的文本的缩写对应如下：

Anth:

Anthropologie in pragmatischer Hinsicht [1798] (AA7)；*Anthropology from a Pragmatic Point of View*：《实用人类学》

BBGSE:

Bemerkungen zu den Beobachtungen über das Gefühl des Schönen und Erhabenen [1764—1765] (AA 20); *Remarks in the Observations on the Feeling of the Beautiful and Sublime*：《关于美感与崇高感的考察的评论》

BGSE：

Beobachtungen über das Gefühl des Schönen und Erhabenen [1764] (AA2);

Observations on the Feeling of the Beautiful and Sublime：《关于美感和崇高感的考察》

C：

Moralphilosophie Collins［1774—1777］（AA 27）；*Moral Philosophy: Collins Lecture Notes*：《道德哲学：柯林斯讲座笔记》

GMS：

Grundlegung zur Metaphysik der Sitten［1785］（AA 4）；*Groundwork of the Metaphysics of Morals*：《道德形而上学奠基》

I：

Idae zu einer allgemeinen Geschichte in weltbürgerlicher Absicht［1784］（AK 8）；

Idea toward a Universal History with a Cosmopolitan Aim：《世界公民观点之下的普遍历史理念》

KpV：

Kritik der Praktischen Vernunft［1788］（AA 5）；*Critique of Practical Reason*：《实践理性批判》

KrV A/B：

Kritik der reinen Vernunft［1781,1787］；cited by A (first edition)/ B (second edition)；

Critique of Pure Reason：《纯粹理性批判》

KU：

Kritik der Urteilskraft［1790］（AA 5）；*Critique of the Power of Judgement*：《判断力批判》

MAM：

Mutmaßlicher Anfang der Menschengeschichte［1784］（AA8）；*Conjectural Beginning of Human History*：《人类历史揣测的开端》

MS：

Die Metaphysik der Sitten [1797—1798] (AA 6); *Metaphysics of Morals*：《道德形而上学》

MSI：

Inaugural Dissertation: De mundi sensibilis atque intelligibilis forma et principiis

[1770] (AA2); *On the Form and Principles of the Sensible and the Intelligible World*：《论可感世界与理知世界的形式及其原则》

NF：

Naturrecht Feyerabend [1784] (AA 27); *Kant's Lectures on Natural Right*：《康德的自然权利讲座》

NTH：

Allgemeine Naturgeschichte und Theorie des Himmels [1755] (AA1); *Universal*

History and Theory of Heavens：《一般自然史与天体理论》

PND：

Principiorum primorum cognitionis metaphysicae nova dilucidatio [1755] (AA I); *A*

New Elucidation of the First Principles of Metaphysical Cognition：《形而上学认识各首要原则的新说明》

R:

Reflexionen (AA 14—19); *Reflection Notes*：《反思》

RGV：

Die Religion innerhabl der Grenzen der bloßen Vernunft [1793] (AA6); *Religion within the Boundaries of Mere Reasons*：《纯然理性限度内的宗教》

SF：

Der Streit der Fakultäten［1798］；*The Conflict of the Faculties*：《系科之争》

TP：

Über den Gemeinspruch: Das mag in der Theorie richitg sein, taugt aber nicht für die Praxis［1793］(AA 8); *On the Common Saying: That May Be Correct in Theory, but It Is of No Use in Practice*：《论俗语：这在理论上可能正确，但却不适合实践》

V：

Metaphysik der Sitten Vigilantius［1793—1794］(AA 27); *Kant on the Metaphysics of Morals: Vigilantius's Lecture Notes*：《康德论道德形而上学：瓦兰修斯讲座笔记》

WH:

Was heist: Sich im Denken Orientiren?［1786］(AA 8)；*What Does It Mean to Orient Oneself in Thinking?*《什么叫作在思维中确定方向》

WA：

Beantwortung der Frage: Was ist Aufklärung［1784］(AA 8); *An Answer to the Question: What is Enlightenment?*《回答这个问题：什么是启蒙》

ZF：

Zum ewigen Frieden［1795］(AA8); *Toward Perpetual Peace*：《走向永久和平》

后　记

　　幸得各方努力与帮助，我的第一本专著将要出版了！本书是在我博士学位论文《康德实践哲学中的自律观念研究》的基础上修改而成的，并在名称上作了一定的改动。之所以命名为《自由、理性与权威——康德道德自律观念及其当代效应研究》，我想原因主要有以下两点：

　　第一，这三个术语可以说突出地表达了康德道德自律观念的特征与底色。正如我们在文中多次强调的那样，康德通过理性阐明了其伦理思想中的自由图景。这种自由并不是那种简单的，从欲望中以及对挫折的恐惧中所得来的自由，而是个体理性行动的能力，以及由此带来的自主选择和道德担责的意识。用康德自己的话来讲，这种自由是一种按照不变且有效法则来行动的因果性。并且，在他看来，我们人类作为理性的存在者，总是希望以一种不仅与我们自己的自由选择能力相一致，而且还要与每个人的自由选择能力相一致的方式行动。这种保证每个人平等自由的原则亦是道德法则具有普遍规范性的重要体现，也唯有在它的作用下，共同体中的每个个体才能确保自身的行动符合所有人的道德标准。这同样也是康德经由理性法庭的辩护所确立的自我立法的权威性与规范性的根源。因而，只有在这种自由和理性的来回沟通中，康德道德自律所呈现的人类平等与人性目的的崇高理想方能彰显。

　　第二，康德的道德自律观念既是18世纪的，更是当代的。作为启蒙运动最为杰出的思想家之一，康德伦理思想所产生的当代效应无疑是巨大的。我们可以在当今流行的道德哲学、政治哲学乃至现实政治议题中都能发现它的身影。它的核心价值与诉求经由罗尔斯、哈贝马斯、奥尼尔、科斯嘉等人的阐发和创造，已然成为了现当代诸多标志性理论直接或者间接的来源。当代社会对于共有目的、社会联合以及人类共同体的探讨，其实也可以追溯到康德。新康德主义者更是主张建立一种以康德自律观念为基础的"伦理社会主义"，认为这是人类最为理想的社会，必须通过道德上的不断完善和进步来实现。与此同时，现当代学界很多对于康德自律观念的"常识性"理解亦值得我们谨慎对待。比如，我们就不能把康德建立在自律基础上的道德行动单纯地进行"义务论"与"目的论"的二重区分；也不能将其简单地刻画为一种从单一视角出发为行动者所制定的决策程序；更不能局限在当代元伦理学的范畴中，用"建构主义"或者是"实在论"来框定它的作用范围。

这种介入到当代效应中的讨论亦可为我接下来的研究作出引导。转眼间，博士毕业已近四年，我对康德道德自律观念的认识和理解虽说更为翔实和充分了一些，但也愈发感受到它的精深、博大，以及不断生发的理论生命力。在研究的过程中，我是越来越笃定，康德的道德自律表达的并非是一种严苛的道德律令，而体现的是一种在共同体中相互尊重与自我尊重的伦理意蕴。正如伍德在不同场合所呼吁的那样，康德式自律不仅要求理性行动者要尊重个体的权利和人类的平等价值，还要求它具备一种世界主义共同体的视角。在其中，一切理性存在者的目的必须要形成一个能集体性追求的整体。这种他者与集体的视角亦能在康德本人的论述中得以印证。比如，在给马库斯·赫茨的信中，康德一再表示："我总是希望，能够通过从他人的立场出发，无偏见地考察我的判断，从而创造出某种比我原来判断更好的东西。"在对目的王国的论证中，康德始终以最抽象的方式描述了人们在道德选择中的目的，要求人们将所有可能与之产生关联的有理性存在者视为自身目的，并寻求与之自由选择的特殊目的的系统性联合。

但是，将自律与共同体进行系统性研究的挑战与困难也同样存在。

当代社群主义者就基于黑格尔对康德自律观念"空洞形式主义"的看法，明确其不仅是个人主义的，没有彰显出所应具有的"普遍性"维度，而且它还让共同体中的自我与他人相互隔离。毕竟，一方面，康德式的行动者以正当性和程序性作为评价标准，没有以共同的善或目的作为目标；另一方面，康德认为理性行动者对于道德法则的意识和感知是一种"理性的事实"，会直接呈现在其思想和行动之中，无须他人的规训与塑造。而且，如果我们将康德对共同体的思考放置在整个德国古典哲学进程中来看的话，它所受到的关注仍然不高。无论是费希特提出的"理性的社会统一"，还是黑格尔建构的追求自由的充分实现的"伦理生活"，抑或是马克思所设想的"自由人联合的真正共同体"，康德式的自律共同体与之相比似乎缺少了一定的"历史现实"意涵。

然而，我们却同样可以发现，在康德关于至善、目的王国、永久和平以及历史进步等相关要素的讨论中，已经将自律的思考融注在了他对共同体的设想之中。他要求具有理性自由能力的个体，其行动依据并不仅仅依靠理性决策程序来进行，而是必须要以其他自由主体之间的关系作为基础。他的目标不是简单地如何行动，而是在一个"目的王国"中如何与其他主体共同生活在一起。通过遵循道德法则，人们可以在自然中实现个人的完善与社会的集体幸福，从而达到至善最为理想的状态。此外，我们还能通过对比研究，从当代世界主义、命运共同体以及中国儒家传统的天下观念中为康德的共同体理论增添更多的理论资源。

本书的完成以及对下一步研究方向的确立，都离不开导师卞绍斌教授的悉心指点。与他的相遇，可以说是我人生的关键节点。正是在他极富魅力的"传道授业"中，我逐渐开始领悟到哲学思考的纯粹与奇妙，也真正开始感受到哲学带给人的宁静与深远。同时，有赖于他的严格要求，我才能从更深和更广的维度"品味"出康德自律思想中对人类自由价值的捍卫以及其高远的人格境界。在此，我想首先对他及其家人表达我最真挚的感激和谢意。

  俗话说："独学而无友，则孤陋而寡闻"。非常幸运能够在毕业后来到中央党校哲学教研部工作，我能充分感受到这个团结、和睦、友善的集体带给我的温暖：冯鹏志、董振华、孙晓莉、何建华、乔清举等部领导给予了我很多的关怀与帮助，靳凤林教授这样的名师大家也时常对我点拨与教导，在每一次与前辈、师友的交流中，我亦能对自己的研究视域进行一定的拓展。我想借此机会对他们表达感谢。当然，最需感谢的还是我的父母和家人，正是有着他们持续不断地关爱，我才能够顺利完成学业并安心工作。最后，还是想用康德那句脍炙人口的名言作为严格规训自己的准则。"有两样东西，越是经常而持久地对它们进行反复思考，它们就越是使心灵充满常新而日益增长的惊赞和敬畏：我头上的星空和我心中的道德法则。"

黄　各

2024 年 5 月 5 日于北京海淀大有庄

责任编辑：朱云河
装帧设计：王欢欢
责任校对：张彦彬

图书在版编目（CIP）数据

自由、理性与权威：康德道德自律观念及其当代效应研究 / 黄各著. -- 北京：人民出版社，2024.7.
ISBN 978-7-01-026683-1

I. B561.31

中国国家版本馆 CIP 数据核字第 2024TB7016 号

自由、理性与权威
ZIYOU LIXING YU QUANWEI
——康德道德自律观念及其当代效应研究

黄各 著

人民出版社 出版发行
（100706 北京市东城区隆福寺街 99 号）

北京汇林印务有限公司印刷 新华书店经销

2024 年 7 月第 1 版 2024 年 7 月北京第 1 次印刷
开本：710 毫米 × 1000 毫米 1/16 印张：17
字数：215 千字

ISBN 978-7-01-026683-1 定价：108.00 元

邮购地址 100706 北京市东城区隆福寺街 99 号
人民东方图书销售中心 电话（010）65250042 65289539

版权所有·侵权必究
凡购买本社图书，如有印制质量问题，我社负责调换。
服务电话：（010）65250042

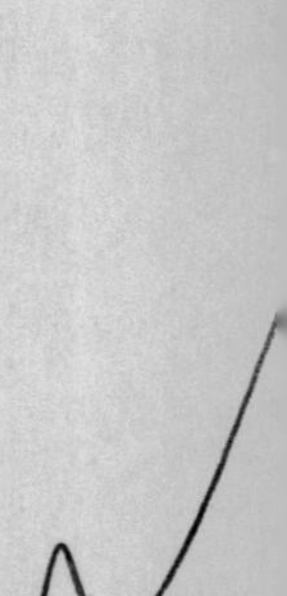